A Michel Reder
de la Promo "Général
de Montsabert"

Ce rappel des impostures qui ont
conduit à la perte de l'Algérie française

A un cher camarade
et à un des Pied-Noirs, avec
d'une telle carrière dans l'armée
En toute sympathie

E. Jouhaud

Promo du Rif 24-26

SERONS-NOUS ENFIN COMPRIS ?

DU MÊME AUTEUR

HISTOIRE DE L'AFRIQUE DU NORD
Éditions des Deux Coqs d'Or (épuisé)

O MON PAYS PERDU
Fayard (épuisé)

LA VIE EST UN COMBAT
Prix Guynemer 1975, Fayard

CE QUE JE N'AI PAS DIT
Fayard

YOUSOUF : ESCLAVE, MAMELOUK ET GÉNÉRAL DE L'ARMÉE D'AFRIQUE
Robert Laffont

EDMOND JOUHAUD

Serons-nous enfin compris ?

Albin Michel

22, rue Huyghens, 75014 Paris

ISBN 2-226-01944-8

Pourquoi ce livre ?

Encore un livre sur l'Algérie ! pourraient s'étonner certains lecteurs, particulièrement attentifs à notre Histoire. Encore un livre ! Je n'avais nullement l'intention de reprendre la plume, après avoir publié, en deux volumes, mes souvenirs concernant la période douloureuse qui a déchiré notre petite patrie, l'Algérie. Je croyais avoir apporté mon témoignage, celui d'un soldat, indigné par les cabales, les trahisons qui fleurissaient en haut lieu, tout comme celui d'un homme, marqué par l'attachement profond que l'on porte à sa terre natale, par les liens indissolubles conservés dans les plis du cœur. Je m'étais efforcé de cerner la vérité au plus près, ne rapportant que les faits que j'avais connus ou vécus. Essai d'objectivité semé d'embûches, car la sympathie ou l'antipathie ne peuvent être exclues d'une analyse, faute d'un manque de recul dans le temps. D'autres témoignages ont paru, ayant le même objectif, chacun d'eux apportant sa pierre sur cette histoire avant que ne tombe l'oubli. Les conclusions pouvaient diverger, mais comment n'en serait-il pas ainsi dans une guerre civile ?

J'ai eu l'illusion de croire que, si toute l'opinion publique n'avait pas été convaincue par nos arguments, elle s'inclinait devant nos malheurs et laissait aux historiens de demain, ces procureurs tournés vers le passé, le soin de porter un jugement aussi peu passionné que possible sur le drame qui fut le nôtre. Je saisissais que si certains hommes pouvaient encore se montrer réservés à notre égard, car la guerre d'Algérie, achevée dans les faits, était loin d'être terminée dans les esprits, je pensais qu'aujourd'hui, par simple décence, un voile pudique de silence aurait dû mettre fin aux controverses, le temps n'ayant pas effacé toutes les meurtrissures. Les victimes ont droit au respect. Je savais que le sens de notre combat échapperait, chaque jour davantage, à nos compatriotes métropolitains, mais je n'imaginais pas que, par masochisme, puisse se déclencher, tout dernièrement, une campagne odieuse de dénigrement de l'œuvre française en Algérie, tant dans une certaine presse que sur les ondes. Quant aux événements récents, ils étaient et continuent à être rapportés de façon spécieuse. Aussi, les sondages en font foi, n'est-il pas étonnant de voir la jeunesse intoxiquée par ces moyens insidieux d'information. Les adolescents de « chez nous » ne risquent-ils pas d'être réservés à l'égard de leurs parents ? Nombreux sont aussi les métropolitains, à la mémoire courte, ou politisés de façon excessive, qui imputent aux Français d'Algérie la responsabilité de leur malheur.

On ne peut se résigner à entendre tant de procès tendancieux sans réagir. Ce sont les raisons qui m'ont conduit, encouragé par de très nombreux compatriotes, à me pencher, une fois encore et contre mon gré, sur cette tragédie pour tenter de rétablir dans leur exactitude des faits que certains se plaisent à déformer.

□

Cette guerre d'Algérie, que l'on a pu appeler « franco-française », si elle a enregistré le succès de nos armes, a été perdue par raison, dite de haute politique. L'action démoralisatrice menée en métropole a été déterminante dans l'abandon de cette province française. Beaucoup de métropolitains voyaient dans cette guerre, dont ils se refusaient à saisir le sens, une contrainte sur leur existence bourgeoise et paisible, d'autres, rarement il est vrai sans en avoir conscience, entraient dans la ligne politique de Moscou, qui, avec les campagnes prêchant l'insoumission et la désertion, devait se réjouir de la dégradation de l'esprit civique des jeunes Français, qui pourraient un jour préférer la vie sous régime communiste au droit à la liberté. Ils se heurtaient aux nationalistes, qui ne pouvaient admettre que l'on abandonnât une province française par la seule volonté d'un homme, si prestigieux fût-il.

Des hommes, sans souhaiter l'indépendance, firent campagne pour que le gouvernement accepte la négociation avec le F.L.N., qui à leurs yeux représentait « l'âme algérienne, si longtemps niée ». C'est sur ce point que les esprits ont divergé, d'abord parce que le F.L.N. ne représentait pas, aux yeux de nombreux observateurs avertis, l'opinion de la majorité de la population algérienne, et ensuite parce que la négociation avec le F.L.N. conduisait inévitablement à l'indépendance, revendication essentielle du mouvement insurgé. Les faits ont donné malheureusement raison aux adversaires de cette négociation.

□

Les Français d'Algérie arrivaient en France, marqués à jamais par les criminels attentats et les enlèvements sauvages qui avaient endeuillé tant de familles. Ils débarquaient dans le dénuement le plus complet. Ces hommes que l'on disait « Rapatriés » étaient en fait, et sont toujours, des « déracinés », selon le sens barrésien du terme [1]. Tant qu'ils vivront, ils tiendront à leur pays comme à l'enfance. Ils furent souvent reçus, et l'on ne saurait le contester, non sans regret, avec une sécheresse de cœur allant parfois jusqu'à l'hostilité. Ils étaient des importuns, des « vacanciers », des « saisonniers » [2], plus nombreux qu'à l'ordinaire, mais dont on espérait le retour dans leur pays. Il est vrai que l'opinion métropolitaine peut avoir une excuse. Elle avait été conditionnée par une campagne de presse savamment orchestrée par le Pouvoir qui ne diffusait que des informations partisanes, appelées à discréditer les Français d'Algérie.

Malgré cette animosité, les Rapatriés ne se découragèrent pas, travaillèrent et parfois réussirent, bien qu'endettés par suite des emprunts qu'ils avaient dû contracter pour se réinstaller, à un âge souvent avancé. Ils étonnèrent par leur ardeur au travail, leur esprit d'initiative. Leurs succès ne furent pas toujours appréciés par leurs concurrents locaux. Pourtant, la bonne harmonie semblait régner dans les villes où ils étaient implantés, et eux, les déracinés, conscients d'avoir perdu à tout jamais leur terre natale, s'efforçaient de s'intégrer au mieux.

□

Dans les premières années succédant à ma sortie de la prison d'Etat de Tulle, j'eus l'impression que, le temps aidant, les métropolitains en

1. Les Français d'Algérie sont appelés communément des « Rapatriés ». Expression manifestement impropre, car on n'est pas un Rapatrié lorsque l'on quitte un territoire français, comme l'Algérie, pour s'installer dans une autre province française. On leur applique aussi le qualificatif de « Pieds-noirs », qui choque certains d'entre eux. D'autres se disent « Algériens français ». J'ai cru bon, dans cet ouvrage, d'employer les termes de Rapatrié et de Pied-noir consacrés par l'usage.

2. L'exode des Français d'Algérie, échappant à la terreur qui suivit un certain temps l'indépendance, fut déclaré, au cours du débat du 30 mai 1962 au Parlement, « mouvement saisonnier », par les représentants du gouvernement.

étaient arrivés à mieux juger les Rapatriés et à comprendre les sentiments qui les avaient conduits à se révolter. J'avais eu l'occasion, au cours de mes déplacements, de m'entretenir des problèmes concernant mes compatriotes avec des hommes politiques. Tous s'étaient félicités de l'élan qu'ils avaient donné à la vie économique de leur cité et de leur région. J'avais également été sensible à l'accueil compréhensif qu'ils m'avaient réservé. Accueil chaleureux qui s'adressait, en fait, plus à notre communauté qu'à ma personne. Nombreux furent les maires et députés de toutes tendances, communistes exclus, qui reçurent les délégations qui m'accompagnaient avec une cordialité qui m'a touché.

Je ne saurais citer les noms de toutes les personnalités, de crainte d'en oublier, mais je désire rappeler qu'en 1972, je me trouvais à Marseille. En souvenir de nos compatriotes qui reposent sur la terre d'Algérie, dont nous ne pouvons plus fleurir les tombes, j'allai lancer une gerbe en mer. Sur la vedette se trouvait le maire de Marseille, Gaston Defferre, qui avait tenu à s'associer à ce geste pieux. Le lendemain, salle Vallier, il prenait la parole devant des milliers de Rapatriés : « Ma présence aux côtés du général Jouhaud, déclarait-il, est la démonstration vivante que des hommes, qui ont pu se trouver dans deux camps opposés, ont su se réconcilier et peuvent travailler maintenant pour la même cause... Le général Jouhaud m'a expliqué les conditions dans lesquelles il avait été amené à tenir l'engagement d'honneur qu'il avait pris. J'ai senti dans ses propos que j'avais en face de moi un homme sincère, un homme respectable. J'ai tenu à aller le chercher moi-même à son hôtel, ce matin, pour le conduire ici, où vous êtes nombreux pour rappeler votre union avec lui. »

Evoquant ensuite les principales revendications des Rapatriés, Gaston Defferre ajoutait : « On ne peut confondre l'amnistie avec la grâce amnistiante octroyée avec tout ce qu'elle comporte de méprisant, d'inacceptable. Lorsque le projet de loi déposé depuis plus de deux ans aura été adopté, l'heure de la réconciliation complète entre tous les Français sera enfin arrivée [1]. »

Il faut ajouter que j'avais aussi été invité par Jacques Chirac, maire de Paris, qui, avec une grande amabilité, m'avait convié à sa table, en compagnie de représentants des Rapatriés. La conversation avait été d'une extrême courtoisie.

Signe des temps, de la réconciliation si souhaitée, le président de la République, Valéry Giscard d'Estaing, me recevait à l'occasion d'une

1. *Le Provençal*, 20 mars 1972.

cérémonie rassemblant des présidents de nos associations. Je n'étais pas revenu dans le Palais élyséen depuis octobre 1960 !

Cependant, comme nous l'avons déjà souligné, les Français d'Algérie furent dernièrement l'objet d'attaques qui les ont meurtris davantage. Devenues chaque jour plus virulentes, elles prirent pour cible l'œuvre magnifique des Français en Algérie, discréditée à souhait. Elles soulignaient le mépris qu'ils auraient affecté à l'égard des indigènes, le refus d'accepter toute réforme, les mouvements de révolte du 13 mai, des Barricades, d'avril 1962, l'insurrection dite de l'O.A.S.

Les émissions télévisées ont-elles pu permettre aux Français d'Algérie de se justifier ? Les débats, trop souvent précédés de films tendancieux, semblent trop orientés pour l'autoriser. Par ailleurs, le nombre excessif de participants, interdisant toute discussion approfondie, leur choix douteux, le manque d'objectivité parfois du présentateur, ne sont pas faits pour éclairer les problèmes qui se posent. Trop heureux sont mes compatriotes, si la parole n'est pas donnée avec générosité aux anciens chefs rebelles.

□

Les Rapatriés, dont l'amertume devant ces campagnes de dénigrement était vive, furent encore plus outrés lorsque, en 1980, le monument érigé à Toulon à la « Mémoire des martyrs de l'Algérie française », fut détruit par des mains sacrilèges, par des vandales animés de sentiments aussi stupides que rancuniers.

Inauguration qui souleva le courroux des gaullistes « historiques », qui se retrouvèrent à cette occasion, une fois encore, en communion de pensée avec les « séparatistes », dont parlait de Gaulle.

Par ailleurs, les socialistes qui, au cours de leur récente campagne électorale, avaient semblé être sensibilisés aux problèmes des Rapatriés, allaient se déchaîner lors du débat sur l'amnistie, question faisant pourtant partie des engagements électoraux du candidat François Mitterrand. Ce fut un beau tollé où se retrouvèrent unis communistes, socialistes et gaullistes. Fort heureusement, quelques rares socialistes et gaullistes se joignirent aux voix de l'U.D.F. pour soutenir le projet gouvernemental, qui ne fut voté que grâce à la ténacité du président de la République, décidé à honorer sa parole et à la présentation courageuse du texte par le secrétaire d'Etat, Raymond Courrière.

Les réactions de toutes les associations, amicales, maisons des

Pieds-noirs, cercles algérianistes, témoignèrent de l'unanimité des Rapatriés, protestant contre l'amendement Joxe-Jospin, qui excluait du champ de la loi les officiers généraux.

□

Nous sommes encore trop traumatisés par l'exil, les souffrances endurées pour que notre sensibilité, toujours vive, supporte ces attaques malintentionnées.

On nous reproche parfois de vivre repliés sur le passé et de ne pas savoir oublier. Il est indéniable que le souvenir ne peut constituer le but d'une existence. Il faut éviter de se replier sur soi-même, sans cependant s'efforcer d'interdire que le passé soit défiguré. Passé dont nous sommes fiers à juste titre et, comme le conseillait Jean Jaurès, de l'autel des ancêtres, nous avons à garder non les cendres, mais la flamme, pour rester dignes de nos aïeux.

□

Les griefs dont on nous accable sont nombreux et, en particulier, celui de n'avoir pas compris la politique du général de Gaulle. Nous nous inscrivons en faux contre une telle accusation essentielle et, éternels accusés, nous sommes décidés à rétablir la vérité. « Ne te hâte pas de blâmer, hâte-toi de comprendre », dit un proverbe. Ce que nous demandons est d'être compris. Le serons-nous un jour ?

Nous n'aurions pas senti le vent de l'Histoire qui, ai-je lu quelque part, passait au-dessus de nos « chères petites têtes ».

Mettre en doute la perspicacité du Général dans sa politique algérienne semble constituer aujourd'hui une grave inconvenance. Ce ne peut être que le fait d'esprits sectaires qui n'ont pas encore admis qu'ils avaient bâti chaque jour leur malheur par incompréhension d'une politique, affirme-t-on, parfaitement définie. Cependant toutes ces prétendues erreurs sont-elles sans conteste à attribuer aux Pieds-noirs ?

— Peut-on leur reprocher d'avoir cru certains gaullistes éminents, très proches du Général, leur affirmant, avant le 13 mai, sa volonté de maintenir le drapeau français en Algérie ?

— Peut-on, par ailleurs, leur imputer d'avoir déclenché le mouvement insurrectionnel du 13 mai, téléguidé en fait par les lieutenants du Général ?

— Peut-on ensuite attribuer à l'armée seulement la préparation de l'éventuelle opération « Résurrection », qui faillit être mise en œuvre *avec l'aval de De Gaulle ?*

— Peut-on leur faire le reproche d'avoir cru le Général s'écriant à Mostaganem : « Vive l'Algérie française » ?

— Peut-on les accuser de naïveté pour ne pas avoir mis en doute les déclarations du chef de l'Etat affirmant ne jamais traiter avec le F.L.N. ?

— Peut-on les condamner pour s'être révoltés contre l'exode résultant inévitablement de la politique élyséenne ?

— Peut-on les rendre responsables de la non-observation des accords d'Evian, devenus caducs, l'encre du texte à peine sèche ?

— Peut-on parler de terrorisme, tout en oubliant le climat de terreur qu'avait instauré le F.L.N., et dont se souviennent tous ceux qui ont été victimes d'attentats ?

— Peut-on admettre que si, vingt et un ans après l'indépendance, les harkis ne peuvent toujours pas se rendre en Algérie, la faute en incombe à l'O.A.S. ?

— Peut-on admettre que des hommes, « porteurs de valises », chrétiens progressistes ou communistes, aient aidé moralement et matériellement les rebelles et osent s'en vanter aujourd'hui ? Les Résistants, authentiques tout au moins, accepteraient-ils que soit actuellement glorifiée la collaboration avec l'ennemi ? Certainement pas, et nous aussi, Français d'Algérie, sommes indignés par cette propagande pro-F.L.N., offense à l'idée que l'on se fait d'une France qui respecte ses fils morts au champ d'honneur.

□

On accordera à de Gaulle un rôle historique, pour avoir organisé la résistance à l'ennemi en 1940, pour avoir rétabli l'autorité de l'Etat, affirmé l'indépendance nationale, rétabli le prestige de notre pays dans le monde. Cependant, bien que cet homme prestigieux ait été à la tête de l'Etat, tout ne fut pas parfait durant son règne. Ces « bavures », les historiens de demain les négligeront au profit d'une vue d'ensemble de la politique. L'affaire algérienne ne leur apparaîtra-t-elle pas comme un détail réglé habilement par de Gaulle, qui aurait eu en tout point raison, si l'on s'en tient aux versions données par ses fidèles ? « Le but de la philosophie, a-t-il été écrit, est de tout expliquer par un seul principe, un seul concept, un seul nom. » Les thuriféraires du Général ont éprouvé le besoin, pour se disculper parfois eux-mêmes, de ramener toutes les faces multiples du drame de l'Algérie à une factice unité : le Général était résolu, bien avant le 13 mai, à accorder l'indépendance à l'Algérie, sa ligne politique n'a jamais varié, toute l'affaire s'est ramenée à sa seule personne.

L'historien, si l'on s'en tient au mot grec dont la racine désigne l'action de voir, est celui qui a vu, un témoin. Je n'ai pas la sotte prétention de me dire historien. Mais j'ai vu et j'ai vécu cette période tragique, dans l'action. Je me crois — je l'avoue — un témoin « authentique ».

C'est pourquoi, pour dénoncer toutes les calomnies qui sont notre lot, les interprétations abusives de l'Histoire, j'ai tenu à écrire ce livre, qui me semble refléter l'état d'esprit de très nombreux compatriotes. Je me suis efforcé de rétablir la vérité. A ceux qui douteraient de mes affirmations, je demande de les récuser, non par un hautain démenti, inspiré par la passion politique ou l'ignorance des faits, mais par la présentation de textes d'une indiscutable authenticité.

Dans ces conditions, j'ai cru bon devoir rappeler les positions du général de Gaulle sur l'affaire d'Algérie avant 1958, l'action des gaullistes « historiques », les fluctuations de la politique du Général, partant de l'Algérie française, du refus de traiter avec les rebelles, pour en arriver aux « accords d'Evian ». Je n'ai pas oublié l'action subversive, et parfois les trahisons, et j'ai cru bon de rappeler ce que fut le terrorisme du F.L.N. auquel l'armée, dont ce n'était pas le rôle, dut faire face, dans la bataille d'Alger, en particulier, et qui alimenta une campagne de presse dénonçant les moyens employés. Je ne conserverai peut-être pas la sérénité que l'on a pu antérieurement m'accorder. Mais à qui en incombe la faute ?

1.

L'appel des Français d'Algérie au général de Gaulle

Quelles sont les raisons qui ont incité les Français d'Algérie à faire appel au général de Gaulle ? Nombreux sont les métropolitains qui s'interrogent à ce sujet, reprochant aux Français d'Algérie de se plaindre du sort que leur avait réservé de Gaulle, les considérant comme responsables en fait de son accession au pouvoir. Avaient-ils tellement de griefs contre la IVe République pour souhaiter un changement de régime qui les a conduits à l'expatriation ?

En effet, le général de Gaulle n'aurait vraisemblablement pas accédé à la magistrature suprême si la foule algéroise, non contenue du reste par l'armée, ne s'était manifestée le 13 mai 1958. Comme certains hommes politiques, dont nous reparlerons, le lui conseillaient sans scrupules, elle a fait plébisciter de Gaulle par la quasi-unanimité de la France. Cette rapide accession au pouvoir d'un homme, certes illustre, mais qui, depuis de nombreuses années, s'était retiré dans son domaine de La Boisserie, est étonnante. D'autant plus surprenante que, selon les « sondages » d'opinion, 2 % seulement des personnes interrogées souhaitaient son retour au pouvoir à l'époque.

La révolte du 13 mai et les journées qui suivirent déterminèrent le peuple français à rappeler de Gaulle aux affaires, répondant ainsi aux vœux des Français d'Algérie, largement influencés par les gaullistes.

Le 13 mai fut une révolte aux causes profondes, car on ne s'insurge pas sans motifs graves : inquiétude des Français d'Algérie provoquée par le manque d'énergie des différents gouvernements dans la lutte contre les rebelles, impossibilité pour le Parlement de résoudre la crise ministérielle, après la démission de Félix Gaillard et enfin, surtout, bruits de couloir, savamment colportés à Alger, concernant l'intention de M. Pflimlin, président pressenti, d'engager sans plus attendre des pourparlers avec le F.L.N.

Nous sommes en 1958. Le peuple d'Algérie vit, comme l'a dit Albert Camus, « dans ce léger écœurement devant l'avenir qu'on appelle inquiétude ». Il connaît plus le terrorisme que la guerre et, en particulier, Alger a été le théâtre d'attentats sanglants qui, en 1957, ont endeuillé la ville. Les parachutistes ont certes neutralisé les réseaux terroristes et le calme a succédé aux flambées criminelles, mais la population est toujours inquiète et, dans ces situations, le sentiment de la sécurité importe souvent plus que la sécurité elle-même.

Des éléments positifs devraient la rassurer. Elle a confiance en son ministre résident, Robert Lacoste, socialiste patriote, ancien syndicaliste, qui a milité avec courage dans la Résistance. Elle sait pouvoir compter sur son armée qui combat magnifiquement dans les djebels.

A-t-elle, dès lors, des raisons majeures de brandir le drapeau de la révolte ?

Tout aurait dû concourir à apaiser son anxiété. Les rebelles ne peuvent obtenir une victoire militaire et aucun responsable à l'échelon gouvernemental n'accepte l'idée d'indépendance. Idée qui faisait partie des revendications de certains hommes politiques musulmans, développée avec tellement d'insistance que le général de Gaulle, lui-même, le 18 août 1947, crut devoir intervenir. Il déclarait, s'élevant avec sa grandeur habituelle : « Souveraineté de la France signifie d'abord que nous ne devons laisser mettre en question sous aucune forme, ni au-dedans, ni au-dehors, le fait que l'Algérie est notre domaine. LA FRANCE, QUOI QU'IL ARRIVE, N'ABANDONNERA JAMAIS L'ALGÉRIE... Ceux qui, d'aventure, risqueraient le désordre, perdraient la partie. Car, en dépit des menées de ceux qui ne jouent pas son jeu ou de l'esprit d'abandon de quelques illusionnistes, *la France, dont l'Algérie fait partie intégrante,* est au fond très résolue à assurer elle-même le progrès de ses enfants, tout en restant maîtresse chez elle. »

Le Général s'était, d'autre part, prononcé contre le projet de statut de l'Algérie, présenté par le socialiste Edouard Depreux. Il s'agissait, selon l'analyse de Robert Aron, « d'une politique d'assimilation progressive, tenant compte des revendications nationalistes ». Il n'est pas question de rappeler les points positifs ou litigieux de ce projet. Nous tenons simplement à rappeler que le général de Gaulle avait émis des réserves au sujet des deux collèges [1]. Ces réserves lui valurent l'enthousiasme des Français d'Algérie ; elles paraissent surprenantes de la part de De Gaulle, à moins de les classer dans l'obligation où ce dernier se trouvait de rechercher le maximum de voix pour les candidats du R.P.F. (Rassemblement du peuple français). De Gaulle ne donnait pas son accord au projet, ce qui ne l'empêchera pas de déclarer dans une conférence de presse, le 11 avril 1961 : « En 1947, j'ai approuvé le statut de l'Algérie. »

Le Général va se rendre à Alger pour soutenir sur place ses candidats. Comment va-t-il être accueilli dans cette Algérie dite « vichyste » ? Mieux qu'il ne s'y attendait. Il est vrai qu'une habile propagande avait déjà mis en condition la population. Ainsi, Diomède Catroux, directeur des services de presse et d'information du R.P.F., rédigeait un article, qu'il me paraît utile, malgré sa longueur, de reproduire in extenso [2] :

« C'est par Alger, écrivait-il, que le général de Gaulle a voulu terminer sa campagne de discours pour le rassemblement des Français, face au destin de la France.

« Il y a, de ce fait, plus qu'un symbole, une affirmation.

« Le général de Gaulle se souvient de ce que la mère patrie doit à l'Algérie. C'est sur le sol de cette dernière que s'est formé le premier gouvernement provisoire de la France en armes sur un territoire libéré.

« C'est d'Alger, également, que l'armée française s'est lancée, aux côtés des alliés, à la reconquête du sol national, puis a porté le combat chez l'ennemi, outre-Rhin, pour l'obliger, enfin, à capituler en terre autrichienne.

« Le général de Gaulle sait que cette immense victoire n'aurait pas été possible si les Français d'Afrique du Nord ne s'y étaient dévoués et n'avaient voulu la forger de leur travail, de leur sang, de leurs larmes.

« Or, aujourd'hui, il semble que le sens de cet effort et de ce sacrifice ait été perdu. Trop d'échos, trop d'appels laisseraient croire que l'Algérie doute présentement de la reconnaissance de la France et de sa place réelle dans l'unité française.

« La manifestation d'Alger doit être pour les gouvernements étrangers, le gouvernement français lui-même et de trop nombreux Français qui hésitent encore, le témoignage que, dans la période de

1. Le Général estimait que la parité de sièges à l'Assemblée algérienne, entre les deux communautés, ne nécessitait plus l'intégration musulmane au premier collège, comme le prévoyait son ordonnance du 7 mars 1944.

2. Extraits de *L'Abandon-Echos d'Alger,* d'Alain de Sérigny.

crise, se cristallise une conscience collective nationale sur les deux rives de la Méditerranée, pour *le maintien de la France.*

« Les difficultés de l'Algérie sont à l'image de celles de la métropole. Il s'y ajoute, toutefois, un problème particulier à l'Afrique du Nord, qui est celui de la coopération et de l'association des Européens et des Musulmans à la grandeur et à la prospérité du territoire.

« Or, la métropole, incapable de régler ses propres problèmes par suite de la médiocrité de ses institutions et de son système partisan de gouvernement, n'a su esquisser qu'une politique d'expédients pour le règlement des rapports entre les deux populations.

« Les uns et les autres s'en sont heurtés et en montrent un réel chagrin. Certains partis ont poursuivi, là comme ailleurs, leur politique de division et de dissociation. Là comme ailleurs, il faut leur faire échec et rétablir, dans tous les cœurs et dans tous les esprits, le sens de l'unité et de l'autorité de l'Etat.

« L'unité et l'autorité de l'Etat ne pourront être recréées tant que les héritages sacrés continueront à être dilapidés pour le petit avantage de politiciens irresponsables.

« L'unité et l'autorité de l'Etat ne pourront être rétablies tant qu'il existera *sur le sol national* un *parti puissant préférant le jeu de Moscou à celui de la France.*

« L'Algérie qui a mené si totalement et si magnifiquement le combat de la démocratie et de la liberté doit, aujourd'hui encore, se joindre à *l'effort de la métropole pour écarter la nouvelle menace totalitaire.*

« L'ALGÉRIE EST PARTIE INTÉGRANTE DE LA FRANCE. *Elle n'en saurait être dissociée.* Le destin de l'une sans l'autre est impensable. Il signifierait, à brève échéance, la destruction de l'une et de l'autre.

« Il faut que les bons Français se rassemblent pour la sauvegarde de leur civilisation commune.

« Le général de Gaulle est venu à Alger dire pourquoi et comment ce nouveau combat doit être engagé et gagné. »

Cet article se passe de commentaires. Il ne souffre aucune ambiguïté sur les intentions de De Gaulle. On peut toutefois remarquer que l'on y traite les Français d'Algérie en des termes plus nobles que par la suite où ils se verront qualifiés de « braillards ».

De Gaulle atterrit en Algérie, en tenue d'officier général, comme il en avait l'habitude lorsqu'il se déplaçait pour prendre la parole dans des réunions politiques, habitude qui finit par déplaire à l'Elysée. De

Gaulle demande même le concours de l'armée et Vincent Auriol écrit : « Il s'en sert comme prestige pour faire sa campagne électorale. C'est de la basse démagogie et vraiment écœurant[1]. »

Le général de Gaulle débarque donc à Boufarik, le 12 octobre 1947. *Le Journal d'Alger* relate ainsi son arrivée :

« Ce fut une minute émouvante quand, brusquement, trouant les nuages bas, l'avion du général de Gaulle vint se poser sur l'aire d'atterrissage... Au seuil de son voyage en Algérie, la première pensée de De Gaulle fut pour ceux qui l'ont défendue. C'est pourquoi, à Boufarik, il déposera une gerbe au pied du monument aux morts. Geste symbolique, qui confondait dans un même hommage les colons qui sont tombés pour arracher cette terre aux miasmes et à l'insécurité, et ceux qui se sont sacrifiés pour la préserver des souillures de l'envahisseur... »

A Boufarik, on remarquera, non sans satisfaction, que le gouverneur Chataigneau, qui n'attire pas que les sympathies, a négligé de recevoir le « libérateur de la France », comme le qualifie l'inscription portée sur l'arc de triomphe du stade de Saint-Eugène. Le président Laquière accueille avec beaucoup d'égards le Général, qui commencera son allocution en fustigeant les « séparatistes », c'est-à-dire les communistes. C'est ainsi du reste que débutaient ses discours, ce qui avait fini par irriter le président de la République :

« Décidément, écrivait Vincent Auriol, de Gaulle s'enfonce de plus en plus dans le bluff de propagande et l'exaspération maladive du " moi ". Il a dit, dans son discours de clôture du congrès du R.P.F. à la porte de Versailles : " Grâce à moi, les séparatistes sont désormais isolés. "

« Il a un certain toupet, car c'est lui qui les a amenés, c'est nous (les socialistes) qui les avons chassés en 1947. » Et comme de Gaulle avait ajouté : « Il a suffi que nous arrivions pour dominer la vie publique », Vincent Auriol proteste : « C'est vraiment effarant de vanité. »

De Gaulle, dans son discours, envisage d'abord les difficultés qui résulteraient, en cas de guerre, de désordres en Algérie :

« Si un conflit armé devait un jour, par malheur, se produire, donnant à l'Afrique et spécialement à sa côte nord une importance stratégique capitale, la France serait fort en peine d'utiliser, pour sa défense, des territoires sur lesquels régnerait l'anarchie... On voit pourquoi le parti de la dislocation nationale, les mauvais apôtres, s'appliquent à aggraver les difficultés qui s'y rencontrent, là comme ailleurs. »

1. *Mon septennat,* Vincent Auriol (Gallimard).

Il traite ensuite de l'avenir de l'Algérie. Comment l'envisager? « Le bien de l'Algérie consiste en ceci : que la France y poursuive et y développe l'œuvre admirable qu'elle a entreprise depuis cent dix-sept années. Cette œuvre a été accomplie sous son autorité, par l'effort de ses fils venus de la métropole et par l'effort des autres. Ce sont ces trois éléments qui ont fait de l'Algérie ce qu'elle est. Si la France tolérait jamais que l'un des trois fût ébranlé, il n'y a pas le moindre doute que tout l'édifice s'écroulerait et que l'Algérie serait aussitôt plongée dans une confusion dont nul ne tirerait parti, excepté les fauteurs de désordre universel.

« ... D'autre part, à ceux des Français musulmans ou non *qui s'égareraient dans le rêve de je ne sais quelle sécession, je dis aujourd'hui : vous vous trompez et vous trompez les autres.* Votre avenir d'hommes fiers et libres et celui de vos enfants, vous ne pouvez les trouver qu'avec la France et dans la France.

« ... Ils sentent, les bons Français, par qui et pourquoi la France se trouve, ici comme ailleurs, menacée. Ils savent qu'en laissant entamer sa cause sur cette rive de la Méditerranée, c'est tout l'édifice national qui risquerait la dislocation. Ils sont résolus à rester forts, libres et maîtres chez eux. »

Ces paroles d'un homme illustre, représentant la légitimité, qui abandonne le médiocre plan d'élections municipales pour se placer au plus haut niveau, celui d'un homme d'Etat, toujours soucieux de reprendre en main les affaires du pays, auront donc une résonance profonde en Algérie. Elles contribueront plus tard au succès du 13 mai.

Le général de Gaulle s'opposait à toute idée de sécession. Ce n'était pas simplement un homme politique qui exprimait son point de vue, c'était le « Commandeur » qui rassemblait, autour de lui, nombre de citoyens inquiets devant la paralysie du régime et qui voyaient un « Sauveur » dans l'homme qui proclamait :

« Nous, qui avons la charge de la continuité de la France, c'est notre vocation de conduire la patrie à son salut, hier dans la victoire, aujourd'hui dans la rénovation. »

De Gaulle était-il sincère, ou plus exactement, profitait-il de l'inquiétude des Français d'Algérie quant au sort de leur pays natal ? La question se pose car, pour de Gaulle, « l'homme d'action ne se conçoit pas sans une certaine dose d'égoïsme, d'orgueil, de dureté, de ruse ».

On reproche aux Français d'Algérie de s'être opposés à toute réforme et d'être ainsi responsables du sort qui leur sera réservé par la suite. S'ils n'ont pas eu toujours raison, on peut leur accorder des excuses.

Les projets de réformes étaient normalement de la compétence des Assemblées nationales à Paris. Mais les Français d'Algérie refusaient le qualificatif de « compétents » à des hommes qui ignoraient tout des problèmes concernant l'Algérie. Aussi étaient-ils tentés de discuter du bien-fondé des dispositions législatives prises par la capitale.

L'ignorance des hommes politiques relative aux affaires d'Algérie ? Eux-mêmes avouent que leur ignorance était totale. Ecoutons Edouard Depreux :

« En 1945, on peut parler d'un quasi-néant de l'information concernant l'Algérie. Privés de toute information spéciale, les parlementaires de l'Assemblée consultative ne connaissaient de l'Algérie que ce qu'ils avaient retenu, comme tous les Français, de leurs manuels scolaires. »

Il en sera de même plus tard. En 1956, Paul Teitgen, qui va occuper le poste si délicat de secrétaire de la police à Alger, confirmera cet aveu : « J'arrivais à Alger avec pour toute image de l'Algérie, celle que j'avais retenue, au fond, de mes études secondaires[1]. »

Et chacun sait le peu d'informations que les manuels scolaires consacrent aux territoires d'outre-mer.

On prétend aujourd'hui que, pour s'opposer à toute réforme, les grandes fortunes d'Algérie parvenaient à corrompre certains parlementaires. J'ignore si c'est exact. Peut-être, mais, dans ce cas, on serait en droit de penser de Paris ce que Jugurtha, connaissant la vénalité de nombreux sénateurs, disait de Rome : « ville condamnée à périr ou à être vendue si elle trouve un acheteur ».

Le collège unique ! Ah ! si les Français d'Algérie l'avaient accepté ! Que de drames aurait-on évités ! On oublie seulement, en vilipendant mes compatriotes, que ce sont les parlementaires qui ont été les plus farouches adversaires de ce collège unique, revendication des nationalistes algériens.

A cet égard, Guy Mollet rappelle la position des partis sur ce problème, qui vint en débat le 5 avril 1946[2] :

« Le groupe communiste, déclare Fernand Grenier, votera contre le collège unique. Nous voterons contre le collège unique, non pas parce que nous méprisons les Musulmans, mais parce que nous ne

1. *La Guerre d'Algérie ou le Temps des méprises,* Laurent Theis et Philippe Ratte (Mame).

2. *13 mai 1958-13 mai 1962,* Guy Mollet (Plon).

sommes pas sûrs que, dans les conditions actuelles, le collège unique soit un élément de concorde. » « Pour ces raisons, dira M. Deyron, le groupe radical votera contre les amendements proposant le collège unique en Algérie. » M. Jean Legendre déclarera : « Le groupe du Parti républicain de la liberté (P.R.L., les Indépendants par la suite), votera contre le collège unique », et M. Paul Viard, député d'Alger : « Le groupe du Mouvement républicain populaire (M.R.P.) votera également contre le collège unique. »

Il n'est pas question de savoir si, en 1946, le collège unique s'imposait. Les socialistes le préconisaient, alors que le Parlement le rejetait.

L'indépendance ! Qui donc, de nos jours, accepte de convenir qu'il en était un adversaire ? Il serait qualifié d'ultra, de colonialiste, sinon de fasciste. Et pourtant, Roger Garaudy, dans les *Cahiers du communisme,* écrivait en 1947 :

« Toute tentative de sortie de l'Union française ne pourrait qu'amener avec une pseudo-indépendance illusoire, le renforcement de l'impérialisme. »

M. Edouard Depreux, ministre de l'Intérieur, militant socialiste, déclarait en 1947 : « Nous réagirons avec une indomptable énergie contre toutes vélléités d'indépendance ou d'autonomie en Algérie. » De même, après une audience accordée à Ferhat Abbas : « J'ai repoussé énergiquement la proposition du leader de l'U.D.M.A. [1] qui nourrissait la prétention de faire flotter le drapeau algérien à côté du drapeau tricolore en haut du mât du Gouvernement général. » Défendant le projet de statut qu'il proposait, il disait : « Je l'affirme avec toute la force de ma conviction, il s'agit d'un statut, au contraire, de pleine affirmation française... En faveur de cette affirmation française, nous dirons d'ailleurs un *non* résolu et efficace à tous les *séparatismes* quels qu'ils soient. »

Un peu de pudeur s'imposerait aux hommes politiques lorsqu'ils prennent à partie ceux qu'ils ont conduits dans une voie qu'ils réprouvent aujourd'hui.

Si je me suis attardé sur les promesses faites aux Français d'Algérie avant 1954, c'est afin de montrer la quasi-unanimité du peuple français pour condamner la sécession.

1. Ferhat Abbas était président de l'Union démocratique du manifeste algérien (U.D.M.A.).

1er novembre 1954 : les premiers attentats éclatent en Algérie. Qui est président du Conseil ? M. Mendès France. Il monte à la tribune du Parlement et, non sans solennité, fait une déclaration empreinte d'une virile énergie.

« On ne transige pas, dit-il, lorsqu'il s'agit de défendre la paix intérieure de la nation, l'unité, l'intégrité de la République. Les *départements d'Algérie constituent une partie de la République française. Ils sont français depuis longtemps et d'une manière irrévocable* [1]. Leurs populations qui jouissent de la citoyenneté française, et sont représentées au Parlement, ont d'ailleurs donné, dans la paix comme dans la guerre, sans distinction d'origine et de religion, assez de preuves de leur attachement à la France, pour que la France, à son tour, ne laisse pas mettre en cause son unité. Entre elles et la métropole, il n'y a pas de *sécession convenable.* Cela doit être clair une fois pour toutes, aussi bien en Algérie et dans la métropole qu'à l'étranger. *Jamais la France, aucun gouvernement, aucun parlement français,* quelles qu'en soient d'ailleurs les tendances particulières *ne cédera* sur ce principe fondamental.

« Mesdames, Messieurs, plusieurs députés ont fait des rapprochements entre la politique française en Algérie et en Tunisie. J'affirme qu'aucun rapport n'est plus erroné, qu'aucune comparaison n'est plus fausse, plus dangereuse.

« ICI, C'EST LA FRANCE. »

Les Français d'Algérie se sentirent réconfortés par ces propos qui ne prêtaient à aucune interprétation. Il était bien précisé que les départements d'Algérie resteraient français d'une manière irrévocable. La dernière phrase, qui semblait définir une politique : « Ici, c'est la France », fut inscrite en gros caractères sur la jetée du port d'Oran.

Aussi n'est-ce pas sans étonnement que nous pourrons lire, dans un de ses ouvrages [2], que pour Pierre Mendès France, comme pour de Gaulle avec son célèbre : « Je vous ai compris », cette phrase devait être interprétée autrement. « Le nouveau gouvernement français, écrira-t-il, avait besoin d'interlocuteurs algériens. Mais, où étaient-ils ? La phrase qu'on m'a reprochée : “ L'Algérie, c'est la France ”, que signifiait-elle ? En Tunisie, où un bey personnifiait une entité politique, fût-elle atténuée par le protectorat, il y avait des interlocuteurs, un gouvernement pour discuter avec eux. En Algérie, pas d'autorité représentative, personne pour débattre valablement avec

1. Passages soulignés par l'auteur.
2. *Choisir,* Pierre Mendès France (Stock).

nous. Il nous appartenait de décider nous-mêmes, ne serait-ce que pour dégager peu à peu cette entité distincte qui était à la fois indispensable et inévitable. Oui, c'était à nous de prendre les premières décisions. Il ne s'agissait pas de rédiger un traité bilatéral comme en Tunisie, mais d'abord de promulguer unilatéralement des lois, des décrets et de les appliquer nous-mêmes ; des lois, des décrets, des mesures de souveraineté française. Ça aussi c'était inévitable. »

Cette explication par Mendès France du sens d'une phrase qu'il a prononcée laisse perplexe. N'aurait-elle pas été destinée à justifier une ligne politique dont le but eût été l'indépendance ? Car, dans son livre, ne laisse-t-il pas entrevoir des sentiments différents de ceux qu'il avait exprimés dans son discours au Parlement ? Il se refusait à ce que l'unité française fût mise en cause, et s'opposait à la sécession. Cependant, vingt ans après, il observait qu'il était moralement inadmissible « qu'un peuple reste, à travers les siècles, assujetti à un autre », que « la notion de colonie, quel que soit son habillage juridique... ne pouvait qu'être éphémère ». Il montrait son peu de sympathie à l'égard des Français d'Algérie, en parlant des Algériens qui avaient « le sentiment d'être écrasés par la minorité européenne », et lui, qui justifiait le renforcement de nos forces, s'indignait « d'une guerre affreuse » avec ses conséquences sur « la psychologie de beaucoup de nos garçons, *expédiés en Algérie pour la plus sale besogne* ».

Nous sommes loin des déclarations fracassantes de 1954, mais, en 1974, que pouvait dire un homme politique, sinon avoir toujours été partisan de l'indépendance de l'Algérie, même si sa position avait été différente au début de l'insurrection et même après. Par ailleurs, nous devons remarquer que ceux qui prétendent être les défenseurs du peuple et bien le connaître, devraient savoir que leurs déclarations s'adressent à des citoyens qui n'ont pas forcément leur subtilité et qui se révoltent lorsqu'ils s'aperçoivent qu'ils ont été abusés.

Le ministre de l'Intérieur, M. François Mitterrand, abondait dans le sens du président du Conseil. Déjà, en octobre 1954, avant la sinistre Toussaint, reçu en séance solennelle par l'Assemblée algérienne, il répondait à son président, M. Laquière : « Qu'est-ce que la République française ? On croirait qu'on l'oublie. La République française, selon les termes mêmes de notre Constitution, c'est le territoire de la métropole, ce sont les départements de l'Algérie, ce sont les départements et les territoires d'outre-mer. Et si l'on va de l'est à l'ouest, du nord au sud, sur les territoires de notre République commune, c'est sur des milliers et des milliers de kilomètres, sur l'étendue la plus vaste du monde — j'aime à le répéter — après celle qui va de Léningrad à Vladivostok, avant celle qui va de Washington à San Francisco, que se développe le drapeau national. Où se trouve l'Algérie dans ce vaste ensemble ? Au centre même, là où les forces se rassemblent. »

On savait déjà, d'ailleurs, qu'en 1942 Alger était devenue la capitale de la France. Claude Paillat remarque à ce sujet que si « le ministre de l'Intérieur ne mentionne pas encore dans son atlas sentimental les noms de Dunkerque et de Tamanrasset, c'est sans doute que la formule, sous sa forme la plus elliptique, n'a pas encore fait fortune. Néanmoins, le cœur y est[1] ».

Le 10 décembre 1954, le ministre de l'Intérieur déclarait : « Le gouvernement vous a, en outre, dit ce qu'il veut. Rien ne le fera abandonner sa décision de maintenir l'unité de la nation. *L'Algérie est partie intégrante de la nation française.* »

Car, au-delà du réconfort moral donné aux Français d'Algérie par la promesse solennelle de maintenir le drapeau national sur leur terre natale, le gouvernement prenait des mesures énergiques, qui se révéleront toutefois insuffisantes.

Le 10 décembre 1954, M. Mendès France déclarait devant le Parlement : « ... En Algérie, nous avons créé des groupes légers d'une soixantaine d'hommes, qui ont été mis sur pied, dans chaque régiment, pour donner la chasse aux fellaghas. Par des achats de mulets et de chevaux, nous avons constitué une compagnie montée par bataillon de marche de la 10e Région, trois escadrons de spahis à cheval. Un troisième bataillon de tirailleurs a été ajouté au 3e régiment de tirailleurs algériens, dans le Constantinois, pour tenir la région de Sétif. Nous avons créé également trois bataillons étrangers de parachutistes, trois compagnies portées de la Légion, une compagnie saharienne du génie. Un bataillon de tirailleurs algériens a été transformé en bataillon de parachutistes. Les compagnies sahariennes ont été renforcées en effectifs. »

Le même jour, M. François Mitterrand déclarait :

« ... La question m'a été posée : " Aviez-vous le droit de disposer du *contingent* dans des opérations de telle sorte ? " J'ai déjà répondu au Conseil de la République que ce droit me paraissait certain, car il s'agit de préserver l'unité de la nation, et le soldat qui obéit aux ordres de son gouvernement est d'abord un citoyen. Je ne vois pas quelle

1. *Dossier secret de l'Algérie,* Claude Paillat (Presses de la Cité).

tâche, *si pénible fût-elle,* pourrait être refusée par ce citoyen dont la *mission, envers et contre tous, est de défendre la patrie.*

« J'en ai donc pris la *responsabilité avec le gouvernement tout entier* et l'assumerai autant qu'il le faudra, quels que soient les risques, en prévoyant évidemment les mesures de précaution ou de prudence qui s'imposent, mais jamais en deçà de la nécessité première : il faut que l'Algérie, il faut que ces trois départements, il faut que cette belle province retrouve son unité qu'on a voulu menacer. »

M. Mitterrand précisait, le 12 novembre 1954, sa pensée :

« Il y a là un état de fait. Le *hors-la-loi, le criminel de droit commun,* qui échappe aux recherches et se réfugie dans la montagne et la forêt, se pare soudainement, *pour les besoins d'une cause qui n'est même pas la sienne,* de ce faux héroïsme grâce auquel on tente aujourd'hui d'exciter des foules qui ne peuvent mesurer exactement les bienfaits de la présence française. »

Et rappelons la conclusion de son discours :

« L'ALGÉRIE, C'EST LA FRANCE. Et qui d'entre vous, Messieurs, hésiterait à employer tous les moyens pour préserver la France ! »

Après ces mâles déclarations, ces proclamations, ces prises de position d'hommes politiques soucieux de maintenir l'unité de la République, qui aurait pu douter de la résolution de notre pays de s'opposer aux menées des rebelles ?

Cependant, la lutte contre les fellaghas n'est pas menée avec suffisamment d'énergie. L'armée française n'est pas adaptée à la guérilla. Cette armée ne deviendra très opérationnelle qu'avec l'arrivée de la Légion et des parachutistes rentrant d'Indochine. Les présidents du Conseil changent trop souvent. Guy Mollet va imprimer un nouveau souffle à la guerre en faisant voter des pouvoirs spéciaux, qui donnent toute liberté au gouvernement en vue du « rétablissement de l'ordre, de la protection des personnes et des biens et de la sauvegarde du territoire ». Les communistes, entre parenthèses, votent ce texte. Guy Mollet désigne comme ministre résident Robert Lacoste, un homme énergique, qui donne confiance aux Français d'Algérie et aux Musulmans. Guy Mollet expose son programme-triptyque : « cessez-le-feu, élections, négociations », et déclare : « Nous ferons la paix quand nous aurons gagné la guerre. Il n'est pas question de discuter avec ceux contre qui on se bat. » Comme secrétaire d'Etat à l'Armée, il désigne le socialiste Max Lejeune, qui aura toute la confiance de cette dernière.

La France semblait approuver la politique gouvernementale. Le

2 juin 1956, le colonel Barberot, qui appartenait au cabinet de Bourgès-Maunoury, prononçait une allocution au congrès des anciens des services spéciaux : « Mes camarades, je ne suis pas de votre réseau F.F.C., mais F.F.L. Je pense que nous sommes tous des Français de cœur. Malheureusement, ils sont, ils n'ont été pendant longtemps, qu'une faible poignée. Nous avons pensé, un moment, qu'une grande légion de volontaires en France aurait pu, peut-être, être édifiée et apporter à l'Algérie ce qu'elle nous avait apporté à nous-mêmes de 1940 à 1944. Un certain nombre de difficultés techniques ont empêché ce grand mouvement, qui aurait été dans la grande tradition révolutionnaire. Il reste maintenant à voir ce qui peut être fait.

« Il est certain que l'on se trouve dans l'alternative d'utiliser un nombre considérable de gens du contingent, qui sont de braves Français, pour des besognes subalternes de gardiennage de bases, de dépôts, ou d'en faire de vraies troupes opérationnelles.

« Vous savez vous-mêmes qu'une troupe ne vaut que par ses cadres. Je viens donc ici lancer un appel aux sous-officiers de réserve pour effectuer cet encadrement, pour une durée de contrat qui serait de six mois. Je demande à tous ceux que cela pourrait intéresser — et je dis intéresser dans le sens de l'intérêt du pays — de s'adresser au général Schlesser, qui a bien voulu accepter la charge, non seulement de parler dans votre association, mais de parler aux autres associations d'anciens combattants et de leur développer ce problème.

« Nous ne doutons pas que nous arriverons au résultat intéressé, mais pour cela nous avons besoin de votre effort à tous.

« Maintenant, je parle aux résistants ; je voudrais appuyer sur ce qui a été dit tout à l'heure et dénoncer à mon tour l'abominable confusion qui continue *à faire passer les fellaghas d'Algérie pour des hommes analogues à nous dans la Résistance. Nous n'avons jamais égorgé, nous n'avons jamais supplicié,* nous n'avons jamais fait ce que font les fellaghas. Je trouve qu'il est indigne que des anciens résistants et des anciens combattants puissent accepter qu'on les compare à cette soi-disant Armée de la libération. (*Applaudissements.*)

« J'ajouterai quelque chose à ce qu'à dit tout à l'heure notre ami Achiary ; il est certain que nous sommes au centre d'une grande menée antifrançaise qui s'exerce sur l'âme malade de l'Occident : c'est-à-dire la France.

« Il est certain — et cela il faut bien le dire — que même si l'on envoie cinq cent mille hommes de plus en Algérie, nous ferons la paix, certes, mais le problème ne sera pas réglé tant qu'au Caire les appels à l'assassinat continueront.

« Il est certain, encore une fois, que *l'Occident doit choisir entre abattre Nasser ou renoncer à sa mission.* »

Un commentaire s'impose sur cette allocution qui ne passa pas inaperçue, étant donné la personnalité de Barberot. Ce dernier, officier de marine, évadé de la rade d'Alexandrie, rejoint les Forces françaises libres et participe courageusement aux opérations en Erythrée, en Syrie, en Italie et en France. Ce Compagnon de la Libération était, en 1956, capitaine de frégate de réserve. Affecté au cabinet de Bourgès-Maunoury, ministre de la Défense nationale, il obtient son affectation dans l'armée de l'air avec le grade de colonel.

Le colonel Barberot met l'accent, avec juste raison, sur l'impérieux devoir pour la France de faire, sur le plan militaire, un effort comparable à celui des Français d'Algérie de 1940 à 1944. Effort qui permit à la France d'être présente à la signature de l'armistice. Il insiste aussi sur la nécessité de mettre un terme aux appels au meurtre lancés du Caire. L'expédition de Suez germait-elle déjà dans l'esprit de nos gouvernants ? Elle fut menée avec vigueur par Guy Mollet, Christian Pineau et Bourgès-Maunoury. Tous les obstacles — et ils étaient nombreux — furent levés par la détermination de ces trois hommes. J'ai eu l'occasion de l'apprécier en mettant sur pied la division aérienne qui opéra en Israël et à Chypre [1].

Le colonel Barberot s'indigne aussi de la propagande menée par quelques intellectuels ou journalistes pro-F.L.N. Cette condamnation, de la part d'un gaulliste de gauche, des thuriféraires du F.L.N. et de ses procédés, s'imposait, car le mal était plus profond qu'on ne le pensait à l'époque. Il devait refléter le sentiment de nombreux hommes, et même de certains ministres, car ce n'est pas sans étonnement, sinon sans irritation, que nous apprendrons le manque de dignité total de Louis Terrenoire, comparant en 1975 à Alger « *l'action de la Résistance française luttant contre l'idéologie nazie au rôle des moudjahidin dans le dur combat de la décolonisation* ». Cette déclaration scandaleuse a été rapportée par M. Bitterlin, dans le mensuel *France-Pays arabes.* Ainsi, un ancien ministre du général de Gaulle pouvait mettre sur le même plan l'idéologie nazie, que tout le monde réprouve, et l'œuvre française en Algérie, celle de ses médecins, de ses instituteurs, de ses colons, de ses artisans, de ses ingénieurs, c'est-à-dire une œuvre coloniale que le monde nous enviait.

Si les nazis ont exterminé des populations entières, la France

1. J'ai donné des détails sur la préparation de cette formation aérienne dans *Ce que je n'ai pas dit* (Fayard).

en Algérie a, au contraire, augmenté le taux de natalité de ses habitants, diminué celui de la mortalité infantile, mis en place des dispensaires qui ont permis de soigner et guérir, même dans les endroits les plus déshérités. Aussi, les jeunes Algériens, qui n'ont pas connu la présence française, ne pourront-ils la juger que selon les déclarations d'un homme qui avait eu de lourdes responsabilités ministérielles, celles si délicates de l'Information. Avec quelle objectivité devait-il orienter ses collaborateurs !

La France était-elle opposée au maintien de notre drapeau en Algérie ? On peut en douter lorsque est rappelé le serment solennel des anciens combattants, trop facilement oublié aujourd'hui. Le 6 juillet 1957, trente-quatre délégués, représentant vingt-six associations d'anciens combattants, regroupant plus de deux millions d'adhérents, atterrissaient à Maison-Blanche. La délégation était conduite par le général Touzet du Vigier, accompagné du colonel Bourgoin, un héros de la Seconde Guerre mondiale, de Maxime Bloch-Mascart, d'Alexis Thomas et d'*Alexandre Sanguinetti.*

Le 7 juillet, à 11 heures, après avoir rallumé la flamme au pied du monument aux morts, avec une torchère venue de l'Arc de triomphe, le colonel Bourgoin, un pied-noir de Cherchell, grand mutilé, lisait avec émotion le serment « historique » des anciens combattants :

« Fidèles à la mémoire des millions d'hommes qui sont morts pour la France, sa civilisation et son idéal de liberté, gardant dans notre cœur le souvenir des martyrs, victimes innocentes du terrorisme, résolus à sauvegarder, avec vous, l'avenir de nos familles et de nos enfants, nous sommes ici pour prêter ce serment solennel : " Unis par leur foi dans la grandeur et l'avenir de la France, *dépositaires de l'honneur de la nation,* fidèles au souvenir des Français de toutes origines, tombés pour la défense et la liberté de leur patrie commune, deux millions d'anciens combattants de la métropole font par notre voix, *en Algérie, terre française, le serment de s'opposer par tous moyens à toutes mesures qui menaceraient l'intégrité du territoire et l'unité française* ". »

Deux millions d'anciens combattants ! Combien d'entre eux se sont par la suite opposés à la sécession de l'Algérie et à la politique d'abandon du général de Gaulle ?

Alexandre Sanguinetti était au premier rang de ceux qui prêtèrent serment. On connaît sa volte-face.

Mais, en haut lieu, était-on toujours décidé à maintenir la présence française en Algérie ?

Le 9 juillet 1957, à Mulhouse, le président de la République, René Coty, prononçait un discours solennel : « Qu'on ne compte pas sur nous, s'écriait-il, pour sacrifier, de l'autre côté de la Méditerranée, une nouvelle Alsace-Lorraine. » Puis, s'adressant à nos alliés de l'Alliance atlantique : « Qui de vous, placé dans la position de la France, *serait assez lâche pour abandonner l'Algérie ?* »

L'inquiétude des Français d'Algérie était-elle si vive pour qu'ils en arrivent à une telle révolte, qui mettra fin à la IVe République ? Il semble que la situation, certes préoccupante, ne justifiait pas un mouvement insurrectionnel. Les hommes politiques affirmaient leur opposition farouche à toute sécession, l'armée marquait des points dans la destruction des bandes rebelles, la sécurité était chaque jour mieux assurée. Mais l'opinion était inquiète. Les lieutenants de De Gaulle sauront profiter de cet état d'esprit en suggérant, par une habile propagande, que seul le Général était à même d'en finir avec la rébellion et d'adopter la solution d'intégration. Ainsi fut-il fait appel au général de Gaulle, pour mener en définitive une politique diamétralement opposée à celle que ses fidèles affirmaient devoir être la sienne.

2.

La participation gaulliste à la révolte

Les partisans du général de Gaulle, qui souhaitaient le retour de leur idole au pouvoir, surveillaient avec attention l'évolution des esprits en Algérie pour créer « l'événement » pouvant mettre en difficulté la IVe République. Parmi ces derniers, entre les plus actifs, Michel Debré.

Michel Debré, membre du Conseil d'Etat, bien qu'ayant prêté le serment de « fidélité à la personne du chef de l'Etat (le maréchal Pétain) le 17 août 1941[1] », deviendra un fervent gaulliste dont le dévouement à l'égard du Général ne se démentira jamais du jour où il eut l'honneur de le rencontrer. C'est en 1944, nous dit Pierre Sergent, qu'il apprend que de Gaulle serait le lendemain à Laval. Il allait donc voir le Maître ! En apprenant cette nouvelle, son émotion fut telle, avouera-t-il, que son cœur s'arrêta ! Par malchance pour les Français d'Algérie, son cœur reprit son rythme normal. Il sera, dès lors, un des lieutenants les plus dévoués de De Gaulle, à qui il vouera une admiration sans bornes. Il confiera, en juillet 1958, à Paul Dehême : « Voyez-vous, Dehême, si un jour il m'arrivait de ne pas être d'accord avec le Général sur un problème important, je m'inclinerais parce que j'aurais tort. Le Général ne s'est jamais trompé. » Les Français d'Algérie se rendront compte, un jour, de la soumission de cet homme politique aux vues du Général.

Lorsque la rébellion éclate en Algérie, Michel Debré, devenu sénateur, ne cesse de harceler les gouvernements, leur reprochant leur

1. *Michel Debré,* Pierre Sergent (Régine Deforges).

manque d'énergie dans la conduite de la guerre. Il dispose d'une tribune au Sénat et d'un journal dont il est le brillant éditorialiste : le *Courrier de la Colère,* fondé par un pied-noir de Pont-de-Duviviers, le colonel Battesti. Rappeler toutes les philippiques de Michel Debré exigerait un recueil volumineux. Bornons-nous à n'en mentionner que quelques-unes.

Pour Michel Debré, le maintien de notre drapeau en Algérie est une nécessité, non seulement pour la France, mais pour l'Occident :

« Qu'est-ce que l'Europe ? Qu'est-ce que la sécurité européenne, si la Méditerranée devient une mer incertaine chaque fois que l'Occident n'est pas présent sur les rives du Sud ? »

Le pacte de l'Atlantique survivrait-il à l'abandon de l'Afrique du Nord ?

« Le jour où les Français, par malheur, seraient chassés d'Afrique, l'opinion publique briserait le pacte de l'Atlantique comme un fétu de paille. »

Avec la perte de l'Algérie apparaîtrait bientôt le danger communiste : « Afrique perdue, France communisée », tel est le titre d'une « Libre Opinion » de Michel Debré dans *Le Monde.*

Sa pensée se précise :

« Tout cela ne serait rien si l'on ne regardait pas dans les yeux des hommes qui appartiennent à un mouvement qui n'a d'autre nom que celui de la *trahison.* Il y a des moments où il faut choisir et, pour choisir, il faut savoir dire la vérité.

Quelle est la vérité sur l'attitude du parti communiste, en France comme en Algérie ?

« Le parti communiste en France, par ses réunions, par ses propagandes, par ses attentats contre l'armée, le parti communiste en Algérie, par son accord avec les dirigeants du Caire et l'acceptation des missions de sabotage, se met en dehors, une fois de plus, de la politique nationale. »

Mais pour ne pas perdre l'Algérie, encore faut-il ne pas décourager la troupe :

« Les soldats ne peuvent pas combattre si, derrière eux, ils ne sentent pas des esprits qui comprennent le sens de leur combat et qui le manifestent. »

Cependant, il ne faut pas craindre de demander un effort accru de travail, un effort de solidarité, un effort d'austérité à la métropole. Que propose-t-il comme mesures au gouvernement ?

« La première peut faire sourire, c'est la réduction du temps de vacances uniformément à trois semaines. Il n'est pas bon que la nation tout entière parte en vacances pendant cinq à six semaines. Ce n'est conforme ni aux exigences de l'économie, ni à celles de la morale. »

Et toujours aussi virulent :

« Je ne vois pas sans crainte, connaissant notre presse et notre radio comme nous pouvons les connaître depuis quelque temps, partager un mois de juillet entre le Tour de France cycliste et les combats d'Algérie ! En bonne logique, un gouvernement qui aurait une politique sincère à l'égard de l'Algérie supprimerait toutes les manifestations qui sont celles d'un temps d'insouciance.

« L'autre jour, les salons de nos ministères étaient brillamment illuminés. Quelques heures après, nous apprenions le drame de Palestro[1]. Est-ce convenable ? En aucune façon ! On dansait à Versailles pendant que la France perdait le Canada. On dansait aux Tuileries pendant que l'armée française était décimée au Mexique et en Crimée, et Bismarck souriait en constatant tant de légèreté. On ne devrait pas plus danser à Paris qu'on ne danse au Caire, car on ne peut pas faire coïncider l'effort de guerre et l'amusement mondain. »

Et l'homme qui allait, comme Premier ministre, abandonner l'Algérie aux mains des rebelles s'écriait dans une belle envolée :

« Est-il une autre solution que l'Algérie française ? »

L'Algérie ne restera française que si de Gaulle revient au pouvoir. Par tous les moyens, s'il en est besoin, et comme le dira Debré : « C'est par le désordre dans la rue que nous abattrons la République. » Encore faut-il que la population d'Algérie n'hésite pas à entrer dans la voie de l'illégalité. C'est ce qu'on va lui conseiller :

« Algériens, on vous trompe et l'on abuse de votre candeur. Faites comme vos ancêtres de 1789 et 1848 et révoltez-vous. »

Cet appel à l'insurrection date, il faut le noter, d'avril 1958. Auparavant Debré avait justifié toute révolte :

« Que les Algériens sachent surtout que l'abandon de la souveraineté en Algérie est un acte illégitime, c'est-à-dire qu'il *met ceux qui le commettent et qui s'en rendent complices, hors la loi, et ceux qui s'y opposent, quel que soit le moyen employé, en état légal de légitime défense.* »

« Le combat pour l'Algérie française, précise-t-il par ailleurs, est le combat légal, l'insurrection pour l'Algérie est l'insurrection légitime. » Mais Michel Debré avertit aussi les hommes politiques qui

1. A Palestro, dans l'Algérois, le 18 mai 1956, une section d'appelés tombait dans une embuscade. Tous les hommes furent tués à l'exception d'un seul.

seraient tentés par le « cessez-le-feu ». « Accepter que le " cessez-le-feu " ne soit pas livraison des armes, c'est officialiser la rébellion, c'est donner un caractère représentatif à la terreur, c'est justifier les barbares et les égorgeurs... c'est accepter l'abandon de la souveraineté. Il n'y a pas de " cessez-le-feu " sans reddition. »

Ce nouveau Saint-Just se méfie des manœuvres perfides des ennemis de l'Algérie française. « Si l'on pouvait réussir... que le combat légal et l'insurrection légitime soient pour *l'Algérie non française,* les ennemis de la France, les traîtres à la France auraient partie gagnée. »

Avec le temps, en relisant ces appels à la violence, leurs justifications, on hésite à croire que c'est le même homme qui a traduit devant les tribunaux ceux qui étaient entrés dans la voie qu'il avait tracée, et que le révolutionnaire qui aurait dû être conduit à la prison de la Santé, avait préféré l'Hôtel Matignon.

On pourra s'étonner de constater aussi que cet homme, devenu Premier ministre, décidera d'un « cessez-le-feu » n'engageant que l'armée française, tandis que le F.L.N., devenu le seul interlocuteur représentant la rébellion, ne manquera pas de poursuivre ses actions terroristes, face à des forces françaises, immobilisées par ordre du pouvoir.

A en croire Michel Debré, le manque d'autorité, tout comme le sens discutable de la grandeur du pays, des ministres de la IVe République, devait conduire inexorablement à une nouvelle et déshonorante capitulation. Elle ne se produira que sous son règne. Demain, disait-il, ces « Princes » [1], qui nous gouvernaient avec l'esprit de démission qui les caractérisait, accepteraient de traiter avec les rebelles. Comme Cassandre il prédit des jours sombres : « Il est en politique, écrira-t-il, des lois aussi impitoyables que l'est en physique celle de la pesanteur. L'absence de parapet fait tomber dans le vide. L'absence de gouvernement mène à la ruine des nations. »

Pour sauver la France, on doit abattre le régime. A cette fin, il faut s'appuyer sur la foule d'Algérie. Et pour imposer une solution de salut public à la métropole, il est nécessaire de s'emparer des leviers de

1. *Ces Princes qui nous gouvernent,* livre de Michel Debré publié en septembre 1957. Les Princes sont non seulement les hommes du gouvernement, mais tous ceux qui exercent une action sur l'opinion et sur le pouvoir.

commande à Alger. Un obstacle majeur est à éliminer : le général Salan. On connaît, bien que l'on ait tenté d'étouffer l'affaire, le complot qui, visant le général Salan, tua dans son bureau le commandant Rodier, le 16 janvier 1956. A la tête d'un complot, il y a toujours une tête. Qui était le « cerveau » ?

Qui était le cerveau ? L'affaire du bazooka n'a jamais été éclaircie. L'homme que l'on voulait abattre a une idée précise sur ce sujet. D'autant plus précise qu'il a rencontré en Espagne les auteurs de l'attentat, qui lui ont fait leurs confidences. Aussi, le général Salan a-t-il pu écrire, alors qu'il se trouvait dans la clandestinité à Alger : « C'est M. Debré qui orchestrait tout », et dans une lettre, dont copie fut adressée au ministre des Armées et au procureur général de la Seine : « Je vous désigne [Michel Debré] nommément comme l'assassin du chef de bataillon Rodier[1]. » Que je sache, le général Salan n'a pas été poursuivi pour diffamation.

Pierre Viansson-Ponté ne s'est jamais fait d'illusions sur la mentalité de comploteur de Michel Debré :

« Que ce Fouquier-Tinville de l'antisystème, écrit Viansson-Ponté, ne se soit trouvé impliqué, sous la IVe République, que dans un seul complot mis au jour, l'affaire du bazooka, est stupéfiant et ne plaide guère en faveur de la perspicacité de ses adversaires. *Car il n'est pas seulement de tous les complots, de toutes les clandestinités, de tous les préparatifs : il en est l'âme, l'aiguillon, le maître d'œuvre*[2]. »

Le complot du bazooka a échoué. L'action politique doit toutefois se poursuivre. Les gouvernements qui se succèdent ont pour eux la légalité. Pour autant représentent-ils la légitimité, car la « légalité n'est en aucune façon le seul élément de la légitimité », écrira bien plus tard Michel Debré, en 1982, alors que le pouvoir vient d'échapper aux gaullistes. Et le célèbre pamphlétaire ajoutait : « L'exemple illustre à jamais est celui de la France en 1940. Pétain avait pour lui la légalité. De Gaulle était marqué du sceau de l'illégalité. Cependant la légitimité, dont pouvait se prévaloir Pétain, a disparu progressivement alors que s'affirmait à l'inverse la légitimité de De Gaulle... L'observation des faits politiques explique l'insuffisance de la légalité. L'honneur, c'est-à-dire le respect de certaines valeurs supérieures ;

1. *Mémoires-Fin d'un Empire,* Raoul Salan, page 137 (Plon). Page 144, le général Salan ajoute : « Le complot du bazooka, point de départ du 13 mai 1958, avait pour origine un groupe politique, derrière lequel se profilait la haute et énigmatique figure du général de Gaulle et qui gravitait autour de M. Michel Debré et de ses amis. »

2. *Les Gaullistes,* Pierre Viansson-Ponté (Ed. du Seuil).

l'intérêt permanent et à long terme, de la France, c'est-à-dire son unité et son indépendance ; le consentement populaire, enfin, c'est-à-dire l'approbation profonde des hommes et des femmes : tels sont les éléments de la légitimité ; faute desquels la légalité est une coque vide. »

En 1958, de même, qui représente la légitimité ? Non pas l'Assemblée nationale, issue du suffrage universel, non pas les gouvernements de transition, mais, bien entendu, le seul général de Gaulle. C'est donc au nom de la légitimité que s'engage le combat. Mais encore faut-il persuader les Français d'Algérie que, de Gaulle au pouvoir, le maintien de la France sur leur sol natal ne se posera pas.

Un homme a une audience incomparable en Algérie, c'est l'ancien gouverneur général Jacques Soustelle. Cet agrégé de philosophie, ethnologue de réputation universelle, un des hommes les plus doués de sa génération, connaît de Gaulle. Il a collaboré intimement avec lui pour avoir occupé à Londres et à Alger différents postes d'autorité importants, en particulier dans les Services spéciaux. A la Libération, il devient ministre des Colonies. Lorsque de Gaulle fondera, en 1947, le Rassemblement du peuple français, Soustelle en deviendra le secrétaire général. Il éprouve une vive admiration pour de Gaulle, qui en fait le chef de file de ses lieutenants.

Jacques Soustelle devient un homme politique dont les idées libérales sont connues et qui mérite ainsi la confiance de Mendès France. Il est désigné par celui-ci, président du Conseil, comme gouverneur général de l'Algérie. Cette caution lui vaut d'être mal accueilli lorsqu'il débarque à Maison-Blanche. Cependant il se rend compte rapidement de la différence d'optique concernant les problèmes d'Algérie, que l'on peut avoir suivant qu'on les traite à Paris ou sur place. Il va les aborder en homme de cœur et non en technocrate. Il bénéficiera alors de la confiance absolue des Français d'Algérie.

A Alger, Jacques Soustelle a un admirateur, avec qui il est très lié, en la personne d'Alain de Sérigny, directeur de l'important *Echo d'Alger*. Ce dernier ne peut mettre en doute les assurances que lui donne, avec une entière sincérité, Jacques Soustelle : de Gaulle au pouvoir, le principe de l'Algérie française ne pourra plus être controversé. Il entrera définitivement dans les faits. Alain de Sérigny, oubliant les déconvenues d'un passé récent, car il a été farouchement antigaulliste pendant la guerre, va mettre en œuvre l'influence de son journal et son talent en faveur du retour aux affaires de De Gaulle. Il ignore, tout comme Soustelle, le calvaire moral qu'il va subir avec l'évolution de la politique algérienne. Il imagine encore moins que la prison attend le parfait homme qu'il est, trop honnête pour imaginer combien les assurances de De Gaulle cachaient de perfidie.

Alain de Sérigny, dès mars 1958, croit devoir se faire confirmer les intentions de De Gaulle par Jacques Soustelle qu'il retrouve à Nice. Ce dernier est entouré de ses amis politiques, notamment de Roger Frey, Triboulet, Michel Debré, Edmond Michelet. Au cours d'un tête-à-tête avec Soustelle, il veut être certain des intentions du Général : « Savez-vous si le Général a sur le problème algérien et l'avenir de cette province les mêmes vues que nous ?... Peut-on considérer que le Général soit, comme nous, partisan de l'intégration ? » Dans ce cas, bien que l'opinion algérienne soit mal préparée à un retour de De Gaulle, il est tout disposé, dans la mesure de ses moyens, à œuvrer pour son accession au pouvoir.

Soustelle répondra par écrit, le 28 mars, à ces questions, donnant tout apaisement aux inquiétudes exprimées par le directeur de *L'Echo d'Alger.* Il ne sera pas le seul à enlever des doutes à Sérigny. Ce dernier rencontre également, à Nice, Michel Debré, qui n'ignore pas que son interlocuteur doute encore des intentions de De Gaulle. « Entre nous, dit Debré à Sérigny, avec une pointe d'ironie, vous qui avez porté la francisque du maréchal Pétain, comment pourriez-vous douter un seul instant que celui qui incarne la Résistance puisse songer à larguer l'Algérie[1] ? » Alain de Sérigny, dès cet instant, s'emploie à accélérer le retour du prétendant, fort des assurances reçues.

Si, d'aventure, de bons esprits, dont l'admiration pour le Général a faussé le jugement, et qui ne peuvent admettre que les Français d'Algérie ont été bernés, lisent, avec le recul du temps, ces déclarations de gaullistes aussi prestigieux que Soustelle et Debré, peuvent-ils, de bonne foi, nier la réalité des faits ? Ces assurances, et je ne mets pas un instant en doute la franchise de Jacques Soustelle, étaient-elles sincères de la part de certains gaullistes, ou n'avaient-elles pour objectif que d'assouvir l'ambition d'arriver au pouvoir ? A-t-on le droit de mentir avec autant d'impudence ? « Un homme public, un parti, doivent être liés par leurs paroles, par leurs engagements », a dit, non sans raison, Pierre Mendès France. C'est cette maxime élémentaire qui aurait dû être rappelée à Michel Debré, lorsqu'il brigua, en 1981, la présidence de la République. Rapatriés, vous êtes, nous dira-t-on, bien sévères à l'égard de cet homme, dont l'action, dans d'autres domaines, a été positive. Il se peut que ce soit

1. *L'Abandon,* Alain de Sérigny (Presses de la Cité).

exact, mais nous jugeons l'homme sur ses positions en ce qui concerne l'Algérie. Nous ne pouvons excuser son comportement, même si, comme on le prétend, il n'a obéi aux directives du général de Gaulle qu'à contrecœur. De toute façon, s'il s'était immolé par fidélité au Général, n'aurait-il pas dû se retirer sans éclat de la vie publique ?

Vous êtes sévères pour Debré... Nous ne sommes pas les seuls. Pierre Viansson-Ponté le dépeignait ainsi :

« Inutile, n'est-ce pas, de rappeler ici votre intransigeance contre toute négociation avec le F.L.N., vos engagements catégoriques et définitifs en faveur de l'Algérie française, vos diatribes contre ceux qui songeaient à amener le drapeau ; et puis, sans transition ou presque, vos prédications tout aussi ardentes et formelles pour l'autodétermination, pour des pourparlers avec les rebelles, pour l'Algérie algérienne, enfin pour l'indépendance, assorties de menaces d'excommunication contre ces activistes, ces Pieds-noirs, ces soldats perdus dont la veille encore vous étiez le guide, le porte-parole et l'espoir [1]... »

Une question vient à l'esprit : Michel Debré a-t-il été vraiment abusé par de Gaulle ? Il est difficile de se prononcer à cet égard. Je rappellerai simplement le jugement porté sur Debré par un ancien ministre, Roger Duchet, secrétaire général du Centre national des indépendants dont on citait le nom dans la constitution d'un gouvernement de Salut public, aux côtés de Bidault, Morice, Soustelle. Au sujet de Debré, il écrit :

« En 1958, Michel Debré a préparé avec d'autres comploteurs le putsch d'Alger, moins pour sauver l'Algérie que pour renverser le régime... On a cru que, dans l'affaire algérienne, il désapprouvait la politique du Général, sacrifiant ses convictions à une fidélité sans faille. C'est certainement inexact. Comme moi (et mieux que moi), comme d'autres (et mieux que d'autres), *il savait depuis longtemps que le général de Gaulle conduirait l'Algérie à l'indépendance.* »

Quand Michel Debré opta sans équivoque pour l'Algérie algérienne, Roger Duchet lui envoya le mot suivant :

« Michel,

« Tu t'es trop souvent renié. Depuis plusieurs mois notre amitié s'est brisée ; mais aujourd'hui tu te surpasses. C'est toi — Louis Terrenoire vient de nous l'expliquer — qui vas installer la République

1. *Lettre ouverte aux hommes politiques,* Pierre Viansson-Ponté (Albin Michel).

algérienne ! Tu n'as plus d'excuses. L'Histoire te jugera et t'exécutera. Devant les malheurs qui se préparent, j'ai des nuits blanches. Et toi[1] ? »

En 1962, il subit un sévère échec aux élections législatives. Aussi, dut-il aller chercher un siège à la Réunion. Il déclarera alors :

« La Réunion est française par la loi, française par la foi, française par le cœur. »

Ces paroles ne rappelaient-elles pas certains discours prononcés avant qu'il ne fût Premier ministre ?

Il faut provoquer l'événement pour abattre la IVe République. La crise du régime succédant au bombardement de Sakiet, l'épineuse question des « bons offices » de MM. Murphy et Harold Beeley allaient fournir une occasion inespérée. L'intervention, dans l'affaire algérienne, des gouvernements de Washington et de Londres fut, généralement, mal accueillie par le monde politique. Belle occasion pour Michel Debré de mettre en avant le nom de De Gaulle. Il écrivait, le 14 février 1958, dans le *Courrier de la colère* :

« Qu'un incident grave éclate, qu'une crise aiguë éclate... Ah ! si de Gaulle était là ! Mais le régime essaie de " tasser " l'incident, de camoufler la crise, afin d'éviter de Gaulle. Si le gouvernement de Salut public, que le Général peut seul présider, était en place depuis plusieurs mois, nous n'en serions pas où nous en sommes en Afrique du Nord ! »

Nous n'aurions pas été, bien évidemment, dans cette situation, si de Gaulle et Debré avaient été au pouvoir, car, la suite des événements le prouvera, nous nous serions déjà trouvés aux prémices de l'abandon vulgaire.

Roger Frey, quant à lui, dans le bulletin qu'il rédigeait à l'intention des militants gaullistes, notait :

« Des officiers qui se battent — bien — depuis dix ans, un commandement qui s'adapte — mal — aux formes de la guerre qu'on nous impose, des recrues qui, chaque jour, font — avec honneur — l'épreuve du feu, des hommes et des femmes qui tombent sans être bien sûrs que leur sacrifice ne sera pas inutile..., des frontières où passent et repassent hommes et munitions..., des alliés abusifs, du sang, de la sueur et des larmes, et tout cela pour aboutir à M. Murphy

1. *La République épinglée*, Roger Duchet (Alain Moreau).

et à ses “ bons offices ”, telle est pour le moment la dérisoire conclusion du drame algérien. »

M. Frey étant ministre, la conclusion du drame algérien sera, pour l'armée, la honte d'amener notre drapeau afin de faire place à celui du F.L.N., et pour les Français d'Algérie, l'exode.

Aujourd'hui, les gaullistes qui se disent « historiques » affirment, avec cynisme, qu'ils n'ont joué aucun rôle dans les événements du 13 mai. Nous allons donc, s'ils sont devenus amnésiques, rappeler quelques faits dont l'exactitude ne saurait être mise en doute.

La tension qui règne à Alger paraît favorable à une action de force. Il n'en faut pas laisser passer l'occasion ; toutefois il convient d'avancer les pions sur l'échiquier algérois avec prudence.

Le premier homme de confiance à rejoindre Alger pour suivre l'évolution de la situation sera Léon Delbecque. Chacun sait que ce dernier a été une des pièces maîtresses de l'action gaulliste lors des journées de mai 1958[1]. Militant gaulliste, secrétaire général des Républicains sociaux du Nord, c'était, « à coup sûr, le gaulliste le plus agissant et le plus efficace dans la catégorie de ceux qui mirent la main à la pâte », nous dit Léon Terrenoire au sujet du 13 mai[2].

Léon Delbecque est envoyé à Alger par Jacques Chaban-Delmas pour mettre sur pied une antenne complétant le système des « missi dominici »[3]. Cette antenne de Défense nationale, placée sous les ordres du commandant Pouget, était, en fait, animée par Léon Delbecque, dont la franchise lui vaudra nombre d'ennuis par la suite dans les milieux gaullistes. Ce dernier demande, dès son arrivée, à être reçu par le général Salan[4] : « Le ministre de la Défense nationale, lui dit-il, désire me voir assurer la responsabilité de l'action psychologi-

1. La présence à Alger de Léon Delbecque était-elle fortuite ? Olivier Guichard a écrit, parlant de Chaban-Delmas : il avait pris « une mesure bien utile en envoyant Léon Delbecque suivre les événements à Alger ». Je laisse au lecteur le soin de déterminer en quoi et à qui cette mesure, qui serait due au hasard, a-t-elle pu être bien utile ?

2. *De Gaulle et l'Algérie,* Louis Terrenoire (Fayard).

3. Jacques Chaban-Delmas avait créé une équipe de « missi dominici », officiers supérieurs ayant pour consigne « de tout voir, de tout entendre et de tout me rapporter », écrira-t-il. « ... Leur venue heurtera un certain nombre de généraux commandants de région. Elle indisposa surtout le général Salan. » Extrait de *L'Ardeur,* Chaban-Delmas (Stock).

4. *Mémoires-Fin d'un Empire, op. cit.*

que dans l'armée d'Algérie et je viens pour mettre au net avec vous les prescriptions de M. Chaban-Delmas. »

Le général Salan lui répond très fermement qu'il ne saurait accepter de voir l'action psychologique, dont la responsabilité incombe au colonel Goussault, passer sous l'autorité d'un civil. Le ministre résident, Robert Lacoste, est également irrité par la présence de Delbecque qui, en fait, a reçu des « directives de la part de hauts personnages qui, actuellement — dira-t-il à mon procès —, sont à la tête de l'Etat ». Sa mission, ajoutera-t-il, était « de faire basculer l'armée ». On lui avait donné des noms pour remplacer éventuellement les « généraux républicains Salan, Allard, Jouhaud »[1]. Ce qualificatif de républicains, dirais-je entre parenthèses, est surprenant de leur part, quand on se souvient de celui de « fascistes » dont ils nous affubleront par la suite.

Cette antenne avait-elle un caractère politique ? A n'en pas douter, si on précise qu'en faisaient partie Guy Ribeaud, leader des Jeunesses des républicains sociaux, Claude Dumont, ancien des Services spéciaux. Elle s'étoffera à la veille du 13 mai par la venue de Lucien Neuwirth, qui avait courageusement combattu dans les rangs des Forces françaises libres. Tenté par la politique, il militait dans le mouvement gaulliste ; il avait été élu conseiller municipal sur la liste R.P.F. à Saint-Etienne. Lieutenant de réserve effectuant une période, Léon Delbecque, du cabinet de Chaban-Delmas, l'avait alors fait affecter à l'antenne d'Alger. Ce n'est donc pas par un pur hasard que Neuwirth se trouvait à Alger en mai 1958. Pour masquer leur décision de politiser l'antenne, les gaullistes prétendront providentielle la présence de Neuwirth en Algérie. Ce dernier était-il arrivé à Alger sans buts politiques ? On peut en douter lorsqu'on l'a entendu, plus tard, au cours d'une émission télévisée, le 13 mai 1975, avouer : « C'est le régime qu'il fallait changer. Alger a été une des occasions. »

Que penser du rôle étonnant joué par ce jeune ministre de la Défense nationale, Chaban-Delmas ? Il se défend d'avoir participé au 13 mai. Et pourtant, il met sur pied une antenne personnelle à Alger. Il incite, parallèlement, le colonel Bigeard à briguer la succession de Marcel Cachin, député décédé. « Vous êtes un homme prestigieux, lui aurait dit le ministre, selon Jean Ferniot[2]. Vous allez vous présenter

1. Les comploteurs étaient bien informés : je sais avoir toujours été noté comme un officier républicain, ce qui du reste était exact.

2. *Le 13 mai*, Jean Ferniot (Plon).

aux élections législatives de Paris, en remplacement de Marcel Cachin... Vous serez élu, vous vous présenterez à l'Assemblée, portant toutes vos décorations. Vous ferez une déclaration fracassante pour appeler le général de Gaulle au pouvoir afin de résoudre le problème algérien. Ensuite, vous démissionnerez et je vous prendrai à mon cabinet. » Bigeard refusera.

Ainsi, on reprochera par la suite aux officiers de s'immiscer dans la politique, alors que le ministre de la Défense nationale les invitait à s'insurger contre le régime parlementaire, c'est-à-dire la légalité. Bigeard au Palais-Bourbon ? Pensait-on à un nouveau 18 Brumaire ?

Chaban-Delmas ne cache pas qu'il profite de ses fonctions pour tenir des séminaires politiques avec les officiers. Ainsi, prévoyant les difficultés qu'allait connaître la IVe République, il écrit : « Les temps étaient venus. Je le pressentais à mille signes avant-coureurs ; le plus significatif était le succès grandissant de mes appels publics en faveur de la réforme institutionnelle et du retour du général de Gaulle au pouvoir. Au cours de mes inspections en Algérie, après m'être strictement acquitté de mes devoirs ministériels, je réunissais des auditoires civils devant lesquels je traitais ces thèmes. J'en discutais aussi au cours d'un entretien avec les instructeurs de l'école des cadres " Jeanne d'Arc ". Bigeard et quelques autres doivent se souvenir de cette journée. » Les instructeurs de l'école des cadres « Jeanne d'Arc », à Philippeville, placée sous les ordres de Bigeard, étaient bien des officiers, si je ne m'abuse. J'ai une certaine expérience de la vie militaire, mais je n'avais jamais vu un ministre de la Défense nationale réunir ses subordonnés pour discuter avec eux des institutions du pays et de la nécessité de les modifier. Comment ? Tel était le problème.

Or, c'est par la force que l'appel au général de Gaulle sera couronné de succès. Quel rôle Chaban-Delmas a-t-il joué dans le complot d'Alger ? Son activité débordante se transformera en attentisme prudent, dès le 13 mai. Peut-être doutait-il de l'étoile du chef de la France libre ? Le 13 mai, il est à Bordeaux, pour l'ouverture du « Mai musical ». Au cours de la représentation de *Roméo et Juliette,* il reçoit, du président du Conseil, l'ordre de rentrer à Paris. Il se trouvera, à deux heures du matin, sur l'esplanade des Invalides où Jacques Soustelle et Claude Dumont attendent, en compagnie de Roger Frey et de Charles Béraudier, des officiers d'Alger qui doivent faciliter leur départ pour cette ville. Chaban-Delmas tente de dissuader Soustelle de partir : « Mon pauvre Jacques, rien ne presse ; le général de Gaulle n'est pas près de revenir au pouvoir. »

Il est vrai qu'il s'empresse d'ajouter dans ses Mémoires : « Je n'en pensais pas un mot. » Ainsi pourra-t-on mesurer les réserves que suscitent les déclarations des hommes politiques, qui déforment la vérité, à l'occasion, pour justifier leur attitude. De même peut-on s'interroger sur ces quelques lignes de Chaban-Delmas qui expliquent le silence de son entourage concernant les événements que les gaullistes préparaient : « Ce silence devait m'être ensuite présenté comme la marque la plus accomplie qui fût de loyauté à mon égard, destinée à m'éviter d'avoir à faire un choix impossible entre mon aspiration au changement de régime et l'accomplissement de mon devoir gouvernemental. Ce qui était objectivement vrai et m'épargna tout débat de conscience. » Les débats de conscience seront réservés à ses subordonnés, comme on le sait.

Delbecque, à Alger, tisse sa toile. Il prend contact avec des civils connus pour leur activisme, et avec des militaires comme le colonel Thomazo. A chacun de ses voyages à Paris, il rencontre l'état-major gaulliste : Debré, Guichard, Soustelle, Foccart, Frey. « Tandis que Chaban-Delmas, prudent, invite son collaborateur à ne pas trop se " mouiller ", rappelle Claude Paillat[1], Léon Delbecque reçoit de l'état-major gaulliste des instructions exactement opposées : il faut, lui dit-on de ce côté-là, faire monter la température et n'en rien dire au ministre de la Défense nationale, pas plus qu'à des compagnons apparemment suspects comme Raymond Triboulet et Edmond Michelet, considérés comme trop bavards. » De tous, selon Léon Delbecque, « c'est Michel Debré qui se montre le plus attentif au moindre détail, qui étudie le plus minutieusement la préparation psychologique et le déroulement tactique de la révolution : il pensait l'événement alors que Soustelle l'attendait ».

La France cherche un président du Conseil pour remplacer M. Félix Gaillard. Une certaine inquiétude régnait quant aux intentions du président pressenti, Pierre Pflimlin, concernant l'Algérie. Le 9 mai, je soumettais à l'approbation du général Salan, qui prit la décision de le signer, un texte indiquant le désarroi de l'armée française qui, d'une façon unanime, « subirait comme un outrage un abandon de ce patrimoine national » (l'Algérie). La température monte dans la population et dans l'armée. Les choses vont se précipiter.

Le général Petit, adjoint du général Ely, chef d'état-major de la

1. *La Liquidation,* p. 461, Claude Paillat (Robert Laffont).

Défense nationale, arrive le 9 mai au soir à Alger, en mission d'information. Que vient-il faire ? Demander au général Salan « s'il ne pourrait se priver temporairement de deux régiments de parachutistes et, *en cas de troubles, les envoyer sur la région parisienne* »[1]. M'assurant parler au nom du général Ely, il m'invite à prendre l'initiative d'une mesure prévue en cas de menace sur la frontière tunisienne, c'est-à-dire concentrer en Algérie la totalité du potentiel du transport aérien militaire. Le général Petit est-il porteur, comme il le prétend, d'instructions du général Ely ou agit-il en fonction de directives émanant de la rue de Solferino ?

A ce sujet, on doit noter que, dès son retour à Paris, Petit voit d'abord le colonel de Bonneval, puis, à 21 heures, Michel Debré et Olivier Guichard. Ce dernier estime les propos du général Petit suffisamment graves pour réunir, chez lui, le lendemain, en sa présence, Jacques Foccart, Jacques Soustelle, Michel Debré, Roger Frey. Dans l'après-midi, Guichard se rendait à Colombey rendre compte de ces entretiens au général de Gaulle. Curieuse démarche politique du général Petit, qui préparait les voies au général de Gaulle par des contacts avec les hommes de confiance de ce dernier. Etonnant comportement de ceux-ci qui prétendront, par la suite, n'avoir eu aucune responsabilité dans les événements de mai 1958. Olivier Guichard, « agent de liaison » du Général, se justifiera de façon spécieuse. Etant donné que Foccart et lui-même étaient « les points de passage obligés pour aller jusqu'au Général », il était normal qu'ils s'organisent « pour être informés de tout ce qui se passait ». Désolante explication de leur activité fébrile pour faire revenir le Général au pouvoir ; même par la force, s'il le fallait, comme nous allons le voir.

Je dois ajouter que le général Petit, dont les sentiments gaullistes en feront le chef de cabinet militaire de Debré, se joindra au général Challe, en avril 1961, pour éviter à l'Algérie la douloureuse épreuve que lui réservera de Gaulle — ce qui est tout à son honneur.

Les gaullistes historiques prétendent ne pas avoir voulu intervenir dans le déroulement de la situation à Alger[2]. Cependant, le 12 mai, à

1. *Mémoires-Fin d'un Empire, op. cit.*

2. Les gaullistes « historiques » n'auraient aucune responsabilité dans les événements du 13 mai. Etonnante est cette réflexion d'Olivier Guichard, arrivant le 4 juin 1958 à Alger. Sur le terrain de Maison-Blanche, il retrouve Jacques Soustelle, Léon Delbecque, Lucien Neuwirth : « Nous ne pouvions pas nous regarder sans émotion, mais aussi sans une certaine envie de rire. » Quel motif les faisait rire ? Peut-être d'avoir berné le monde politique, en donnant le pouvoir à de Gaulle ?

la réunion chez Guichard, « pour ne pas laisser plus longtemps », comme l'écrira Jacques Soustelle, le Général « dans la pénombre et la brume d'un interminable crépuscule », il est débattu de l'opportunité du départ de Jacques Soustelle pour Alger. Michel Debré, écrit l'ancien gouverneur général, « immobilisé par une malencontreuse — ou providentielle — sciatique [1], est désespéré de ne pouvoir partir lui-même. » Que faire à Alger, sinon prendre en main le mouvement qui doit être déclenché ? Aussi n'est-il pas étonnant qu'Olivier Guichard ait pu écrire que « les événements du 13 mai à Alger, l'occupation du gouvernement général par les manifestants, la création d'un Comité de salut public ne purent donc nous surprendre... [2] ». Ce qui les surprit, c'est que le mouvement de foule, organisé par les gaullistes pour le 14 mai, se soit produit la veille. De ce fait, Soustelle ne put arriver en temps voulu.

Le 13 mai, chacun le sait, la foule envahit le gouvernement général, le G.G. Léon Delbecque qui, avec l'équipe gaulliste, avait prévu le mouvement de foule pour le 14 mai, arrive en retard à Alger. Mais suffisamment tôt pour devenir le « deus ex machina » de la révolution du 13 mai, dont il pense, en toute bonne foi, qu'elle sauvera l'Algérie. Soustelle n'est pourtant pas là. Il atterrira clandestinement le 17 mai à Alger, accompagné du général de Bénouville, Compagnon de la Libération, héros de la Résistance. Et bientôt se poseront à Maison-Blanche, par des voies identiques, Raymond Dronne, puis Roger Frey, qui se singularisera dans des messages radio d'intoxication, analogues à ceux qui étaient émis à Londres, en 1942-1944. M. Frey n'imaginait pas à l'époque qu'il présiderait un jour le Conseil constitutionnel, chargé de veiller au strict respect de la Constitution. La vie d'un homme politique réserve souvent d'étonnantes surprises.

Les parlementaires semblent hésiter à faire appel à de Gaulle. Certains même y sont formellement opposés. Il faut forcer la main à la métropole par une action sur Paris.

Ce sera l'opération « Résurrection ».

1. *Vingt-huit Ans de gaullisme,* Jacques Soustelle (La Table Ronde).
2. *Mon Général,* Olivier Guichard (Grasset).

3.

« Résurrection »

De Gaulle a-t-il envisagé, sinon accepté, de s'emparer du pouvoir par la force ? Ses lieutenants ont-ils pris une part active à l'élaboration d'une action menée à cette fin ? Telles sont les questions qui se posent et sur lesquelles les opinions divergent. Certains gaullistes admettent avoir suivi, presque par curiosité, semblerait-il, la préparation de l'opération aéroportée « Résurrection », qui aurait été un coup d'Etat militaire. Ils sont toutefois scandalisés lorsqu'on fait état de l'accord donné par le Général à son exécution. On ne saurait ternir son image, sentiment de fidélité respectable, mais qui rend contestables leurs témoignages. L'historien Charles Seignobos a mis l'accent sur les réserves que l'on peut formuler sur les documents, marqués par les sentiments éprouvés pour un homme, de Gaulle en l'occurrence aujourd'hui. Si nous tenons pour certain que le Général a été favorable au déclenchement de « Résurrection », donnant même le feu vert, ce n'est pas par critique systématique de son action, mais par souci d'éclairer cette question.

Pour mieux saisir ce qui va suivre, la présentation d'un tableau chronologique paraît indispensable :

10 et 11 mai — Le général Petit, de l'état-major du général Ely, arrive à Alger. Il demande aux généraux Salan et Jouhaud de prévoir l'envoi de deux régiments de parachutistes sur Paris, en cas de troubles.

11 mai — Le général Petit rend compte à Paris de ses entretiens au colonel de Bonneval, puis à Olivier Guichard et Michel Debré.

12 mai — Réunion chez Guichard avec Foccart, Soustelle, Debré, Frey.

— Dans le courant de l'après-midi, Guichard se rend à Colombey pour mettre le Général au courant de la situation.

13 mai — Prise du G.G. à Alger où se trouvent Delbecque et, curieusement, Neuwirth.

17 mai — Arrivée de Jacques Soustelle, clandestinement, à Alger avec le général de Bénouville. Il est suivi bientôt par Roger Frey.

18 mai — Le commandant Vitasse est « déposé » à Pau par avion, pour organiser l'opération « Résurrection ».

19 mai — Conférence du général de Gaulle.

21 mai — Réunion de travail rue de Solferino : Vitasse — Foccart — Lefranc — La Malène.

25 mai — Liaison Vitasse — Foccart.

27 mai — Rue de Solferino, 10 heures, entretien Vitasse-Debré-Guichard-Foccart-Lefranc-La Malène.

— 21 heures : entretien chez Debré : Vitasse-Debré-général de Beaufort.

— Le général de Gaulle, par la voix de la radio officielle, exprime sa confiance aux généraux Salan, Jouhaud et à l'amiral Auboyneau.

28 mai — Le général de Gaulle reçoit à Colombey le général Dulac, chef d'état-major du général Salan. Il demande des détails sur les moyens envisagés pour « Résurrection ».

— A Alger, Jacques Soustelle fait état d'une lettre de Michel Debré, envisageant trois cas où « Résurrection » devrait avoir lieu, au cours d'une réunion où sont présents les généraux Salan, Jouhaud, Allard, Massu et l'amiral Auboyneau.

29 mai — Rue de Solferino, 12 heures. Devant le général Nicot, il est demandé par Debré, Lefranc, à Colombey, la décision du Général

concernant le déclenchement de « Résurrection ». Feu vert du Général.

— 15 heures. Le général Gelée, chef d'état-major de l'armée de l'air, transmet l'ordre d'exécution à Alger. Il déclenche la mise en place du transport aérien sur les terrains du Sud-Ouest.

— Peu après, on apprend que de Gaulle va être reçu par le président Coty. Contrordre est donné. Les avions sont rappelés à leur base.

1er juin — Investiture du général de Gaulle.

La crise qui vient d'éclater est grave. Certes, le gouvernement de M. Pflimlin a bien reçu l'investiture, mais il se trouve sans autorité. A Alger, le 13 mai, le général Massu a pris la tête d'un Comité de salut public. Le 15 mai, le général Salan fait appel à de Gaulle. Il n'est pas le seul, car, en métropole, le nom de De Gaulle pour assurer la direction du pays, est chaque jour davantage prononcé. Le Général, d'ailleurs, dès le 15 mai, se déclare « prêt à assumer les pouvoirs de la République ». Le 19 mai, il déclare se tenir à la disposition du pays. De Gaulle a manifestement l'appui d'une partie de l'opinion publique, mais les milieux politiques restent réservés, sinon hostiles à sa désignation comme président du Conseil.

Le parti communiste redoute une dictature. Il exprime son inquiétude dans *L'Humanité,* du 26 mai 1958 :

« ... Il est temps de comprendre la nécessité absolue de l'union et de la confiance entre Républicains. Il est temps de comprendre que, contrairement à ce que disait le président du Conseil dans la nuit du " Coup d'Ajaccio ", il n'y a en France qu'un seul extrémisme : l'extrémisme des fascistes, ennemis des lois.

« Il est temps d'en finir avec la fiction, avec le mensonge selon lequel de Gaulle pourrait " arbitrer " pacifiquement un conflit, qui a été déclenché à son profit par des individus qui se réclament de lui, un conflit qu'il attise pour aller ramasser le pouvoir dans le sang et le désespoir de la patrie. »

Dans *Le Populaire,* organe de la S.F.I.O., du 26 mai, Claude Fuzier écrit : « Devant ces événements, le silence remarquable de l'attentiste de Colombey-les-Deux-Eglises permet de supposer qu'il voit d'un œil toujours favorable l'action des totalitaires... On reste stupéfait en imaginant qu'un homme, ayant montré en d'autres circonstances une audacieuse compréhension des problèmes français, puisse aujourd'hui se réjouir d'actes compromettant l'avenir de la nation. »

Le mercredi 28 mai, *Le Populaire* publiait un placard incendiaire :
« Vive la République !
« La République est en péril, nos libertés sont menacées.
« Travailleurs, républicains et démocrates, répondez tous à l'appel que vous lance le Comité national d'action et de défense républicaine.
« Venez aujourd'hui 28 mai, à 17 heures, défiler de la Nation à la République pour manifester votre volonté de ne transiger avec aucune dictature et affirmer votre attachement au régime républicain et aux libertés démocratiques.
« Le parti socialiste S.F.I.O.,
« Le Mouvement républicain populaire,
« Le parti républicain radical et radical-socialiste,
« L'Union démocratique et socialiste de la Résistance,
« Le Rassemblement démocratique africain,
« Le parti du regroupement africain. »

La manifestation, qui a pour but de protester contre la candidature de De Gaulle à la présidence du Conseil, a bien lieu le 28 mai. « En tête du défilé un seul ministre : M. Gazier (socialiste), écrivent Merry et Serge Bromberger [1]. Mais Charles Lussy, député S.F.I.O., donne le bras à Jeannette Vermeersch, la compagne de Thorez, et à Etienne Fajon. Daladier, un survivant du grand défilé de jadis, y voisine à nouveau avec Jacques Duclos. François Mitterrand ne donne le bras à personne, mais s'avance du pas du futur président du Conseil, suivi de Mendès France, de Jacqueline Auriol, de Pineau, de Depreux, de Ramadier... de la C.F.T.C., de quelques députés M.R.P. aussi. » La « Marseillaise » éclate, tandis que l'on entend, scandé par de nombreux groupes : « De Gaulle au musée. »

La « manif » était-elle importante ? Une foule considérable qui dépasse de loin celle du Forum à Alger : 500 000, dira *L'Humanité* avec son sens coutumier de l'objectivité ; 120 000, dira *Le Figaro* [2].

Le président Coty, qui désirerait placer le gouvernement dans les mains de De Gaulle, résout très difficilement la crise. Pour dénouer cette inextricable situation, il organise, tard dans la soirée du 28 mai, une rencontre entre Charles de Gaulle et les deux présidents de l'Assemblée nationale et du Sénat, André Le Troquer et Gaston Monnerville. La discussion fut particulièrement serrée entre de

1. *Les Complots du 13 mai*, Merry et Serge Bromberger (Fayard).
2. On oubliait, dans ces comparaisons douteuses, que la région parisienne comptait 8 millions d'habitants et Alger 300 000.

Gaulle et Le Troquer : « Le ton montait, sans que la courtoisie en souffrît. Toutefois, d'un côté comme de l'autre, nous rapporte Gaston Monnerville [1], aucun accord ne put intervenir. » Excédé, de Gaulle se retire en déclarant à Le Troquer : « Eh bien, si le Parlement vous suit, je n'aurai pas autre chose à faire que de vous laisser vous expliquer avec les parachutistes et rentrer dans ma retraite en m'enfermant dans mon chagrin [2]. »

De Gaulle exprime au secrétaire général de la présidence de la République son regret de s'être infligé un dérangement inutile et il reprend la route de Colombey où il arrivera le 29 mai, à 5 heures du matin.

Le 29 mai, par conséquent, Charles de Gaulle est rentré à Colombey-les-Deux-Eglises. Toute possibilité parlementaire semble exclue. Ses familiers sont désorientés. Que faire, sinon imposer par la force de Gaulle au Parlement ? Il faut donc lancer l'opération « Résurrection ». En quoi consistait-elle ?

L'ancien chef de la France libre semblait manifestement désirer parvenir aux affaires dans la légalité. Il ne fit cependant aucune objection aux intentions de son entourage qui, conscient des obstacles, envisagea une opération militaire destinée, selon les uns, à clarifier la situation par la force et considérée par d'autres comme une simple menace qui obligerait le gouvernement Pflimlin à s'incliner devant de Gaulle.

Le but de cette opération, le général Massu le définit ainsi [3] : « Soulever le peuple parisien au cours d'une marche convergente, en direction des Champs-Elysées et du Palais-Bourbon, d'éléments aérotransportés, débarqués au Bourget et à Villacoublay. Obtenir, par une manifestation de masse, la chute du gouvernement actuel et la mise en place d'un gouvernement républicain de Salut public sous la présidence du général de Gaulle. Enfin, ajoute Massu, l'opération doit conserver impérativement le caractère essentiel qui a marqué les événements du 13 mai à Alger,

« il ne s'agit pas d'un coup de force militaire,

« il ne s'agit pas d'une rébellion,

1. *Vingt-deux Ans de présidence,* Gaston Lonnerville (Plon).
2. *Mémoires d'espoir,* Charles de Gaulle (Plon).
3. *Le Torrent et la Digue,* Jacques Massu (Plon).

« l'action vise à concrétiser les aspirations de la masse des Français, qui réclame un gouvernement propre, national, présidé par le général de Gaulle, sauveur de la patrie... »

Opération de caractère anodin ?

On pourrait en douter, car, dans ses grandes lignes, elle consistait à réunir sur Paris une force composée de parachutistes, d'éléments blindés et de fantassins, groupement représentant un ensemble non négligeable. Deux régiments de parachutistes d'Algérie et deux formations de parachutistes stationnées dans le sud-ouest de la métropole, devaient être réunis à quelques heures d'intervalle dans la région parisienne. Avec la complicité ou la passivité de la police et des C.R.S., les parachutistes devaient occuper l'Hôtel de Ville, la préfecture de police, le centre régional des P.T.T., la tour Eiffel, les studios de l'O.R.T.F., l'Assemblée nationale, le ministère des Affaires étrangères, la présidence du Conseil, la direction générale des P.T.T... On espérait que la promenade militaire se ferait sans effusion de sang, car une telle action conduisait à s'emparer des leviers de commande de l'Etat, ou tout au moins à les contrôler.

Cette opération « Résurrection », dont on attribue l'idée au commandement d'Alger, n'avait-elle pas été envisagée, avant le 13 mai, par l'entourage du Général ? Nous avons rappelé les démarches inhabituelles du général Petit, les 10 et 11 mai, pour que le général Salan et moi-même acceptions l'idée de l'envoi sur Paris d'éléments aéroportés en vue de maintenir l'ordre, s'il était troublé. On se souvient des réunions anormales organisées par Olivier Guichard pour permettre à Petit de tenir au courant les lieutenants du Général des entretiens qu'il avait eus à Alger et de l'état d'esprit qui y régnait. De toute façon, même si ces gaullistes se défendent d'avoir participé à l'entreprise subversive du 13 mai, on doit reconnaître à Olivier Guichard une particulière prescience. Travaillant au Commissariat de l'énergie atomique, il demanda, au début de mai 1958, à être mis en congé, ce qui lui fut accordé. « M. Guillaumat, dit Olivier Guichard, fut à la fois irrité de devoir reconnaître qu'il comptait chez lui un collaborateur préparant la chute du régime, et pas fâché de savoir qu'il avait quelqu'un " dans le coup "[1]. »

De Gaulle, nous l'avons vu, semble loin d'être assuré de prendre le

1. *Mon Général,* Olivier Guichard (Grasset).

pouvoir. L'opération « Résurrection », imaginée par des hommes de bureau ou de salon, doit être confiée à des militaires pour sa préparation. C'est le général Massu qui, à Alger, prendra la responsabilité de la mettre sur pied. Il dispose d'un état-major opérationnel remarquable et, lui-même, d'une autorité incontestable. Cette opération ne peut réussir qu'avec la complicité de la métropole. Un officier va y être envoyé clandestinement pour prendre les contacts nécessaires avec les milieux civils et militaires. Il faut s'assurer de l'accord de l'armée, de la police, des milieux parlementaires... Le général Massu désignera, à cette fin, le commandant Vitasse, de son état-major, qui sera déposé dans le plus grand secret, par avion militaire, à Pau, le 18 mai au petit matin. Son ordre de mission comportera les signatures de Salan, Jouhaud, Massu.

Cette opération qui sera préparée avec soin a-t-elle, à défaut de celle du général de Gaulle, la bénédiction de ses fidèles ? Sans aucun doute.

Le commandant Vitasse doit s'assurer de la participation des parachutistes du Sud-Ouest. Encore faut-il des avions militaires pour les transporter de Pau, Mont-de-Marsan, sur Paris. Vitasse entre en liaison avec le général de Rancourt, qui commande le G.M.M.T.A. [1] Ce dernier, après avoir rallié Londres en 1940, a servi avec éclat dans les rangs de la France libre, dans l'armée de l'air. Ce Compagnon de la Libération a été attaché au cabinet du Général. C'est un gaulliste sincère et désintéressé. Avant de répondre aux sollicitations du commandant Vitasse, il demande l'accord du chef d'état-major de l'armée de l'air, le général Gelée, et celui des lieutenants de De Gaulle. Rue de Solferino, où il rencontre Debré, Lefranc, Bonneval, Foccart, Guichard, il obtient un accord complet [2]. Il en déduit que de Gaulle est favorable à « Résurrection », car il n'imagine pas, à juste titre, que les lieutenants du Général prennent une décision aussi importante sans l'autorisation de leur chef et il a bien vite averti qu'il ne se déciderait qu'avec l'accord de De Gaulle [3].

1. G.M.M.T.A. : Groupement des moyens militaires de transport aérien.
2. Témoignage personnel de l'auteur.
3. Le général Massu confirme qu'aucun doute n'était permis quant à l'assentiment du général de Gaulle aux projets de « Résurrection ». « Sur ce plan-là, écrit-il, nous ne sommes pas inquiets puisque rue de Solferino, à " l'antenne " du Général, un accord complet est donné par MM. Foccart, conseiller technique du Général depuis 1943, Lefranc et La Malène, adjoints de Michel Debré. » *Le Torrent et la Digue*, Jacques Massu (Plon, page 125).

Je voudrais bien connaître le gaulliste qui oserait mettre en doute la parole du général de Rancourt.

L'état-major de la rue de Solferino a joué, du reste, un rôle plus important qu'on ne le soupçonne aujourd'hui dans la préparation de « Résurrection ». Il l'a suivie avec une attention jamais en défaut. Les lieutenants du Général prétendent qu'il n'y a pas eu de complot, mais qu'il y eut « l'effondrement d'une République mal bâtie et déjà secouée par vingt crises [1] ». Cette affirmation de Pierre Lefranc est exacte dans sa seconde partie. La détérioration de l'autorité de l'Etat, les douteuses combinaisons des groupes politiques pour accéder au gouvernement, l'incapacité de déterminer une politique cohérente pour la France, le mépris dans lequel était tenu le Parlement, favorisèrent le succès d'un complot qui eut bien lieu, ce que personne ne saurait nier, hormis l'entourage du Général.

L'état-major de la rue de Solferino aurait reçu pour consigne du Général de ne « se mêler de rien », nous dit Pierre Lefranc. On peut s'en étonner, car comment imaginer qu'un ancien de la France libre ait passé outre aux consignes de son chef ? Pierre Lefranc reconnaîtra d'ailleurs dans ses Mémoires avoir rencontré, avec Foccart, le commandant Vitasse qui, dans les notes quotidiennes détaillées de son journal de marche, écrit :

« *21 mai* — 10 heures. Rue de Solferino, entretien avec Foccart, Lefranc. Accord complet pour effectuer des liaisons avec les représentants du Général. »

L'essentiel de cette entrevue ne correspond pas à ce qu'en relate Pierre Lefranc : « ... Nous rencontrions le commandant Vitasse, envoyé par l'état-major d'Alger pour mettre au point les détails de l'opération “ Résurrection ”, c'est-à-dire l'envoi sur Paris de quelques bataillons de parachutistes. Nous eûmes beaucoup de peine à lui faire comprendre que l'opération nous paraissait inutile et néfaste. Il nous quitta écœuré et persuadé d'avoir rencontré des saboteurs. »

Quelle est la vérité ?

Celle du commandant Vitasse qui est satisfait de l'accord conclu avec ses interlocuteurs, ou celle de Pierre Lefranc qui tente de dissuader l'officier de poursuivre sa mission ? Si cette deuxième

1. *Avec qui vous savez,* Pierre Lefranc (Plon).

interprétation était la bonne, pourquoi Pierre Lefranc, Jacques Foccart et les autres gaullistes cherchèrent-ils à renouer des contacts avec le commandant Vitasse ?

Les contacts avec le commandant Vitasse vont en effet reprendre. Toujours selon le journal de marche de ce dernier :

« *25 mai* — 12 heures. Liaison avec Foccart de la maison du général de Gaulle.

« *27 mai* — 10 heures. Une réunion a lieu dans le bureau du Général. Y participaient MM. Debré, Foccart, Guichard, Lefranc, La Malène, le général Nicot et le commandant Vitasse. »

Ce jour-là, il faut régler d'urgence un différend intervenu entre le haut commandement militaire à Paris, c'est-à-dire les chefs d'état-major des trois armées, et le commandement à Alger, sur les conditions d'exécution de « Résurrection ». A qui s'adresse-t-on pour arbitrer, sinon à Michel Debré lui-même, ce qu'il fait de bonne grâce [1].

« 27 mai. Rendez-vous chez Debré. Le général de Beaufort qui deviendra le chef de l'état-major particulier de De Gaulle à l'Elysée assiste à l'entretien. » (Le général de Beaufort, de l'état-major général des armées, faisait partie de la conspiration du 13 mai.)

Il n'y a pas eu de complot, affirme Lefranc. Alors, pourquoi des hommes politiques, en liaison avec de Gaulle, se réunissaient-ils pour discuter avec un officier d'Alger, arrivé clandestinement à Paris ?

1. Cette opération « Résurrection » est encore imparfaitement connue. Toute personne assez bien informée ne saurait douter aujourd'hui, que seul le général Salan disposait de tous les moyens. C'est indéniable pour ceux qui étaient stationnés en Algérie, moins évident pour ceux qui se trouvaient en métropole. Ainsi les avions chargés du transport des parachutistes du Sud-Ouest ne pouvaient être engagés par le général de Rancourt qu'avec l'autorisation du général Gelée, chef d'état-major de l'armée de l'air. Il en était de même pour le guidage des avions, du ressort de la 4e Région aérienne, et de la Défense aérienne du territoire, qui n'acceptaient de recevoir d'ordres que du général Gelée.

Une différence dans l'appréciation du but recherché en lançant « Résurrection » aurait peut-être divisé Alger et Paris. Le général Gelée a pu écrire, à mon intention : « En éliminant à priori la solution du coup d'Etat en France, on désirait voir venir le seul qui puisse empêcher la pagaille ou éventuellement un putsch de gauche... Pour cela, on préférait la légalité... tout en préparant le " coup de pouce ", si c'était nécessaire. » Ce « coup de pouce », les chefs d'état-major à Paris l'estimaient suffisant avec les parachutistes stationnés dans le Sud-Ouest et les moyens existant dans la région parisienne. Tel était le problème qu'arbitra Debré : il fallait faire appel à toutes les forces prévues, métropolitaines et d'Algérie. Il faut ajouter que les parachutistes du Sud-Ouest n'auraient vraisemblablement pas obéi à un ordre ne venant pas des généraux Salan et Massu, et que, d'autre part, Alger n'aurait pu les faire entrer en action, faute de moyens aériens. C'eût été la confusion. La prise de position de De Gaulle, donnant le « feu vert » à l'opération, élimina toute divergence entre Paris et Alger le 29 mai.

Pourquoi, sinon pour mettre au point l'opération « Résurrection » et, n'hésitons pas à le dire, pour renverser le régime légal ?

De Gaulle, paraît-il, n'aurait désiré, en aucune façon, être ramené au pouvoir dans « les fourgons des parachutistes ». Il aurait souhaité revenir dans la légalité ou ne pas revenir. Cependant, son entourage envisage toujours la possibilité de déclencher « Résurrection ». Le 28 mai, Jacques Soustelle, au cours d'une de nos réunions à Alger, nous communique une lettre de Michel Debré, qui envisage trois cas, justifiant « Résurrection »[1] :

— De Gaulle ne pouvant obtenir l'investiture du Parlement.

— De Gaulle, investi, ayant besoin pour se maintenir au pouvoir d'un soutien militaire.

— Un coup de force communiste mettant la République en danger et exigeant l'emploi de l'armée pour le réprimer.

Ce message reflète-t-il la pensée profonde de De Gaulle ? Jacques Soustelle ne saurait en douter, étant donné la confiance qu'accorde le Général à Michel Debré. Aussi, insiste-t-il pour que « Résurrection » soit déclenchée sans plus attendre. Le général Salan ne semble guère enthousiasmé par la perspective d'utiliser la force. Il analyse autrement la situation et, avec le sens des réalités qui le caractérise, il est persuadé que le régime se désagrège et que de Gaulle doit accéder dans les normes à la tête de l'Etat. En outre, le plan « Résurrection » lui paraît sommaire. Il me demande de le mettre au point.

Je peux affirmer que le général Salan considérait le déclenchement de l'opération comme inconcevable, à moins que de Gaulle n'en donne l'ordre. Je peux en témoigner, car l'entourage « activiste » de Soustelle, se rendant compte du peu d'enthousiasme de Raoul Salan, me demandait, non sans une insistance déplacée, de tenter de fléchir le commandant en chef. Pourquoi s'adressait-il à moi ? Probablement parce que j'avais la confiance du général Salan. Alain de Sérigny en témoigne : « C'est Jouhaud, commandant en chef des forces aériennes qui, de tous les généraux, est présentement le plus écouté de Salan[2]. » En me faisant part de leur désir de débarquer à Paris, ces « activistes » ignoraient que je partageais le point du vue du général Salan.

Ainsi, et puisse l'Histoire le retenir, ce sont les fidèles de De Gaulle qui insistent pour un coup d'Etat, tandis que les militaires responsa-

1. Rappelons que Jacques Soustelle était arrivé à Alger le 17 mai.
2. *Op. cit.*

bles sont hésitants. Ces hommes qui veulent forcer la main aux militaires, Michel Debré en particulier, seront les censeurs les plus intransigeants de l'action de ceux qui, acceptant le sacrifice de leur vie, se refusèrent, en avril 1961, à trahir les hommes auxquels ils avaient promis de garder l'Algérie française.

De Gaulle qui, pour l'instant, n'aspire qu'à prendre le pouvoir, désire être informé de la situation en Algérie. Il demande au général Salan de lui envoyer, dès que possible, un mandataire militaire. C'est son chef d'état-major, le général Dulac, qui est désigné, accompagné du commandant Mouchonnet, auxquels se joindront les colonels de Laborderie et Delachenal de l'armée de l'air. Ils arriveront à Colombey le 28 mai à 10 heures.

Après quelques considérations générales, de Gaulle aborde le problème qui le préoccupe au plus haut point. Faisant allusion à la position résolument hostile que le groupe S.F.I.O. vient de prendre, il demande : « Ils ne veulent pas de De Gaulle, alors que faites-vous [1] ? »

Dulac explique alors dans le détail ce qu'est le plan « Résurrection ».

De Gaulle précise sans ambiguïté : « Je ne veux pas apparaître tout de suite pour ne pas sembler revenir du seul fait de cette action de force. Après quelques jours, je veux être appelé comme un arbitre venant, à la demande de tout le monde, prendre la direction du pays pour lui épargner des déchirements inutiles. Il faut que j'apparaisse comme l'homme de la réconciliation et non comme le champion d'une des factions en train de s'affronter. »

Cette conversation est pour le moins étonnante. Le général de Gaulle est pour l'instant le dauphin qui a entamé « le processus régulier nécessaire à l'établissement d'un gouvernement républicain ». Pour convoquer le général Dulac, il a rédigé un message destiné au général Salan, considéré pourtant comme hors de la légalité, par la voie officielle du chef d'état-major général, avec l'accord du ministre, M. de Chevigné. Il n'agit pas en simple citoyen. L'homme qui « incarne la légitimité en France depuis vingt ans » se fait expliquer les détails d'un coup d'Etat.

1. *Nos guerres perdues*, André Dulac (Fayard).

Olivier Guichard, commentant ces faits, écrit[1] :

« Il [de Gaulle] nous fit faire ce qu'il fallait pour que le " débarquement ", comme on disait, n'ait pas lieu ; mais, prudemment aussi, il fit venir le général Dulac, le 28 mai, pour qu'il lui en expose les préparatifs. Il mit alors l'entretien sur un plan technique et, en militaire, posa des questions techniques sur les dispositions prises par l'armée. Il en fit même la critique, comme un réserviste que l'on a convoqué pour une période militaire et qui retrouve ses réactions d'officier. »

Etonnant officier de réserve, demain président du Conseil, puis chef de l'Etat, qui se fait exposer un plan d'insurrection. Il ne le désavoue pas. Il ne demande pas à Dulac de faire au général Salan les remontrances les plus vives et d'abandonner l'idée de mettre en péril les institutions de la République. Non, mais au contraire, pour la réussite de l'opération, il estime les moyens envisagés bien insuffisants. Il soumet au général Dulac le problème de sa protection. Il peut être rassuré : deux commandos de l'air, sous les ordres du colonel Coulet, un de ses fidèles, atterriront à Saint-Dizier, à proximité de Colombey, pour le protéger. Il termine l'entretien par ces mots : « Il faut sauver la baraque ! Vous direz au général Salan que ce qu'il a fait et ce qu'il fera, c'est pour le bien de la France. » Ainsi, ajoute Dulac : « Le général Salan a le feu vert pour déclencher l'opération " Résurrection " ou pour ne pas la déclencher. » Déclaration, nous rappelle François Mitterrand, que confirmera le général Miquel[2] : « J'ai vu M. Guichard, il m'a dit : le général de Gaulle ne souhaite pas un débarquement à Paris, mais il prendra la situation telle qu'elle se présentera[3]. »

Ainsi, le Général, qui n'envisage pas l'intervention des paras sans réticence, ne la rejette pas. Il en laisse la responsabilité au général Salan, devenant, pour un temps, le seul arbitre de la situation, qui pourra évoluer dans un sens révolutionnaire ou institutionnel. M. Mitterrand écrit : « Ironie de l'Histoire : au commencement comme à la fin de la crise d'où sortit de Gaulle, Salan fut maître du

1. *Op. cit.*

2. Le général Roger Miquel, commandant en 1958 la région militaire de Toulouse, avait été désigné par le général Salan pour coordonner l'action des unités et commandements militaires opérant en métropole pour donner le pouvoir à de Gaulle.

3. *Le Coup d'Etat permanent,* François Mitterrand (Plon).

destin de celui qu'il devait peu après affronter... Les objectifs de De Gaulle étaient les siens. Garder l'Algérie à la France ? Assurément ! »

On met souvent en doute la réalité de l'accord tacite du Général quant à l'opération aéroportée. Dans la critique de mon livre *Ce que je n'ai pas dit,* Paul-Marie de La Gorce écrit dans *Le Figaro :* « Passionnants sont aussi les détails apportés sur le plan " Résurrection " qui prévoyait une opération aéroportée de l'armée d'Algérie sur la France. Mais là, l'aversion frénétique d'Edmond Jouhaud envers le général de Gaulle le conduit à se tromper : aux dates qu'il indique, contrairement à ce qu'il dit, le général de Gaulle était déjà *pratiquement* assuré de revenir légalement au pouvoir et il avait publiquement proscrit le recours à des opérations de force en France. »

Retour au pouvoir pratiquement assuré ? Peut-être le 30 mai, après que de Gaulle a été reçu le 29 mai, à 21 heures, par le président Coty. Mais jusqu'à cette date le Général commençait à ne plus croire en sa fortune. Comme le souligne François Mitterrand : « Précisément, le ministre Pflimlin branle, mais ne part pas. L'Assemblée nationale fléchit mais cherche à échapper à l'étreinte. Ici, on envisage la formation d'un cabinet Naegelen, Mollet ou Lacoste. Là, on met au point une réforme constitutionnelle. Bref, on biaise. »

Cependant que des discussions passionnées agitent le Parlement, en vain d'ailleurs, de Gaulle va prendre, le 29 mai en fin de matinée, une décision capitale, qui aurait modifié le cours des événements. Il va autoriser le général Salan à intervenir militairement. Le document, inconnu à ce jour, dont nous allons faire état, éclaire cette question très controversée.

Nous sommes le 29 mai et, comme nous l'avons rappelé, de Gaulle est rentré à Colombey, tout meurtri des propos que lui a tenus Le Troquer. Décidément, l'horizon s'assombrit pour le Général.

« Le 29 mai, vers 9 heures, souligne Salan, je reçois une communication de M. Olivier Guichard : " Nos affaires se présentent mal. A vous de jouer maintenant. Tenez-vous prêt ". »

Olivier Guichard, attaché à la personne du Général, pouvait-il mettre en alerte le général Salan, de son propre chef ? Il tombe sous le sens que de Gaulle était d'accord sur le déclenchement de l'opération. Le seul point litigieux porte sur la façon dont il envisageait de prendre le pouvoir. Rappelons l'hypothèse que ne rejetait pas de Gaulle : à défaut de revenir aux affaires dans la stricte légalité, les parachutistes de Massu tenant Paris et ses administrations sous leur coupe, il pourrait apparaître en arbitre, et prendre le pouvoir pour mettre fin à la confusion qui se serait développée. Il serait ainsi arrivé à Matignon, puis à l'Elysée, dans la « légalité », malgré le coup de force militaire. Les événements se sont déroulés autrement. La menace d'un débarquement affolant les hommes politiques, ces derniers, réticents au début de la crise, s'inclineront devant les exigences de De Gaulle pour accéder au pouvoir. C'est pourquoi, devant le désarroi de l'Assemblée nationale, le président Coty convoqua le général de Gaulle, qui le rencontra le 29 mai en fin de soirée. Entre-temps, et selon le témoignage du général Nicot, le Général aurait bien autorisé le déclenchement de « Résurrection », le 29 mai en fin de matinée.

Le général Nicot, de l'armée de l'air, venait d'être affecté à l'état-major des Forces armées, en remplacement du général Martin, mis aux arrêts par Chevigné [1]. Dès son arrivée à Paris, il rend visite au général Ely qui vient de démissionner de ses fonctions de chef d'état-major des Forces armées. « La conversation, écrit le général Nicot dans son témoignage [2], roule sur les événements dont l'issue pour la France semble bien être le retour aux affaires du général de Gaulle. Le général Ely opine dans ce sens. Il faudrait, pour bien faire, pense-t-il, que le général de Gaulle soit appelé par le président Coty, ce qui maintiendrait la légalité, le consensus du Parlement semblant devoir être acquis dans le climat d'affolement et d'inquiétude qui règne à Paris. Si le président Coty ne se résout pas à prendre parti, l'autre solution est que le Général arrive au pouvoir en s'appuyant sur l'armée et sur les forces de l'ordre parisiennes (police, gendarmerie mobile, C.R.S.). Mais une telle solution suppose, bien sûr, l'accord des chefs d'état-major... Il est convenu, ajoute le général Nicot, que je prendrai contact, non seulement avec eux, mais aussi avec l'état-major gaulliste de la rue de Solferino. »

Le général Nicot s'entretient d'abord avec les chefs d'état-major, qui sont loin d'être opposés à une opération de force. Le 27 mai, accompagné du commandant Vitasse, le général Nicot se rend ensuite rue de Solferino. Il y va, écrit-il, « pour informer ces " messieurs "

1. Le 14 mai, le général Martin rentrait tranquillement de Bonn, en Allemagne, où il avait effectué une mission. Tout juste au courant des événements survenus la veille à Alger, il se voit mis aux arrêts par le ministre, M. de Chevigné, qui avait cru qu'il arrivait de Bône (Algérie). Il bénéficiera de l'auréole du martyr.

2. Témoignage écrit du général Nicot.

que les trois chefs d'état-major des armées et le général Ely sont d'accord pour permettre le retour aux affaires du général de Gaulle avec le concours et l'appui des Forces armées (exception faite du général Lorillot qui n'a pas été mis dans le coup), mais en spécifiant bien que rien ne se ferait sans que les chefs d'état-major *aient l'accord explicite du général de Gaulle.* » Assistaient à cette réunion, précise-t-il, « MM. Foccart, Debré, Lefranc, Guichard et d'autres dont j'oublie les noms. Ce qui est certain, c'est que " les principaux lieutenants " du général de Gaulle étaient présents et qu'ils nous ont, ce jour-là, assuré que c'était bien le souhait du général de Gaulle de revenir, par ce moyen, aux affaires, étant donné qu'aucune ouverture politique ne semblait se faire jour. »

Le général Nicot rend compte de cet entretien aux chefs d'état-major qui restent sceptiques sur les affirmations des fidèles du Général. Ils hésitent à s'engager sur le simple accord de l'E.M. gaulliste. Ils sont tellement et de toutes parts sollicités pour intervenir qu'ils invitent Nicot à retourner rue de Solferino au plus tôt. Ce dernier s'y rend le 29 mai vers 11 heures.

« Ces messieurs, écrit le général Nicot, me réitèrent le feu vert du Général : " Vous pouvez déclencher l'opération. " J'exige alors qu'on téléphone devant moi à Colombey, car je ne puis faire fond sur l'assertion d'une équipe très excitée.

« Ce n'est que vers 11 h 30, midi, que la communication est obtenue avec la Boisserie. Lefranc, je crois m'en souvenir, exposa les scrupules des chefs d'état-major des trois armées, prêts à déclencher l'opération, mais ne voulant prendre cette décision qu'avec le feu vert formel et explicite du Général. Je n'entends pas, bien sûr, ce que l'interlocuteur, qui est au bout du fil, répond, car je n'ai pas le second écouteur que doit tenir Debré, me semble-t-il, mais à la fin de la conversation, Lefranc dit : " Oui, mon général, bien mon général, mes respects mon général " et, se tournant vers moi et les autres qui font cercle, me dit que " le Général donne *son accord complet pour que l'opération soit déclenchée sans plus attendre* ". »

Bien que ce témoignage date de décembre 1978 et sous réserve d'erreurs de détail, l'essentiel ne saurait être contesté. Le général Nicot méritera du reste la confiance de Michel Debré qui en fera plus tard son chef de cabinet militaire.

De Gaulle a, de toute évidence, donné le feu vert.

... Le général Nicot se précipite au ministère de l'Air pour rendre compte de la décision de De Gaulle au général Gelée, chef d'état-major de l'armée de l'air. Ce dernier me téléphone, peu avant 15 heures, à Alger, pour me mettre au courant de la situation et de la décision des chefs d'état-major de déclencher « Résurrection ». La conversation est malheureusement brouillée et interrompue. Un télégramme est rédigé à mon intention, en accord avec le commandant Vitasse. Je m'excuse de le citer de nouveau[1] mais il est, pour la compréhension de « Résurrection », essentiel :

« E.M.A.A. — Paris 29 — 16 h 10 Z[2]. Pour action 5e R.A./C.A.A. — à l'attention du général Jouhaud :

« Confirmation conversation téléphonique interrompue avec général Jouhaud — stop — Dire à général commandant en chef et général Massu que *général de Gaulle complètement d'accord* — stop — Nous attendons votre arrivée échelonnée à partir 2 h 30 le 30 mai 1958 — stop — Moyens métropole en place avant vous — stop — Aucun changement ne peut intervenir — stop — Confirmer urgence votre accord au général Puget[1] — stop — Grand-père — Fin. »

Parallèlement, le général Gelée donne l'ordre au général de Rancourt de faire décoller les avions de transport sur le Sud-Ouest.

L'ordre est exécuté et déjà, vers 15 h 30, six Dakota s'étaient envolés : *l'opération « Résurrection » était déclenchée.*

Cependant, les chefs d'état-major vont annuler l'opération, déjà engagée, en apprenant que le président Coty va recevoir le général de Gaulle, tard dans la soirée, pour lui confier les pouvoirs. Je reçois un second télégramme :

« Pour le général Jouhaud — Président de la République recevant Grand Charles, opération prévue est reportée. »

Ainsi, le coup de force prévu sur Paris *avait reçu un début d'exécution.* Avec l'accord de qui ? Du général de Gaulle[4]. Dans le

1. J'ai donné de nombreuses précisions sur cette opération « Résurrection » dans *Ce que je n'ai pas dit* (Fayard).

2. Heure Z : heure légale + 1 heure à l'époque. 16 h 10 Z = 15 h 10 légales.

3. Le général Puget, sous-chef à l'état-major de l'air, qui a pris une part active au retour du général de Gaulle au pouvoir, deviendra par la suite ambassadeur de France.

4. Rappelons d'ailleurs que de Gaulle lui-même aurait donné le 21 mai l'ordre de l'opération sur la Corse. Pascal Arrighi, témoignant au procès du général Salan, souligne que, le 21 mai, Roger Frey, parvenu clandestinement à Alger, lui annonce « qu'une messagère » était arrivée de Paris. Elle déclara que le 18 mai à Colombey, « le général de Gaulle avait demandé à Olivier Guichard — qui était un de ses principaux collaborateurs — d'envoyer à Alger des instructions pour préparer le ralliement de la Corse à Alger. » « Si M. Arrighi dit vrai, soulignait Pierre Vians-

compte rendu, rédigé après la conversation téléphonique entre Colombey et la rue de Solferino que nous venons de mentionner, le général Nicot écrit, par souci d'objectivité :

« Pour avoir la certitude que de Gaulle approuvait ce plan, il faudrait avoir la certitude absolue que c'était vraiment le général de Gaulle qui était au bout du fil, lors de la conversation du 29 mai à midi, depuis la rue de Solferino. Peut-être son ancien aide de camp qui devait être à la Boisserie et qui filtrait les communications pourrait le dire — s'il le sait et s'il veut bien parler ! »

En ce qui me concerne, ne pouvant mettre en doute le témoignage du général Nicot, je tiens pour certain que le général de Gaulle a donné son accord au déclenchement de l'opération. Sinon, et ce serait très grave, Michel Debré et Pierre Lefranc auraient menti à Nicot, ce que je considère comme absolument improbable.

Si la relation que je fais de l'accord de De Gaulle à l'opération est inexacte, je demande au saint-cyrien Pierre Lefranc, de la promotion « 18 juin - juin 1944 »[1] de la démentir.

De Gaulle, dès le 30 mai, ne rencontre pratiquement plus d'obstacles sur sa route. Qui pourrait arrêter sa marche vers Matignon ? « La gauche appelle à la défense républicaine, écrit Jean Poperen, mais beaucoup de citoyens identifient la Républiqué au Parlement et ne se soucient plus de se battre pour le Parlement. La gauche crie au fascisme, mais une partie de la classe ouvrière elle-même compte sur de Gaulle pour les en protéger[2]. »

La menace du débarquement sur Paris, approuvée par de Gaulle, a donc joué son rôle. Aussi, n'est-ce pas sans surprise que l'on entendra, le 8 juin 1962, de Gaulle déclarer : « Quand, en 1958, nous prîmes l'affaire corps à corps, nous trouvions une entreprise d'usurpation se constituant à Alger. » Certes, a dit le sénateur Daillé, il y a bien eu en 1958 une entreprise d'usurpation, mais on comprend que de Gaulle ait jugé inutile de rappeler au pays l'identité de l'usurpa-

---

son-Ponté dans *Le Monde* du 15 mai 1963 — et il faut constater que sa déposition, en date du 19 mai 1962 et largement reproduite par la presse, *n'a pas reçu de démenti* — on saisit mieux pourquoi il ne fut jamais répondu aux adjurations de M. Guy Mollet... suppliant le général de Gaulle de condamner publiquement et sans ambiguïté les " factieux ", les " criminels ", les " fous " qui avaient décidé l'opération Corse. »

La messagère s'appelait Mlle de La Loyère, hôtesse de l'armée de l'air.

1. Annuaire de la Saint-Cyrienne et *Who's Who* in France.
2. *La Gauche française,* Jean Poperen (Fayard).

teur. Entreprise d'usurpation, manigancée par ses lieutenants, approuvée par lui, de Gaulle, qui, comme l'a écrit François Mitterrand, a substitué par la suite la légende à l'Histoire.

De Gaulle avait pris le pouvoir. Il accueillera les généraux avec chaleur. Il devait décevoir François Mauriac, qui n'avait que des mots peu charitables à l'égard de l'armée. Ce dernier écrivait : « Puisse-t-il [de Gaulle] ne pas dire un mot, ne pas faire un geste qui le lierait à des généraux de coup d'Etat [1]. » Ces généraux, de Gaulle va leur montrer sa gratitude très passagère. Au général Salan il décernera la médaille militaire. Il fera de moi un général d'armée aérienne, donc à cinq étoiles, et me confiera les plus hautes fonctions de l'armée de l'air, celles de chef d'état-major. Le général Massu recevra sa troisième étoile. Il fallait bien récompenser les hommes qui vont lui permettre de devenir bientôt le chef de l'Etat.

Ces généraux représentaient l'état d'esprit de la population, ses aspirations. Cette population va être bien déçue. François Mauriac, avec perspicacité, prévoyait, non sans satisfaction, le sombre avenir réservé aux Français d'Algérie. Dans son « Bloc-notes » du 19 mai 1958, il écrivait :

« Si le général de Gaulle nous montre comment faire autrement, si les Français et le peuple algérien se réconcilient sous son égide, dans une Algérie *autonome* où les *deux drapeaux* flotteront et ne seront jamais plus séparés, eh bien ! je me consolerai de voir la République devenir autoritaire, j'accepterai que Marianne ait tout à coup cette grande gueule, ce grand style, cette puissance d'orgueil, d'indifférence et de mépris dont on peut s'offenser... Ah ! certes, je ne suis pas aveugle : si les grenouilles qui demandent ce roi l'obtiennent, elles ne coasseront pas toujours de joie, je m'en doute. " J'aime mieux les servir à mon gré que, d'accord avec eux, les gouverner au leur. " C'est un mot que Shakespeare met dans la bouche de Coriolan. Le général de Gaulle nous en fera exprimer le suc, de ce mot-là ! Je mesure le risque. S'il ne dépendait que de moi j'accepterais de le courir. »

Ce risque, de Gaulle va accepter de le courir. Les Français d'Algérie vont en faire les frais, au-delà de ce que souhaitait Mauriac.

La politique que suivra de Gaulle ne correspondra pas aux espoirs de la population d'Algérie. Elle sera celle d'un homme décidant de

1. *Le Nouveau Bloc-notes 1958-1960,* François Mauriac (Flammarion).

questions humaines dans le silence glacial de l'Elysée. « On ne voit bien qu'avec le cœur », disait le petit renard de Saint-Exupéry. Le général de Gaulle refusera, dans ses méditations, de faire la moindre place aux sentiments.

RÉSURRECTION, le mot de la fin :

Après avoir pris le pouvoir, de Gaulle à Delbecque : « Bien joué Delbecque. De Gaulle aussi. »

4.

De Gaulle et l'Algérie

Quelle politique de Gaulle allait-il suivre en Algérie ? Personne, dans ce pays, ne doutait qu'il refuserait de céder aux chantages des dirigeants rebelles, de mutiler la France en abandonnant une partie de son territoire au F.L.N. Et pourtant, c'est ce qui advint ! De Gaulle a-t-il sans ambiguïté mis en œuvre une politique visant à la sécession, solution du problème algérien, qu'il n'aurait pas cachée ? Aurait-on mal interprété ses déclarations ? Dans ce cas, les Français d'Algérie auraient eu tort de se révolter. C'est une question à laquelle il convient de répondre, bien qu'il soit malaisé de discerner les intentions d'un sphinx. De Gaulle est l'homme le plus secret que j'aie connu, me dira un jour le général Ely. Ce dernier confiera à M. Tournoux : « Je ne cache pas au général de Gaulle combien je trouve difficile de travailler avec lui, car il n'indique jamais à ses grands subordonnés son véritable objectif et ne leur laisse pas toujours une initiative suffisante[1]. » Aussi a-t-il été difficile de se prononcer sur les intentions profondes du Général, quant à sa politique algérienne. Ses propos reflétaient-ils sa pensée ? On peut en douter, car l'homme ne se livrait guère et les interprétations de ses paroles pouvaient être déformées, selon les sentiments de ses interlocuteurs. Toutefois, sur l'ensemble de témoignages ou de discours du Général, nous allons essayer, non sans présomption, de cerner l'évolution de sa pensée.

1. *La Tragédie du Général, op. cit.*

Quelle solution envisageait de Gaulle pour résoudre le problème algérien ?

Les uns l'ont cru favorable à l'intégration, les autres fermement décidé à accorder l'indépendance à l'Algérie. Aucun ne peut être soupçonné de mauvaise foi, car de Gaulle n'avait pas pour habitude de se confier à quiconque. Qui pouvait se targuer d'être sûr d'avoir bien traduit les propos du Général ? « Il y avait, nous dit Peyrefitte, autant de De Gaulle que de catégories d'interlocuteurs... Les personnalités, dont les idées étaient les plus opposées aux siennes, sortaient de son bureau convaincues qu'il était d'accord avec elles. En réalité, il découvrait ce qu'elles pensaient en les faisant parler et montrait par de petits signes d'approbation qu'il avait compris ce qu'elles voulaient dire ; ce qui ne signifiait nullement qu'il partageait leur jugement [1]. »

Chacun des visiteurs quittait donc le Général avec la conviction profonde que les intentions secrètes de ce dernier lui avaient été dévoilées. Pour quelques-uns, très rares du reste, ce sera exact. Ainsi en octobre 1957, recevant personnellement, rue de Solferino, Christian Pineau, de Gaulle lui confiait que « l'indépendance de l'Algérie était pour lui inéluctable ». A André Philipp, un de ses anciens ministres, il déclare, en mars 1958 : « On ne s'en tirera que par l'indépendance de l'Algérie, par étapes, si possible en association avec la France. » Ce qui n'empêchait pas, souligne Christian Pineau, le Général d'affirmer, quelques mois plus tard, le contraire aux Français d'Algérie [2]. Cynisme, qui avait convaincu « des hommes de premier plan comme Georges Bidault et Jacques Soustelle, ajoute M. Pineau, que le retour au pouvoir de l'ermite de Colombey mettrait fin à la guerre d'Algérie, en donnant satisfaction aux thèses des Pieds-noirs » [3].

Des confidences ! Le Général en fera à de nombreux visiteurs, tout en disant l'inverse à d'autres. C'est ainsi qu'un homme politique pourra toujours trouver des défenseurs de son action, avec les témoignages de confidents qui auront entendu la version correspondant aux événements, tels qu'ils se sont déroulés par la suite.

Si les intentions du Général étaient mal connues, on ne pouvait fonder, à Alger, son opinion que sur les informations fournies par

1. *Historia*, novembre 1974.
2. *1956 Suez*, Christian Pineau (Laffont).
3. *Id.*

Jacques Soustelle ou Roger Frey, en relation directe avec Michel Debré et Edmond Michelet.

Convoqués le 3 juin par de Gaulle, le général Salan et moi-même espérions connaître ses projets. Compte tenu de la responsabilité qui incombait au général Salan, il nous paraissait normal que ce dernier fût informé de la politique qui allait être déterminée en Algérie.

Dès notre arrivée à l'hôtel Matignon, le général de Gaulle faisait introduire Raoul Salan et, quelques instants après, me fit demander de participer à l'entretien. J'entrai dans le bureau : de Gaulle et Salan étaient face à face, en un tête-à-tête muet, chacun attendant que l'autre se départît de son silence. Les deux hommes s'observaient. De Gaulle, après s'être étonné de nous voir en tenue civile — n'étions-nous pas convoqués par « Lui » ? — m'invite à prendre la parole : « Et alors ! après l'euphorie du Forum, que va-t-on faire ? » J'expose alors au Général que l'intégration était une solution acceptée par tous et que les divergences anciennes semblaient s'estomper. Cette solution n'est peut-être pas définitive car tout est évolutif dans la vie. « J'en suis d'accord », répondit le Général, qui demande au général Salan ce qu'il préconise : « L'intégration. » De Gaulle envisage ensuite la structure administrative de l'Algérie : « Le ministre de l'Algérie, c'est moi et vous, Salan, vous serez mon délégué général. » Le général Salan est ravi. Si de Gaulle pouvait accepter le principe de l'intégration, avec son autorité, sa volonté que rien ne fait fléchir, l'avenir serait étincelant pour l'Algérie française.

Une seule ombre au tableau. De Gaulle a parlé, avec scepticisme, de l'euphorie du Forum. Cette fraternisation du 16 mai, qu'il faut avoir vécue pour en estimer la portée, ne semble guère retenir son attention. Pourtant, c'est bien spontanément qu'étaient arrivées au Forum des colonnes bariolées de Français de souche musulmane, débouchant de la Casbah, l'ancien fief du terroriste Yacef Saadi. Les anciens combattants, avec leurs décorations, ouvraient la marche du cortège formé d'hommes, de femmes, d'enfants, portant des bouquets tricolores. Des banderoles attestaient leurs sentiments, tandis que des drapeaux, aux trois couleurs, s'élevaient de cette marée humaine. Saisi par ce spectacle imposant, Auguste Arnould, à l'éloquence d'un tribun, lançait l'appel célèbre :

« Voulez-vous prouver votre union ? Nous vous donnons deux secondes pour cela. Formez des chaînes d'amitié en vous donnant la main. »

Chaînes de l'amitié ! Musulmans et Européens nouent leurs mains, les dressent en l'air, formant un lien que personne ne semble plus pouvoir rompre.

Pendant trois semaines, dans toutes les villes d'Algérie, dans les villages, des dizaines ou centaines de milliers de personnes, selon l'importance de la localité, se réunissaient et acclamaient la France. Tous les journalistes le constataient. Le préfet de Constantine, M. Chapel, qui venait de résilier ses fonctions, par fidélité au gouvernement, faisait part au général Salan, et à moi-même, de son impression au cours d'une promenade incognito à Alger : « J'étais sceptique sur l'ampleur et la spontanéité du mouvement qui s'est développé à Alger. J'ai été frappé, aujourd'hui, au Forum, par la marée humaine qui s'y trouvait et par le fait que Musulmans et Européens y étaient fraternellement unis. Dans la rue, j'ai vu déambuler des groupes de Musulmans très calmes et qui ont retrouvé leur sourire. Plus de visages fermés, ce sont des hommes détendus. Vous avez réussi un miracle. »

Des esprits chagrins mettront, bien entendu, en doute ce magnifique élan populaire. Etait-il sincère ?

Peut-on en douter lorsqu'on a vu les Musulmans, malgré les consignes sévères du F.L.N., se remettre à fumer en ville, se rendre dans les cafés maures ? Personnellement, je voyais se modifier leur état d'esprit. Lorsque, de mon domicile à El-Biar, je me rendais à mon bureau, les Musulmans qui, quelques mois auparavant, ignoraient mon passage, se levaient tous, après mai 1958, de la terrasse du café où ils étaient attablés. Nombreux étaient ceux qui me saluaient militairement, manifestant ainsi l'espoir en une Algérie nouvelle que les militaires leur promettaient.

D'autre part, si ce mouvement n'avait pas eu de base solide, pourquoi le F.L.N. n'a-t-il pas réussi à noyauter les foules pour les faire contre-manifester en sa faveur ? Pourquoi n'a-t-il pas pu réagir à un désaveu aussi grave, mettant en jeu son autorité, son crédit ? N'aurait-il pu, bénéficiant à côté du Forum d'un ancien foyer de terrorisme, installé dans la Casbah, recourir à la provocation en faisant exploser une bombe, lancer une grenade anonyme au milieu de ces rassemblements immenses, afin, comme l'a écrit Philippe Tripier, « de métamorphoser brutalement la fraternité encore neuve en panique et en haine[1] » ?

Le F.L.N. n'a pu réagir, car il se trouvait, à l'époque, désemparé par l'ampleur de la fraternisation. Il le reconnaissait lui-même, si l'on se reporte au rapport du colonel Ouamrane, en date du 8 juillet 1958.

1. *Autopsie de la guerre d'Algérie*, Philippe Tripier (Editions France-Empire).

Cet officier souligne d'abord les pertes importantes enregistrées au combat par l'A.L.N. : plus de six mille djounouds tués en l'espace de deux mois dans la seule zone de Duvivier. L'acheminement des armes devient de plus en plus difficile et le franchissement des barrages provoque des pertes importantes. Les rivalités intérieures au sein de l'organisation ne sont pas faites pour remonter un état d'esprit déficient. « Sur le plan moral, souligne Ouamrane, la France découragée, divisée, se ressaisit, reprend confiance en sa grandeur et espoir en la victoire », tandis que « sur le plan militaire le corps expéditionnaire reprend foi et confiance, trouve un regain d'esprit offensif et ne manquera pas, sans doute, de recevoir tous les moyens dont il aura besoin [1] ». Que faire dans cette situation ? Devant l'échec de l'A.L.N. en Algérie, le changement radical du climat dans ce pays, ne convient-il pas de préparer un deuxième front en France et « dans cette perspective, de recruter des techniciens étrangers, et de rechercher des moyens puissants pour frapper brutalement des points sensibles de l'économie française... La situation est grave, mais non désespérée. Il est temps de nous ressaisir », conclut-il.

De Gaulle va les aider à se ressaisir.

De Gaulle atterrissait le 4 juin à Alger. Son arrivée fut triomphale. Que d'espoirs mettait en lui la foule d'Algérie [2] !

Il doit prendre la parole au Forum. Hésitant sur sa déclaration, il interroge plusieurs personnalités. « Je ne veux pas mentir à la population, dit-il à M. Delahaye, gouverneur de la Banque d'Algérie. Or, l'intégration va coûter cher ! » M. Delahaye répond que « la Tunisie, indépendante, impose des charges plus lourdes que sous le protectorat et le démontre, chiffres en main ». Le Général semble ébranlé [3]. On sait qu'il commencera sa première allocution par le fameux « *Je vous ai compris* [4] ». Il définissait son programme :

1. Rapport Ouamrane, cité par *Histoire pour tous, Le Drame de l'Algérie française.*

2. Quelles étaient les réflexions de l'entourage du Général, en arrivant à Alger ? Olivier Guichard écrit : « En essayant de suivre, bousculé par les généraux, cette promenade triomphale du Général dans les rues délirantes d'Alger, j'aurais bien voulu savoir s'il pensait à la ville qui l'avait accueilli en 1943. A ces militaires incertains, à ces civils combinards, à ces Algérois attentistes, à ces activistes de tous bords, et même du sien... »

3. Témoignage personnel de l'auteur.

4. Au sujet de « Je vous ai compris », Pierre Viansson-Ponté se demande si de Gaulle s'est souvenu de la lettre que lui écrivait Guy Mollet dix jours plus tôt, le 25 mai 1958 : « En Algérie, les Français d'origine européenne ont peur d'être abandonnés. Ils l'ont dit avec tout à la fois sincérité et violence. Pour l'avoir entendu une fois en février 1956, je sais tout ce qu'il y a de valable dans ce cri : je l'ai compris. »

« Eh bien ! de tout cela je prends acte au nom de la France et je déclare qu'à partir d'aujourd'hui la France considère que, dans toute l'Algérie, il n'y a qu'une seule catégorie d'habitants : *il n'y a que des Français à part entière, avec les mêmes droits et les mêmes devoirs.* »

Après avoir rendu hommage à l'armée d'Algérie, cohérente, ardente, disciplinée sous les ordres de ses chefs, il lui donne comme mission « d'être *le garant du mouvement qui s'y est développé* ». Parlant des futures consultations électorales, il déclare : « *Pour ces dix millions de Français,* leurs suffrages compteront autant que les suffrages de tous les autres. » Le lendemain, à Constantine et à Bône, il reçoit un accueil tout aussi enthousiaste. Il reprendra son propos d'Alger, insistant sur les dix millions de Français. En outre, il considère « l'armée française avec sa loyauté, son honnêteté et sa discipline, comme la garante que la parole de la France sera tenue », et il conclut : « *Venez à la France. Elle ne vous trahira pas.* » A Oran, de Gaulle, évoquant les élections à venir, souhaite que « l'Algérie tout entière, avec ses dix millions d'habitants participe de tout son cœur, comme les autres, avec la volonté de démontrer par là *qu'elle est organiquement une terre française aujourd'hui et pour toujours* ».

Le Général venait de parler de l'Algérie française, sans en prononcer le mot. Il le garde en réserve pour Mostaganem, dernière étape du voyage, qui va en être l'apothéose. Devant une foule colorée, presque uniquement composée de Français musulmans, et atteignant environ cent mille personnes, venues de tout le bled environnant, le Général ponctua son allocution par :

« Vive l'Algérie française ! »

Ainsi, le Général a levé un voile sur ses intentions, tenues secrètes :

— Tous les originaires d'Algérie seront désormais français à part entière.

— L'Algérie est terre française aujourd'hui et pour toujours.

Tout cela est clair, net, et répété au long de son voyage. Qui pouvait douter de la sincérité du Général ?

De Gaulle ne s'était-il pas engagé dans une voie qui ressemblait à l'intégration ? Ne pouvait-on pas lui rappeler le proverbe arabe : « Tu es maître du mot que tu as gardé pour toi, mais tu es esclave du mot que tu as prononcé » ? Le Général ne sera pas esclave des mots qu'il aura prononcés. Le drame de l'Algérie viendra en particulier de ces rétractations qui troubleront la population, devenue sceptique sur la sincérité des propos les plus officiels. Que les palinodies des hommes politiques ont pu faire de mal !

De Gaulle s'était écrié : « Vive l'Algérie française ! » Etait-ce une imprudence de langage ? Je ne le pense pas car, ce jour-là, de Gaulle était très ému devant l'enthousiasme des foules musulmanes et la ferveur qu'elles manifestaient pour notre pays. Arrivé à l'aérodrome de La Sénia, et me disant au revoir, il me confiait : « On ne va pas partir d'ici, tout de même ! » S'il avait pu avoir cette intention, elle échappait présentement à son esprit.

Algérie française ! Parole que certains regretteront et qu'ils s'efforceront d'expliquer. Pour Louis Terrenoire, qui deviendra ministre de l'Information, « ce cri de " Vive l'Algérie française ! " a échappé aux lèvres du Général, à Mostaganem, pressé par une foule qui l'interrompait en réclamant " Soustelle ". » De Gaulle se serait donc incliné, poursuit Terrenoire, devant « ces gens d'Oranie bruyants, indisciplinés et familiers... Communisants, puis enclins au " doriotisme ", avant la guerre, votant derechef communiste après 1945, les voici maintenant activistes, racistes et toujours mâtinés d'esprit libertaire, " desperados " en puissance. Ils ne sont pas encore revenus de leur étonnement, lorsque le 13 mai a bifurqué vers l'appel à de Gaulle[1]. » Les témoins qui se trouvaient à Mostaganem — dont j'étais moi-même — n'ont pas le souvenir des cris « Vive Soustelle ! » et de l'irritation de De Gaulle[2].

Ainsi, un responsable de l'information relate l'histoire, sans souci de la moindre exactitude et avec des commentaires particulièrement méprisants pour les Français d'Algérie. On comprend dès lors dans une certaine mesure l'attitude des métropolitains à l'égard de mes compatriotes. Je remarquerai, de plus, qu'il n'est pas du meilleur goût, pour un gaulliste historique, de laisser à penser que de Gaulle pût céder à un mouvement de foule. Je ne me permettrais pas cette possibilité de doute, bien que mes sentiments à l'égard du Général soient très réservés, comme chacun sait.

« Vive l'Algérie française ! » De Gaulle a-t-il prononcé ce cri du cœur ? Les historiens, dans un siècle, pourront hésiter si, d'aventure, ils lisent les Mémoires de Léon Noël. Cet homme n'est pas le premier venu : c'est un ancien ambassadeur et président du Conseil constitutionnel. Dans son ouvrage, relatant la première visite du Général en Algérie et ses déclarations, il écrit que ce dernier n'a pas prononcé le mot intégration, ni parlé d' « Algérie française »[3]. Il est exact que de Gaulle n'a pas parlé d'intégration, mais n'a-t-il pas prononcé « Vive

1. *De Gaulle et l'Algérie,* Louis Terrenoire (Fayard).
2. C'est à Oran et non à Mostaganem que la foule cria : « Vive Soustelle ! »
3. *La Traversée du désert,* Léon Noël (Plon).

l'Algérie française ! » ? Telle est la façon dont un gaulliste, qui a toutefois participé aux négociations d'armistice avec l'Allemagne en 1940, raconte l'Histoire. Je dois ajouter que Léon Noël est le seul, à ma connaissance, qui se soit permis de mettre en doute la réalité de cette célèbre phrase, qui marqua profondément ceux qui l'entendirent.

« Vive l'Algérie française ! » Que de discussions autour de cette apostrophe historique ! « A Paris, nous dit J.-R. Tournoux, bouleversés par cette volte-face, les gaullistes de gauche, maître Henri Torrès, Léo Hamon, Jacques Debû-Bridel et quelques compagnons, se rendent auprès du Général. Les canons de la logique gaullienne sont à nul autre pareils : Eh bien ! explique le Général, oui, cela m'a échappé. Et puis, après tout, on dit bien couramment *Canada français, Suisse française*[1] *!* » L'ennui est que, si cette explication enchantera les fervents du Général, admirant son esprit de repartie, la phrase avait été prononcée devant des gens peu enclins à des analyses trop poussées, et qui ont cru ce qu'ils ont entendu.

Le Général n'avait pas prononcé le mot « intégration » qui lui déplaisait, car Jacques Soustelle en était l'auteur. Ensuite, parce que, peut-être, l'intégration, qui avait en particulier pour but d'enrayer le paupérisme, la clochardisation, serait d'un poids trop lourd pour l'économie française. La métropole refuserait cette charge. Il en a souvent été ainsi dans l'histoire. Déjà à Rome, Florus se demandait « s'il n'aurait pas été préférable pour le peuple romain de se contenter de la Sicile et de l'Afrique, ou même de s'en passer pour gouverner seulement l'Italie ». Au siècle dernier, le maréchal Bugeaud, inquiet sur les intentions de la France en Algérie, écrivait à M. d'Esclaibes : « Avec une nation qui se paie de grands mots et qui a la velléité des grandes choses, avec les petites passions et la parcimonie des épiciers, on ne saura prendre aucun grand parti sur l'Afrique. On ne saura ni s'en aller, ni agir de manière à créer quelque chose... pour nos neveux. »

La France de 1958 réagissait de la même façon.

Les Français d'Algérie, après les déclarations de De Gaulle, ne doutaient pas du maintien du drapeau français sur leur sol natal. Alain de Sérigny écrivait dans l'*Echo d'Alger :*

1. *La Tragédie du Général*, J.-R. Tournoux (Plon).

« Notre gratitude monte vers Charles de Gaulle. En sa personne s'est cristallisée notre foi dans le destin de la patrie : en lui s'est ancrée notre certitude que dans ce destin est irrévocablement inclus celui de l'Algérie française. »

Sérigny ajoutera plus tard : « Ingénu que j'étais. » Il n'était pas le seul. Mais d'autres avaient mieux analysé les discours du Général. Ainsi, Pierre Viansson-Ponté constatait en 1963 :

« Ceux-là, s'ils se plaignent d'avoir été bernés sont des imbéciles qui n'avaient rien compris ou des comédiens doués pour jouer Sganarelle ; de toute façon, ils se disqualifient par leur sottise ou leur papelardise. Dès le discours trop oublié qui s'ouvrait par le fameux : " Je vous ai compris ", du 4 juin 1958, tout était déjà dit : " le seul et même collège " où tous les Français d'Algérie auront à décider de leur propre destin, puis à élire leurs représentants avec lesquels " nous verrons comment faire le reste " ; l'hommage circonspect et mesuré à " l'armée qui a su endiguer le torrent pour en capter l'énergie " ; la main tendue à " ceux qui, par désespoir, ont cru devoir mener un combat dont je reconnais, moi, qu'il est courageux " ; l'appel enfin qui emprunte ce tour étrange auquel il faudra désormais s'habituer : " Moi, de Gaulle, à ceux-là j'ouvre les portes de la réconciliation. " Ce ne sont pas des propos de circonstance, bien au contraire, mais l'exposé d'une politique qui est déjà délibérée et qui va être entreprise sur-le-champ.

« Ainsi, dès le premier jour, le but est fixé : c'est la paix. Le moyen est choisi : la négociation. Le prix à payer est accepté : *l'indépendance*[1]. »

On reste stupéfait à la lecture de ce texte. Ainsi, de Gaulle aurait admis que les élus d'Algérie choisiraient leur destin dans l'indépendance qui résulterait de la négociation avec les rebelles ! Pierre Viansson-Ponté a été, sans conteste, un très grand journaliste. Il est toutefois regrettable que l'exceptionnelle prescience qu'il montre dans cet article date du début 1963, alors que le sort de l'Algérie était, à l'époque, fixé à jamais.

Ce jugement péremptoire sur l'imbécillité des Français d'Algérie éclaire le dédain insolent, trop souvent manifesté à mes compatriotes. Jugement sur leur stupidité qui aurait dû s'adresser aussi à de nombreux métropolitains qui, n'ayant pas la subtilité de cet éditorialiste, ont cru de bonne foi que l'Algérie resterait française. Et parmi eux, on pourrait citer les noms d'hommes politiques de premier rang.

1. *La Nef* (octobre 1962-janvier 1963), Pierre Viansson-Ponté.

Quant aux intimes de De Gaulle, comment analysaient-ils l'avenir ? Pierre Lefranc, un fidèle parmi les fidèles, donne son sentiment, avant le voyage du Général en Algérie. Il estime que « ceux qui ont appelé de Gaulle et qui ont favorisé son retour souhaitent donc vivement que l'Algérie demeure française. C'est sans doute, ajoute-t-il, le vœu de la majorité des Français ». Pierre Lefranc, qui n'est pas resté neutre dans les événements du 13 mai, espère « que le temps des hésitations et des atermoiements est terminé et que le Général, disposant des pleins pouvoirs, va rapidement s'employer à mettre fin aux troubles et à promouvoir une politique hardie qui *scelle pour toujours l'appartenance des trois départements algériens à la République française* ».

Les gaullistes de choc sont donc, à ce moment-là, de fervents partisans de l'Algérie française.

Pourtant, le voyage étant terminé, Pierre Lefranc constate que de Gaulle « est resté discret au sujet de l'Algérie », qu'il « a formellement déclaré que l'heure était venue, en Algérie, de substituer l'association à la domination ». Sa politique évitera de heurter de front la volonté des cadres militaires, tout comme les sentiments de la masse des Français. « Il lui faut saisir la situation, se fixer un objectif et y parvenir en utilisant le terrain et le temps. S'il va trop vite, il risque l'affrontement ; s'il tarde trop, la maîtrise des événements peut lui échapper [1]. » Si cette analyse de la politique, que de Gaulle allait suivre, avait été connue en 1958, peut-être aurions-nous été moins étonnés par les contours sinueux de la stratégie élyséenne.

Comme certains s'étaient permis, non sans irrévérence paraît-il pour les gaullistes, de souligner que de Gaulle avait crié : « Vive l'Algérie française ! », Pierre Lefranc crut devoir mettre les choses au point. « La vérité, écrit ce dernier, est plus complexe que ce dérisoire procès [2]. » Dérisoire procès ! Des hommes ont souffert et souffrent encore de ces phrases laissant entrevoir un espoir, ô combien déçu ! Convenait-il de les prononcer si, comme le rapporte Lefranc, le 7 juin 1958, donc trois jours après avoir prononcé la fameuse apostrophe, de Gaulle lui avait confié : « Nous ne pouvons pas garder l'Algérie... Il faudra trouver une formule de coopération... La fraternisation, c'est

1. *Avec qui vous savez, op. cit.*
2. *Op. cit.*

une illusion... » Voilà ce qu'il aurait dû proclamer devant la foule massée au Forum ou, tout au moins, ne pas dire l'inverse.

Bernard Tricot, qui semble cerner la pensée de De Gaulle au plus près, se penchant, après son voyage, sur ces déclarations, en vient à lui demander s'il envisage l'intégration. « Aucune décision n'est prise actuellement sur l'intégration », lui répond de Gaulle. Olivier Guichard, de son côté, donne un point de vue légèrement différent. « Le Général, écrit-il, savait l'intégration impossible, mais il voulait, bien entendu, une Algérie aussi française que possible[1]. »

Qui donc aujourd'hui peut se vanter d'avoir été le confident de De Gaulle ? Bernard Tricot peut-être ? Mais les autres familiers du Général ont vraisemblablement été abusés. Ils mériteraient de l'indulgence s'ils ne se croyaient pas obligés de défendre la politique de De Gaulle, qui a conduit au désastre que vous savez, dont, bien entendu, les Français d'Algérie porteraient la responsabilité.

Un scrutin pour le référendum, ayant pour but l'approbation de la nouvelle Constitution, doit se dérouler dans toute l'Algérie et le Sahara du 26 au 28 septembre 1958. Qu'attendait le Général de son résultat ? Selon Bernard Tricot[2], pour de Gaulle : « Dire oui, cela veut dire pour les Musulmans qu'ils veulent que leurs affaires soient réglées avec la France. » Le 29 août, consacrant au référendum un discours, de Gaulle déclarait : « Pour chacun, répondre “ oui ”, dans les circonstances présentes, cela voudra dire, tout au moins, que l'on veut se comporter comme *un Français à part entière,* et que l'on croit que l'évolution nécessaire de l'Algérie doit s'accomplir dans le cadre français. »

Jacques Soustelle, qui vient d'échapper, trois jours plus tôt, à un attentat du F.L.N. à Paris, et qui pressent la volte-face politique de De Gaulle, espère que le sens du scrutin confirmera que l'Algérie entend être une province française et que le Général en tiendra compte. Mais combien étaient plus significatives les opinions des Musulmans. Ils entendaient rester français et ne comprenaient pas le manque de cohérence de la politique gouvernementale. Le docteur Sid Cara, notable d'Oran, député, précisait les sentiments de la bourgeoisie :

1. *Mon Général, op. cit.*
2. Bernard Tricot, *op. cit.*

« Certes, la politique hésitante du gouvernement, que nous avons ardemment appelé, nous a partiellement déçus, mais le général de Gaulle, lui-même, ne pouvait pas faire de miracle. La consultation électorale qu'il nous propose constitue le premier pas vers *l'intégration.* »

Que de désillusions suivront !

Comment se déroula cette consultation ?

Malgré la volonté du F.L.N. de s'y opposer par tous les moyens, par menaces de mort, vols de cartes d'identité et une intense propagande antifrançaise, les résultats furent étonnants :

85 % de votants,

96 % de « oui » en Algérie,

98 % de « oui » au Sahara.

Ces chiffres sont incontestables. La presse parisienne en tire les conclusions.

Dans *Le Figaro,* Serge Bromberger écrit, sous le titre : « L'Algérie a voté non au F.L.N. » : « On pourra épiloguer, parler de pression... le témoin honnête qui vient de vivre trois jours en Algérie ne peut dire que l'on a contraint près de quatre millions d'hommes à voter contre leur gré... »

Dans *Le Monde,* Philippe Herreman fait entendre une note discordante :

« Le référendum en Algérie peut se définir par cette formule : il n'a pas été truqué. Les résultats n'ont pas été fabriqués de toutes pièces comme cela s'est naguère pratiqué. C'est la victoire de l'action psychologique sur les procédés grossiers d'autrefois. Les résultats sont les mêmes, mais les apparences sont respectées... »

A en croire ce journaliste, la propagande pour obtenir les suffrages des électeurs n'aurait cours qu'en Algérie, tandis qu'en métropole, comme chacun le sait, les gouvernements, quelle que soit leur tendance, se refusent à utiliser la presse et surtout radio et télévision pour faire pression sur les électeurs.

Cependant, nous ne cacherons pas qu'il est exact qu'en Algérie, les Musulmans ont particulièrement fait confiance aux officiers. Ceux-ci représentaient l'autorité ; ils vivaient avec eux dans le bled, s'efforçant de les comprendre et de les aider. Ils étaient justes et prenaient leur défense contre l'administration qui, d'Alger, comprenait mal les problèmes qui se posaient dans les campagnes. Aussi, ces officiers, persuadés que l'intérêt de la France correspondait au « oui », ayant recommandé ce vote aux Musulmans, ces derniers les ont écoutés.

Dès lors, Philippe Herreman pouvait rappeler que les indigènes avaient questionné le général Faure : « Donne-nous ta parole d'officier que la France est là pour toujours, qu'elle ne nous abandonnera jamais. » A l'époque, aucun officier ne pouvait répondre autrement que le général Faure : « Ils m'ont demandé si je parlais au nom de la France. J'ai dit " oui ". » Philippe Herreman pouvait en conclure : « Après le référendum, l'armée aura de l'honneur la conception suivante : " Ne pas trahir la confiance de ceux qui ont voté oui "[1]. »

Ainsi, se dessinait le drame qui éclatera le jour où de nombreux officiers se refuseront à la discipline plutôt que de ne pas honorer leur parole.

Certains pourront rétorquer que l'armée, en définitive, a conduit d'autorité les Musulmans vers les bureaux de vote, les obligeant à voter « oui ». Ce raisonnement est pour le moins spécieux si l'on note que 96 % des habitants d'Algérie ont voté « oui », malgré les consignes des wilayas qui leur recommandaient, s'ils étaient contraints de se rendre aux urnes, de voter « non » et de conserver sur eux le bulletin « oui », qu'ils auraient à présenter au responsable F.L.N. s'ils désiraient avoir la vie sauve.

En outre, dans les villes, comment imaginer que l'on ait pu obliger les Musulmans à se rendre aux bureaux de vote par contrainte ? Aucun membre de la Commission du contrôle du référendum en Algérie, présidée par Henri Hoppenot, aucun journaliste ne s'en serait-il rendu compte ?

Or, les résultats sont probants :

Alger : 580 000 « oui » – 26 000 « non ».

Oran : 140 000 « oui » – 4 500 « non ».

Le 23 octobre, au cours d'une conférence de presse, le général de Gaulle parle de « la paix des braves », demandant que « ceux qui ont ouvert le feu le cessent, et qu'ils retournent sans humiliation à leur famille et à leur travail ». Leurs chefs n'ont qu'à utiliser le « drapeau blanc des parlementaires ». De Gaulle répondait à Ferhat Abbas qui avait déclaré qu'il était prêt à étudier les conditions politiques et militaires d'un cessez-le-feu.

La paix des braves ! Qui n'était pas d'accord sur cette perspective !

1. Article du *Monde*, 28/29 septembre 1958.

Déjà, avec le général Salan, nous avions remis, le 26 avril 1958, à M. Pleven, un mémorandum où était inclus ce paragraphe :

« La France, confirmant son appel au “ cessez-le-feu ”, invite les rebelles en Algérie à remettre au plus tôt leurs armes, et leur garantit, avec une large amnistie, leur retour au sein de la communauté franco-musulmane rénovée. »

Ce « cessez-le-feu » s'adressait aux chefs des bandes rebelles et non aux dirigeants du F.L.N., stationnés au Caire ou en Tunisie. Car demander aux politiques un « cessez-le-feu » était une vue de l'esprit. Guy Mollet, de même, s'était fait beaucoup d'illusions, en énonçant son célèbre triptyque : « Cessez-le-feu, élections, négociations. »

Le « cessez-le-feu » pouvait-il être exigé, comme préalable à toute solution négociée ?

On peut conclure un « cessez-le-feu » entre deux pays possédant chacun en propre un territoire, qui ont toute autorité sur leurs troupes et qui peuvent reprendre la guerre si les négociations n'aboutissent pas. En revanche, on se trouvait, à l'époque, face à un pseudo-gouvernement établi à l'étranger et n'ayant pas la certitude d'être obéi par ses forces armées luttant en Algérie. Dès lors, de deux choses l'une :

— Ou bien les dirigeants rebelles acceptaient le « cessez-le-feu », sans être certains que les combats cesseraient, auquel cas ils perdraient la face.

— Ou bien, les rebelles, en Algérie, écoutant la voix de leurs chefs, obtempéraient à l'ordre de cessez-le-feu, rendaient leurs armes et, dans ce cas, le F.L.N. se trouvait à la merci du gouvernement français dès le début des négociations, n'ayant plus la menace de faire reprendre le combat.

Or, la solution imposée par le F.L.N. consistait à négocier d'abord, et à cesser le combat ensuite. C'est ce qui se passera à Evian, du reste. Guy Mollet reconnaîtra son erreur dans un article paru dans *Le Populaire :*

« Nous affirmions notre désir de négocier un cessez-le-feu avec les chefs de la rébellion ; nous refusions en revanche de traiter avec ces derniers du statut futur de l'Algérie. L'avenir de l'Algérie ne pouvait dépendre, à notre sens, que de la volonté librement exprimée des Algériens eux-mêmes. Or, chacun sait que, renversant les termes de ce raisonnement, les dirigeants de la rébellion exigeaient, en préambule de la négociation, *la reconnaissance préalable de l'indépendance de l'Algérie,* ou, tout au moins, sa vocation à l'indépendance. Ils ajoutèrent plus tard à cette exigence une nouvelle condition : la reconnaissance du “ gouvernement ” F.L.N., comme entité juridique valable et comme seul interlocuteur qualifié. Fidèles aux principes de la démocratie, nous avons toujours écarté cette double prétention. »

M. Louis Joxe, à Evian, n'écartera pas cette double prétention, cédant aux exigences des dirigeants rebelles.

De Gaulle vient de lancer un appel au F.L.N. pour tenter d'engager des négociations, ce qui pouvait troubler de nombreux esprits. Aussi, dans la même conférence de presse, ajoute-t-il :

« Et à quelles hécatombes condamnerions-nous ce pays si nous étions *assez stupides et assez lâches pour l'abandonner?* »

En décembre 1958, de retour d'une visite à Hassi Messaoud, à Edjelé et à Hassi R'Mel, où les installations pétrolières réalisées par les ingénieurs français l'impressionnent, on a le sentiment que de Gaulle se refuse à abandonner le Sahara aux rebelles et qu'il envisage de faire bénéficier de l'or noir, non seulement la France, mais l'Algérie et les territoires français d'Afrique. Il s'écrie à Alger :

« Vivent ensemble l'Algérie, la Communauté, la France ! »

Alger fera à ce discours un accueil très réservé. On s'interroge sur la distinction faite par de Gaulle entre la France, la Communauté, l'Algérie.

Peut-être Alain de Sérigny n'avait-il pas tort d'écrire : « L'escalade de la duperie commence. »

Duperie ? On hésite encore à le croire, bien que les déclarations du Général prêtent à équivoque ; on ne saurait le nier. A Pierre Laffont, député d'Oran, le général de Gaulle accorde une interview, en avril 1959.

Quelle audience accorde-t-il au F.L.N. ?

« Le F.L.N. a d'abord essayé d'obtenir que j'envoie en terrain neutre un émissaire pour des conversations, espérant ainsi se faire reconnaître. Je ne l'ai pas voulu, car *je n'ai pas à reconnaître cette organisation.* Elle représente, certes, une force importante, mais à mes yeux elle ne représente pas l'Algérie et *même pas les Musulmans d'Algérie*[1]. »

Remarquons simplement qu'en définitive, pour prendre contact avec des représentants du G.P.R.A., de Gaulle enverra en secret des

1. *L'Expiation,* Pierre Laffont (Plon).

émissaires en la personne de Georges Pompidou et de Bruno de Leusse et que, parallèlement, il finira par reconnaître le F.L.N. comme seul interlocuteur du peuple algérien.

Pourquoi de Gaulle ne veut-il pas de l'intégration ? « Tout d'abord, précise-t-il, parce qu'on a voulu me l'imposer. »

Mais c'est ce qu'il a fait, dit-il, depuis qu'il est au pouvoir, et même avant, en 1943. Intégration ? « Quant à la signification politique du mot, que veut-elle dire ? *Que l'Algérie est française ? Est-ce utile de le dire puisque cela est ?* »

Après cette interview, ne laissant place à aucune équivoque, certains de mes compatriotes, trop crédules, seront persuadés que de Gaulle est toujours fermement opposé à l'indépendance. Leur confiance s'appuie sur les propos du Général et sur le fait que le plan Challe a démoralisé les rebelles. Un chef fellagha interrogé en 1966 avouera qu'à cette période les rebelles étaient découragés. Les pertes subies étaient considérables. Un ancien officier F.L.N. me confiera que la vie dans les maquis devenait impossible : la population se refusait parfois à recevoir les combattants qui, devant changer de refuge chaque nuit, étaient exténués.

La victoire était en vue, comme le reconnaissait un reporter du *Times,* qui, toutefois s'étonnait que, bien que l'optimisme soit visiblement justifié, il ne se manifestât que sobrement. On peut penser, simple hypothèse j'en conviens, que de Gaulle ne désirait pas donner trop d'éclat aux succès de nos armes pour ne pas heurter la susceptibilité des rebelles, avec lesquels il était décidé à traiter. Il espérait qu'ils accepteraient le cessez-le-feu proposé. Alors, dans un geste s'apparentant à la « clémence d'Auguste » il accorderait aux vaincus l'indépendance qu'ils tentaient en vain d'obtenir par les armes, geste que retiendrait la postérité.

En août 1959, de Gaulle effectue une tournée d'inspection en Algérie. Il se rendra en particulier auprès du colonel Bigeard. Le Général reste discret et Bigeard écrira :

« De Gaulle s'en va, je me demande ce qu'il est venu faire. Il n'a rien dit, ne m'a pas encouragé, que pense-t-il ? Que veut-il ? Je n'en sais rien. »

Avant son départ, le colonel remet à de Gaulle un dossier, où il expose, comme il le dit, quelques idées d'exécutant. Il peut se permettre de le faire car cet officier prestigieux, tout auréolé de gloire, n'a cessé de combattre en Indochine et en Algérie pour la cause française. Avec lucidité, il écrit :

« Progressivement, nous arriverons à donner à l'Algérie une structure adaptée à ses besoins, tout en associant les Algériens à leur propre direction. Des esprits inquiets diront que c'est ouvrir la voie à l'émancipation, puis à l'indépendance. L'heure est venue de choisir si l'on préfère une Algérie nouvelle dans le contexte français ou si l'on veut risquer de tout perdre. »

Une autonomie interne très poussée ne serait-elle pas au fond une solution au problème algérien ? M. Depreux n'avait-il pas raison en 1947 d'envisager de « donner à l'Algérie plus d'autonomie dans la gestion de ses affaires, permettre à l'élément musulman de participer de façon plus large à cette gestion, respecter ainsi l'originalité de ce pays, ses modes de pensée, ses réactions sentimentales ou religieuses, son style de vie, sa personnalité en un mot... » ?

Cette autonomie interne dans le cadre de la France était loin de me déplaire. Elle répondait au désir des Musulmans de participer activement à l'administration du pays, en collaboration avec la minorité européenne qui donnait un essor sans égal à l'activité économique de l'Algérie, leur sol natal à tous.

Avec qui traiter ? se demande Bigeard. Avec le F.L.N., c'est impossible : « Ses cadres sont en majorité des criminels. Ce serait une nouvelle victoire du communisme sur le monde libre. Ce serait la porte ouverte aux wilayas de France. N'oublions pas non plus tous ces Musulmans qui ont osé jouer français [1]. »

Il faut faire basculer la population et « pour cela, il est nécessaire de lui faire savoir : où nous allons, comment nous voulons orienter son destin dans le cadre français ». La politique que la France voulait suivre en Algérie ne sera, en réalité, jamais définie, si ce n'est, au fur et à mesure des événements, par des stades successifs allant de l'Algérie française à la sécession.

Bigeard avertissait les journalistes qui accompagnaient de Gaulle : « Ce dont je suis sûr, c'est que si nous abandonnons les Algériens au F.L.N., c'en est fini pour eux du droit de penser ce qu'ils veulent, du droit d'être libres. »

Effectivement, après juillet 1962, les Algériens connaîtront une dictature qui ne leur laissera que l'illusion d'être libres.

De Gaulle avait dû, malgré tout, être impressionné par cette visite

1. *Pour une parcelle de gloire*, Bigeard (Plon).

pour qu'un officier de paras puisse déclarer par la suite : « Une chose est certaine, c'est que le Général ne traitera pas avec les assassins et que *le drapeau F.L.N. ne flottera pas en Algérie*[1]. » Ce propos fut rapporté différemment, mais dans le même sens : « *Le drapeau F.L.N. ne flottera pas sur l'Algérie de mon vivant* », avait déclaré le Général.

Le 10 septembre 1959, de Gaulle s'écriera :

« C'est fini ! la guerre est terminée. Les gens du F.L.N. seront ici demain, après-demain, avant huit jours (...)

« Ils demanderont *la paix à genoux.* »

Qui pouvait penser qu'après ces proclamations, l'avenir de l'Algérie allait s'orienter vers la sécession ? Qui peut reprocher aux Français d'Algérie de s'être révoltés, après avoir été abusés de façon aussi outrancière ?

1. *De Gaulle parle,* André Passeron (Plon).

5.

L'autodétermination

Pour de Gaulle l'Algérie « organiquement terre française aujourd'hui et pour toujours », était désormais prête à évoluer « dans le cadre français », allant « *de Dunkerque à Tamanrasset* », puis « liée à la France ». Ce règlement du problème algérien n'interviendrait que lentement : il serait « l'œuvre d'une génération ». Cette évolution dans la pensée de De Gaulle ne semblait pas refléter une ligne de conduite cohérente. « De grâce, mon Général, parlez plus clairement », disait Alain de Sérigny, dans un éditorial de *L'Echo d'Alger*. Quelles étaient donc ses intentions ?

A Tizi-Hibel, en août 1959, devant le général Faure, commandant la Kabylie, le général de Gaulle déclare : « Nous ne résoudrons pas les choses avec des mots. » « Admirable cynisme, écrit Pierre Viansson-Ponté : quinze jours plus tard, c'est un mot lancé le 16 septembre à la télévision qui va changer la face du problème, bouleverser tout le jeu et peu à peu fournir le tremplin de la dernière phase de l'affaire. Ce mot clef est : autodétermination [1]. »

Effectivement, le 16 septembre 1959, le Général déclare que le sort de l'Algérie sera déterminé par les Algériens eux-mêmes. C'est l'autodétermination, dont il définit les trois options :

— la sécession ;
— la francisation complète ;
— le gouvernement des Algériens par les Algériens, appuyé sur l'aide de la France, c'est-à-dire la coopération.

De Gaulle avertit tout d'abord dans son discours les dirigeants du F.L.N. qu'il ne saurait les considérer comme seuls interlocuteurs. Ces

1. *La Nef* (octobre 1962-janvier 1963).

derniers ne constituent qu'un « groupe de meneurs ambitieux, résolus à établir par la force et par la terreur leur dictature totalitaire et croyant pouvoir obtenir qu'un jour la République leur accorde le privilège de traiter avec eux du destin de l'Algérie, les bâtissant par là même, comme gouvernement algérien. Il n'y a aucune chance que la France se prête à un pareil arbitraire. »

La solution de coopération semble convenir à de Gaulle qui écarte la sécession, dont l'aboutissement « serait invraisemblable et désastreux ».

« L'Algérie étant actuellement ce qu'elle est et le monde ce que nous savons, la sécession entraînerait une misère épouvantable, un affreux chaos politique, l'égorgement généralisé et, bientôt, la dictature belliqueuse des communistes. »

A l'époque, en métropole, on ne comprendra pas la méfiance des Français d'Algérie écoutant ce discours. Pourtant, dit-on, de Gaulle n'a pas caché son refus de traiter avec le F.L.N. et d'accepter la sécession ! Etant donné son caractère, comment peut-on supposer que la sécession intervienne en Algérie ? Les Musulmans aussi sont inquiets. Le démon de la sécession n'est pas, pour eux, exorcisé. Ils pressentent que l'intransigeance du F.L.N., ses surenchères incessantes aboutiront à la sécession, dont, certes, ils ne veulent pas. Ils seront pour l'instant des attentistes avant de devenir, au fur et à mesure des concessions de la France, des militants résolus du F.L.N. N'avait-on pas vu, en 1944, la prolifération des Résistants, lorsque la défaite de l'Allemagne devint inéluctable ?

Autodétermination ! N'était-ce pas une erreur fondamentale de la proposer ? Le maréchal Juin, qui avait de la mentalité des Musulmans une connaissance plus approfondie que de Gaulle et son entourage, me disait : « L'autodétermination, c'est l'indépendance à bref délai. »

L'autodétermination pouvait-elle correspondre à un vote réfléchi ? Certainement pas, car cette consultation serait déterminée manifestement par la force, celle du F.L.N. ou celle de l'armée française. On voit mal les Musulmans, persuadés de l'orientation de la France vers la sécession, ne pas apporter leurs bulletins au F.L.N. S'ils agissaient autrement, ils deviendraient les victimes de règlements de comptes le jour de l'indépendance.

Mais peut-être, dira-t-on, de Gaulle pensait-il utiliser le potentiel moral de l'armée pour faire pencher la balance vers la solution la plus française ? C'est effectivement ce que crurent les cadres militaires, abusés par les réponses sibyllines de De Gaulle à leurs questions.

Ainsi, Maurice Challe à qui je confiais mes doutes me répondait : « C'est l'armée, c'est donc moi qui déterminerai la réponse au référendum. » A Alain de Sérigny qui exprimait aussi ses craintes sur l'avenir, Challe, très calme, très assuré, lui répondait [1] :

« De Gaulle m'a confié qu'il était pour *la francisation,* mais qu'à cause de l'O.N.U. il devait se taire. »

Le général Massu, quant à lui, affirmait :

« Rien n'est changé. La pacification continue et continuera avec les mêmes moyens. L'autodétermination n'est qu'un mot chargé ici d'orage, mais nécessaire pour l'étranger. »

Pour l'étranger ? Pour l'O.N.U., « le machin » ?

Cependant, le commandement en Algérie s'interroge. Le général Challe désire des précisions sur la politique qui se dessine. Au cours d'un déplacement de De Gaulle, il l'interroge : « Mais moi, que vais-je dire à l'armée ? Je ne peux demander aux officiers et soldats de se faire tuer pour la sécession, que d'ailleurs vous condamnez. Je ne peux guère leur parler d'association car ils savent aussi bien que vous et moi qu'en période de crise aiguë on ne peut prôner un relâchement des liens sans courir à la catastrophe. Alors puis-je dire que l'armée se bat pour la francisation ou au minimum pour l'Algérie française [2] ? »

De Gaulle ayant noyé sa réponse dans un flot d'explications, ce fut Paul Delouvrier qui apporta une réponse. Rentrant de Paris, il avait vu Michel Debré, « ce juriste intelligent et falot, énergique en paroles et indécis en action », selon Maurice Challe [3]. Ce dernier lui avait affirmé :

« Vous pouvez dire que l'armée se bat pour *l'Algérie française.* »

Et il l'autorisait à déclarer au général Challe : « C'est Michel Debré qui m'a prié de vous dire cela et il le confirmera par écrit. »

Ce discours du 16 septembre était inopportun, alors que des hommes combattaient et que l'ordre n'était pas encore rétabli. Comment les dirigeants du F.L.N. pouvaient-ils traduire la politique de la France, sinon par une démission qui se traduirait par l'octroi de l'indépendance, à une échéance peut-être lointaine, mais dont on ne pouvait pas douter ? « Votre lutte, dira Krim Belkacem aux combat-

1. *Op. cit.*
2. *Notre Révolte,* Maurice Challe (Presses de la Cité).
3. *Id.*

tants de l'A.L.N., a obligé l'ennemi à parler d'autodétermination, revenant ainsi sur le mythe répété d'Algérie française. Son recul est le fruit de vos efforts. »

Tragique erreur : de Gaulle agissait avec les rebelles tout comme il l'aurait fait s'il avait eu affaire à un pays occidental. Pas plus que son entourage, il n'avait compris que, pour les Musulmans, la clémence est souvent la manifestation de la faiblesse. On ne répond à des gens, dont la volonté s'émousse, que par le mépris et l'affront. Car n'est-ce pas un affront fait à de Gaulle, invitant les chefs de la rébellion à venir en métropole discuter de la « paix des braves », que de répondre par la désignation, comme négociateurs, de Ben Bella et de ses compagnons internés à l'île d'Aix ? Il est pénible de rappeler ce jugement de Mohamed Yazid :

« Notre allié le plus précieux dans notre guerre de libération nationale est, à coup sûr, la bêtise de l'ennemi. »

La population d'Alger est inquiète, à juste titre. Elle place, malgré tout, ses espoirs dans la présence de l'armée, qui ne permettra pas l'abandon de l'Algérie et en particulier dans celle du général Massu. Ce dernier présent, l'Algérie ne tombera jamais aux mains des rebelles. A Alain de Sérigny, Massu déclarait : « Tant que je serai ici, pas de crainte pour l'Algérie française. »

La confiance accordée à Massu par les Algérois exaspère en haut lieu. Il doit donc être éloigné d'Alger, hier « capitale de la France ». Une sombre machination, mise au point dans un cabinet de l'Elysée, va se déclencher. On connaît l'interview de Massu par un journaliste allemand, Henri Kemski, qui avait obtenu un visa de nos services de chancellerie à Bonn, pour se rendre en Algérie, bien que, comme nous dit Terrenoire, ministre de l'Information, « il y ait eu des raisons de le lui refuser ».

Pourquoi, dès lors, le Quai d'Orsay, tout comme notre ambassade à Bonn, a-t-il insisté pour que Kemski soit reçu à Alger ? Ce dernier, pourtant, relate le général Challe, « avait déjà fait des articles très peu objectifs sur l'Algérie et, par conséquent, très mauvais pour nous ». Ce personnage était totalement déconsidéré en Allemagne. Cependant, Challe, harcelé, répond à son directeur de cabinet : « Pour une fois que les Affaires étrangères s'intéressent à l'Algérie autrement que pour nous contrecarrer avec leur politique musulmane qui date du Khédive et de Lawrence, je ne veux pas les envoyer promener plus longtemps ; je recevrai leur bonhomme[1]. »

Massu aussi reçoit le « bonhomme », sur l'insistance de Paris et d'Alger. On connaît la verdeur de son langage. Ses déclarations s'opposant à la politique élyséenne font scandale. Massu, convoqué à Paris, ne revient pas à Alger. Le quartier des Facultés se couvre de barricades. Le 24 janvier 1960, c'était le drame que l'on sait. Le sang avait coulé. Comment allaient alors réagir les hommes au pouvoir ? De ceux-ci se détache la figure de Paul Delouvrier. Car cet inspecteur général des Finances, ce haut fonctionnaire, n'était pas seulement le Délégué général, mais, comme l'avait écrit de Gaulle, « la France en Algérie ». Alors que la tension à Alger est intense, qu'un drame peut éclater d'un instant à l'autre, Paul Delouvrier allait tenir, sur le ton de la plus parfaite sincérité, des propos qui, d'une part, remplissaient d'espoir les Français d'Algérie, et qui, d'autre part, engageaient la France.

C'est un gaulliste, certes, mais il donne l'impression d'être très « Algérie française ». Il a eu l'occasion de dévoiler sa pensée. Déjà, avant les Barricades, et, en particulier devant le monument aux morts, à Amour-el-Aïn, il s'écriait : « Le drapeau tricolore qui resplendit dans ce ciel lumineux y flottera toujours, car vous êtes des citoyens de la même patrie, la nôtre, je vous le dis *au nom de la France.* »

Le 30 octobre 1959, que déclarait-il ?

« Je le redis avec force, nous nous battons pour *une Algérie française.* »

C'est la France qui redit donc, avec confiance et une volonté dont personne ne saurait douter, sa foi profonde dans une Algérie française.

Le 28 janvier 1960, à l'époque la plus douloureuse des Barricades, Delouvrier prend la parole à la télévision d'Alger :

« L'égalité sociale sera longue à venir. Mais les Européens ont accepté, et ce fut l'éclair, le miracle fulgurant du 13 mai, pas encore exactement compris dans la métropole, que leur domination politique prenne fin. Ils l'ont accepté parce qu'ils étaient sûrs, ce jour-là, *de rester français.*

« L'intégration, c'est cela. Le reste, c'est pour les professeurs de droit constitutionnel.

« ... Et l'Algérie, me direz-vous ? L'Algérie ? Allez-vous dire que le chef de l'Etat veut brader l'Algérie ? Comment pouvez-vous le croire ?

1. *Op. cit.*

« ... DANS LES SEMAINES À VENIR, L'ALGÉRIE SERA LIBREMENT ET DÉFINITIVEMENT FRANÇAISE. »

Déclarations correspondant à celles de la propagande officielle, certifiant que l'Algérie resterait française. Paul Delouvrier était-il sincère ? On le prétendra. Toutefois, convient-il de remarquer, après s'être engagé de façon aussi catégorique, le plus haut fonctionnaire d'Algérie avait-il le droit de cautionner plus tard une politique diamétralement opposée ? Lorsque, le 4 novembre 1960, de Gaulle abattra ses cartes, parlant d'une Algérie émancipée, bâtie avec la France ou bien contre la France, le secrétaire général de l'administration, M. Jacomet, va protester avec vigueur. M. Delouvrier le fera suspendre sur-le-champ. Quant à lui, il continuera à exercer ses fonctions avec sérénité. Car ce haut fonctionnaire, remarquablement intelligent, manquait totalement de caractère. M. Sérigny le dépeignait comme « homme de bonne volonté, à qui la volonté faisait défaut[1] ».

Homme de bonne volonté, mais qui, dans des circonstances difficiles, décevra ses amis et ses collaborateurs. Le général Challe sera sévère : « M. Paul Delouvrier, a-t-il écrit, était un bon gestionnaire, en situation normale, ayant un peu trop le complexe d'une grande carrière de fonctionnaire. Hormis les coups durs, il était lucide et de rapports agréables, mais il se dérobait devant les obstacles lorsqu'ils étaient un peu hauts. »

Le 28 janvier, donc, Delouvrier parle d'Algérie définitivement française.

Le même jour, le général Ely, chef d'état-major général des armées, le plus haut dignitaire de l'armée française, conseiller écouté du gouvernement, arrive à Alger pour donner des directives au général Challe. Il lui remet une lettre dans laquelle on lit, en particulier :

« L'ALGÉRIE DOIT RESTER FRANÇAISE. C'est la raison d'espérer des populations européennes et musulmanes et la raison d'agir pour l'armée et la métropole[2]. »

Comment un militaire, lisant cette note du général Ely, un chef au prestige certain, pouvait-il douter que s'il risquait sa vie au combat, c'était, sans équivoque, pour que l'Algérie restât française ?

1. Alain de Sérigny, *op. cit.*
2. *Op. cit.*

Le lendemain, 29 janvier, de Gaulle prononce une allocution à la télévision. Sa déclaration est d'autant plus solennelle qu'il a revêtu son uniforme d'officier général pour marquer qu'il prend la parole « comme étant le général de Gaulle aussi bien que le chef de l'Etat ».

Que déclare-t-il ?

— La France entend « agir de manière à ne pas perdre, en fin de compte, l'Algérie, ce qui serait un désastre pour nous et pour l'Occident ».

C'est donc l'affirmation, une fois encore, de la volonté de la France de se maintenir en Algérie.

— Il se refusait, d'autre part et une nouvelle fois, à traiter, « par privilège du destin de l'Algérie », avec l'organisation rebelle, ce qui « reviendrait à la bâtir elle-même comme la seule représentation valable et à l'ériger par avance en gouvernement du pays ». Cela, ajoutait-il, « je ne le ferai pas ».

— Il évoquait ensuite « le démon de la sécession qu'il fallait exorciser », et pour rassurer la population :

« Français d'Algérie, comment pouvez-vous écouter les menteurs et les conspirateurs qui vous disent qu'en accordant le libre choix aux Algériens, la France et de Gaulle veulent vous abandonner, *se retirer d'Algérie et la livrer à la rébellion ?* »

— S'adressant à l'armée : « Vous avez à liquider la force rebelle, qui veut chasser la France de l'Algérie et faire régner sur ce pays sa dictature de misère et de stérilité. »

— Il s'écrie enfin : « Rien ne causerait plus de joie à la patrie et à de Gaulle que de voir les Musulmans choisir, entre telle ou telle solution, celle qui serait *la plus française.* »

La plus française ! C'est pour les hommes simples l'affirmation que le drapeau tricolore continuera à flotter sur leur sol natal. Ils ne saisiront pas que, dans son esprit — analyse qui pouvait leur échapper — il s'agissait pour de Gaulle de simplement conserver des intérêts pour la France en Algérie, par une coopération économique et culturelle. Solution qui serait la plus favorable à la France, bénéficiant en particulier du pétrole et du gaz naturel, tout en étant débarrassée du « caillou dans la godasse ».

Quelle serait la solution la plus française ? Louis Terrenoire le précise : « Toute solution française en Algérie, et à fortiori la plus française, passe par de Gaulle. » Et dans son livre [1], il ajoute : « C'était une formule destinée à satisfaire à bon compte tous mes amis. » A bon compte ! L'inconvenance de la formule montre à quel point la question d'Algérie a été marquée par une entière mauvaise foi.

Peut-on, dès lors, reprocher, non sans cynisme, aux Français d'Algérie de n'avoir pas compris que de Gaulle traiterait avec le seul F.L.N., que la sécession était la solution qui résulterait des négociations et qu'ils seraient brutalement et inhumainement chassés de leur pays ?

Peut-on blâmer des hommes, abusés par des propos que modifiait radicalement le vent de l'Histoire, selon le sens où il soufflait, de s'être révoltés contre le sort qu'on leur réservait ?

Le peuple d'Algérie s'interroge, car, à côté de ces affirmations solennelles, le général de Gaulle, recevant, le 19 janvier 1959, le député d'Alger, Marc Lauriol, après avoir porté un jugement insultant sur l'armée, « sacralisé » la cause des fellaghas, assurait son interlocuteur au sujet de l'intégration que la politique se faisait avec des réalités et non pas avec des désirs. De Gaulle, affirmant ensuite seul connaître ce que souhaitaient les Musulmans, prétendait que « ces derniers attendaient de lui qu'il leur ramenât Ferhat Abbas [2] ».

Recevant des parlementaires d'Algérie, de Gaulle répond à Hadj Laradji qui a perdu onze membres de sa famille, assassinés par le F.L.N., et qui lui disait combien souffrirait l'Algérie, si, par malheur, elle ne restait plus française : « Eh bien! vous souffrirez. »

Des députés d'Algérie en arrivent à adresser une sévère mise en garde à M. Delouvrier. Considérant que le pouvoir personnel, tel que le pratique le chef de l'Etat, « conduit inéluctablement à trahir la confiance des Musulmans qui se sont donnés à la France, et aboutit à la dislocation et à la ruine de l'armée et de la France tout entière... ils font connaître à Monsieur le Président de la République qu'ils lutteront de toutes leurs forces contre la poursuite d'une telle politique à la fois illégale et illégitime ».

1. Louis Terrenoire, *op. cit.*
2. Déclarations de M. Lauriol au procès des Barricades. Extrait de *L'Abandon*, Alain de Sérigny.

Le général de Gaulle ne laisserait-il pas s'échafauder deux doctrines, l'une à l'usage de l'armée et des Algériens, l'autre à l'usage de la métropole, comme l'écrit Claude Paillat[1] ?

On pouvait le croire, et aujourd'hui on ne saurait le nier lorsqu'on se souvient, après les déclarations de Paul Delouvrier, des généraux Challe et Massu, de celle du général Gambiez, commandant le corps d'armée d'Oran. Ce dernier est un gaulliste. S'adressant le 28 février 1960, donc peu de temps après la fin des Barricades, aux membres du Comité d'entente des anciens combattants d'Oranie, il commence par exalter le courage des soldats d'Algérie qui, mettant au premier rang, avant leurs intérêts particuliers, « les intérêts vitaux de la Patrie », ont ainsi « montré le chemin du cœur et de la force à ceux qui doutaient ou obéissaient sans ardeur ». Or, comme « le présent et l'avenir de la France s'appellent en ce moment l'Algérie », il demande à ses auditeurs d'avoir confiance dans l'avenir. Confiance qui « porte un nom bien plus beau lorsqu'elle se transforme dans notre âme en une vertu conquérante : elle s'appelle la Foi ». Foi qui anima « Jeanne d'Arc, Joffre, Foch, Clemenceau » et ce solitaire et farouche grand chef « qui transforma les jours sinistres de 40 en ceux glorieux de la libération du territoire ». Après cet éloge de De Gaulle, le général Gambiez dans une envolée lyrique s'écrie :

« Mes chers camarades, je vous invite à partager cette Foi que nos soldats portent au fond du cœur. JAMAIS LA FRANCE N'ABANDONNERA L'ALGÉRIE... »

Et le général Gambiez conclut : « Mes chers camarades, je comprends, après ces jours de passion abusée, votre tristesse et votre angoisse, mais je ne les partage pas, car j'ai en la cause de l'ALGÉRIE FRANÇAISE une foi inébranlable autant que raisonnée. »

Certains généraux, et en particulier Gambiez, n'ont pas mesuré le poids de leurs paroles, et leur répercussion dans l'esprit du peuple, qu'il soit européen ou musulman. Personne ne pouvait mettre en doute une déclaration aussi solennelle, venant de la plus haute autorité militaire d'Oranie. Et pourtant, la suite des événements montrera que les responsables auraient mieux fait d'imiter « de Conrart le silence prudent ».

Comment est accueillie, par quelques personnalités en France, cette déclaration d'autodétermination ?

1. *Dossier secret de l'Algérie*, Claude Paillat (Presses de la Cité).

François Mauriac se félicite de l'habileté et de la ruse de De Gaulle. Son point de vue ne correspond pas à celui des Français d'Algérie, car on ne peut juger de la même façon suivant que l'on se trouve à Alger ou à Malagar. Le grand écrivain s'indigne ensuite que Massu puisse revenir à Alger : « N'empêche que si Alger voit revenir le général Massu glorieux et impuni, ce retour constituera un 6 février à la mesure du général de Gaulle, c'est-à-dire plus infamant et plus irréparable que celui qui a empoisonné tout un régime avec son odeur de tomates pourries. » Lorsque seront arrêtés les patriotes, « cette poussière de Catilinas qui se trouve aujourd'hui sous les verrous », Mauriac triomphera. Il chantera les louanges de De Gaulle : il « n'est pas l'homme du destin, il est l'homme de la Grâce. »

L'homme le plus écouté de De Gaulle, Bernard Tricot, tout en se félicitant de l'approbation chaleureuse dans le monde de cette déclaration d'autodétermination et de l'adhésion publique, remarque que les Musulmans n'ont vu, très souvent, dans le discours du Général, qu'un espoir en la fin des combats, qu'ils auraient souhaitée plus rapide. Pour eux, par ailleurs, « la volonté de ne pas se séparer de la France était à peu près unanimement affirmée : attachement envers notre pays, amour de la culture française, besoin d'une aide économique et technique agissaient dans le même sens. Certains ne cachaient pas l'espoir que l'armée française resterait sur place quelques années après la fin du conflit, afin de limiter les règlements de comptes qui ne manqueraient pas de se produire [1] ».

Ainsi, par la plume du conseiller privilégié de De Gaulle, nous est confirmé ce que nous ne cessions de dire, que les Musulmans aspiraient, dans leur majorité, à ne pas se séparer de la France, ce que de Gaulle leur imposera par la suite. Bernard Tricot rendait ainsi, involontairement peut-être, hommage à la clairvoyance du maréchal Adolphe Juin qui avait écrit :

« C'est une imposture de dire ou d'écrire que la France combat le peuple algérien dressé pour son indépendance. La guerre en Algérie est une lutte imposée à la France par une minorité de rebelles fanatiques, terroristes et racistes, conduits par des chefs armés et soutenus par l'étranger. C'est une des formes les plus lâches de la trahison que d'empoisonner jour après jour la conscience de la France, d'intoxiquer son opinion publique et de faire croire à

1. *Les Sentiers de la paix,* Bernard Tricot (Plon).

l'étranger que le pays souhaite l'abandon de l'Algérie et la mutilation du territoire. »

Bernard Tricot signalait aussi que les Musulmans redoutaient les vengeances du F.L.N. Ils ne prévoyaient pas qu'on laisserait les mains libres aux rebelles : « Si l'on envisageait de traiter un jour avec les assassins, dira, le 19 août 1959, le bachaga Boualem, il aurait fallu nous le dire loyalement à l'avance. »

Louis Terrenoire, président du groupe U.N.R. à l'Assemblée nationale, la formation fidèle à de Gaulle, ne cache pas les difficultés qu'il a rencontrées lorsque fut présentée la motion Souchal précisant que l'U.N.R. décidait de « se mobiliser pour faire triompher la seule solution humaine possible : la francisation ». Il eut le plus grand mal à faire éliminer cette motion. Peut-être était-il dans le secret des dieux, pour s'être engagé aussi résolument contre la francisation ?

Nous n'avons rapporté ces prises de position que pour montrer que, même en métropole, l'autodétermination posait des cas de conscience, et que la solution de la sécession, donnée par certains comme inéluctable, était envisagée à l'époque comme un malheur pour la France. Même Couve de Murville décrivait, en termes d'apocalypse, les conséquences de l'indépendance pour l'Algérie : « Une période d'anarchie effroyable précéderait l'inévitable reprise en main de l'Algérie par une puissance totalitaire qu'il est inutile de désigner. »

6.

La fin des illusions

En cette année 1960, rarement l'ambiguïté entre les buts cachés et les actes publics sera aussi flagrante. Pierre Viansson-Ponté écrira : « Jamais on ne constatera un tel décalage entre la réalité et l'apparence, et parfois les contradictions surgissent à quelques instants d'intervalle dans le fil même du propos[1]. »

Il faut s'efforcer de donner confiance à celui qui combat, qui accepte de laisser sa vie au champ d'honneur, en le rassurant sur les buts poursuivis. A cette fin, en mars 1960, de Gaulle va effectuer la tournée dite « des popotes ». Que va-t-il dire ?

— Au P.C. du 5e Régiment étranger, il déclare d'abord qu'il n'y aura pas de Diên Biên Phu en Algérie. Réflexion qui laissera les auditeurs dans un étonnement mêlé d'ironie car eux, mieux que les autres, savent l'Armée de libération nationale à bout de souffle. Krim Belkacem l'avoue : « L'A.L.N. tient toujours malgré le désastre provoqué par le plan Challe... le Front a subi un échec retentissant sur le plan militaire... ces mois de 1959 voient s'effriter les bataillons de l'A.L.N.[2]. » Parler de Diên Biên Phu à des militaires, vainqueurs sur le terrain, est une erreur psychologique.

De Gaulle continue : « L'indépendance réclamée par Ferhat Abbas et sa bande est une fumisterie. »

Il poursuit sa tournée en indiquant que ce que Ferhat Abbas appelait « l'indépendance » et lui « sécession » était pour l'Algérie une absurdité : « Ce qu'il appelle " l'indépendance ", s'écrie-t-il, c'est la misère, la clochardisation, la catastrophe. Quand les Algériens

1. Pierre Viansson-Ponté, *revue citée*.
2. *Le Lion des djebels*, Amar Hamdani (Balland).

pourront choisir, je ne crois pas qu'ils choisiront cela. *La France ne doit pas partir,* elle a le droit d'être en Algérie. *Elle y restera.* »

— Dans un autre poste : « La sécession est une vue de l'esprit. »

Toutefois, un pas en avant, un pas en arrière, près de Boghari, à Azziz, il déclarera pour *la première fois :* « Ce sont les Algériens qui décideront : une *Algérie algérienne* liée à la France. »

Le grand mot est lancé : Algérie algérienne.

Ces déclarations ont un écho profond. L'affirmation que la France restera en Algérie déclenche la fureur de Ferhat Abbas : « C'est une déclaration de guerre au peuple algérien. » Quant aux Français d'Algérie, ils sont consternés par la dernière phrase.

Aussi, le ministre de l'Information, Louis Terrenoire, croit-il devoir apaiser les esprits en disant qu' « il convient de n'attacher aux paroles du chef de l'Etat que l'importance d'une conversation privée, nullement destinée à être reproduite ». Que la presse s'acharne sur de Gaulle ! « Il ne peut s'exprimer, prétend Terrenoire, sans que ses paroles, qui ne correspondent qu'à une conversation très libre, à la fin d'un repas dans une popote, soient diffusées sur les ondes et dans les journaux ! » Même de Gaulle, pourtant si réservé et secret, aurait le jugement troublé par l'atmosphère très détendue des popotes. M. Terrenoire est vraiment sévère pour le Général.

Le ministre ajoute aussi qu'en cas de sécession, il faudrait procéder à un vaste regroupement des populations sur des portions de territoire. Algérie algérienne ! Regroupement ou partage ? Les Français d'Algérie vont bientôt être fixés.

Algérie algérienne : ce n'est pas une tautologie, mais un programme.

Bernard Tricot s'efforcera, dans son ouvrage, de montrer la cohérence des propos de De Gaulle [1] :

« Si, au cours de cette tournée, le Général affirme *sa foi dans la présence française,* il ne promet jamais l'intégration ni même l'instauration de structures fédérales. Il critique vertement “ ce que Ferhat Abbas appelle l'indépendance ”, mais il ne dit pas que celle-ci *soit en elle-même un mal;* ce qu'il condamne, comme il l'avait fait le 16 septembre précédent, c'est l'indépendance-sécession, qui se ferait dans l'hostilité des deux pays et romprait les liens qui les unissent. »

1. Bernard Tricot, *op. cit.*

Le conseiller du Général insiste ensuite sur la formule « Algérie algérienne » qui s'oppose, lourde de sens en elle-même, à l'expression « Algérie française ».

Ce commentaire dévoile, me semble-t-il, le fond de la pensée de De Gaulle. Ce dernier ferait une distinction entre l'indépendance, dans l'interdépendance, expression qu'il ne peut employer, car elle a déjà été prononcée par Edgar Faure, et la sécession, « dans l'hostilité des deux pays ».

Indépendance ! Comment y parvenir si l'on veut éviter la terreur que fera régner, lors du scrutin d'autodétermination et l'indépendance proclamée, le F.L.N. ? Beaucoup d'hommes politiques, dans le seul souci de ramener la paix en Algérie, envisageaient l'octroi de l'indépendance, sans trop avoir réfléchi aux moyens d'y parvenir. Placés un jour face à leurs responsabilités, ils seront plus réservés. Ainsi, le général Billotte, fervent partisan de l'abandon de l'Algérie, aura en 1967 à prendre position sur l'indépendance de la Somalie : « L'indépendance, dira-t-il, au Cercle de la France d'outre-mer, est un leurre, l'appeau dont se servent des politiciens ou des agitateurs. »

De Gaulle a parlé de la paix des braves, qu'il souhaite ardemment. Une occasion magnifique, inespérée, se présente. De Gaulle, fidèle à ses propos antérieurs, va-t-il la saisir et tenter de faire éclater la dissidence à l'intérieur de l'Algérie ? Ou, au contraire, les considérant comme non conformes à sa politique de l'heure présente, va-t-il éluder les propositions d'arrêter les combats dans l'honneur, qui vont lui être présentées ?

Cette guerre, dont on ne voyait pas l'issue, est de plus en plus mal acceptée par les djounouds qui combattent dans les djebels et par leurs chefs. « On fait grief au G.P.R.A., nous dit Philippe Tripier, de son aveuglement, de ne pas voir qu'il n'est plus de commune mesure entre son intransigeance politique outrancière et l'impuissance de ses troupes, les souffrances de son peuple. » Aussi, ajoute-t-il, la démoralisation aidant, « le pourcentage des djounouds préférant jeter leurs armes plutôt que de poursuivre le combat doubla, de mai 1958 à juillet 1959 ; la proportion des prisonniers par rapport aux tués, qui était de 27 % en 1958, s'éleva à 42 % en 1959. Le comportement de ces prisonniers se transformait également : c'est délibérément que bien souvent ils s'offrirent à renseigner les forces de l'ordre aussitôt capturés, et beaucoup demandèrent à reprendre les armes aux côtés de la France ; ils fournirent en effet le recrutement d'une bonne partie des harkis... En huit mois, du 1er janvier au 1er septembre 1959, 2000 combattants rebelles vinrent se rallier à l'autorité française, parmi lesquels 845 avec leur arme... En ces huit mois... les effectifs musulmans passaient de 113000 à 160000[1] ».

Une occasion d'un grand intérêt, conduisant au ralliement d'une wilaya, se présenta en 1959, avec ce qu'il est convenu d'appeler l'affaire Si Salah. Il est de fait, comme nous venons de le souligner, que l'amertume dans les djebels était grande. Les rebelles se rendent compte de la vanité des buts que poursuivent à l'extérieur leurs chefs, dominés par leurs ambitions. Que faire, sinon reconnaître l'inanité de la lutte ? Il faut donc traiter, mais dans l'honneur. Non en changeant de camp, mais en acceptant la paix des braves.

Déjà, en novembre 1958, une possibilité d'arrêter localement les combats s'offrait avec le commandant Azzedine. Ce dernier avait été fait prisonnier au cours d'une opération. Interrogé, à Alger, par un officier de haute valeur, le capitaine Marion, Azzedine, après avoir refusé de parler, se défoule un jour spontanément pour exprimer le désir de ne pas poursuivre une guerre, désormais sans objet. La paix revenue, il faudra refaire l'Algérie. Le capitaine Marion pense qu'il faut exploiter cette conjoncture inespérée.

Il décide, pour tester la sincérité d'Azzedine, de l'emmener de nuit chez des parents, 27 rue Damourah à Belcourt (Alger), et l'autorise à y passer, sans garde, la nuit. Azzedine pourrait s'évader. Cependant, le lendemain, Marion le retrouve à ce domicile. Avec encore plus d'audace, le capitaine conduit par trois fois son prisonnier dans une zone où la dissidence est vive, à Palestro, pour lui permettre de reprendre contact avec les chefs du maquis et les inciter à suivre son exemple. Par deux fois, le fellagha revient, après vingt-quatre heures d'absence, auprès du capitaine Marion. Au dernier contact avec le maquis, Azzedine ne reparaît pas. Il aurait été arrêté par ses pairs, transféré à Tunis, où il aurait réussi à démontrer qu'il avait abusé le capitaine Marion pour pouvoir s'évader. C'est ce qu'il écrira dans un livre plein de nuances[2], où il se permettra de traiter l'armée française « d'armée du crime », et par ailleurs de dénombrer ainsi les soldats français tombés au champ d'honneur au cours d'un accrochage :

1. *Autopsie de la guerre d'Algérie,* Philippe Tripier (Editions France-Empire).
2. *On nous appelait fellaghas,* Commandant Azzedine (Stock).

« Trente charognes, dont un capitaine, un lieutenant et un grand salaud. »

Cet ouvrage doit être considéré par certains d'une haute élévation de pensée puisqu'il fera d'Azzedine un homme que solliciteront, sinon se disputeront, les chaînes de télévision françaises, tout comme les postes périphériques.

L'idée de cesser les combats était dans l'air, car je ne saurais mettre en doute le témoignage du capitaine Marion. Mais, signe des temps, l'intelligentsia gauchiste accordera sa confiance aux déclarations d'Azzedine. Ce sera en particulier le cas d'Albert-Paul Lentin[1], journaliste à *Libération,* écrivant qu'Azzedine « sera, pendant des semaines, laissé en demi-liberté, entouré, " chouchouté "... avant de blouser magistralement ces psychologues en tenue bariolée [les paras], de fausser compagnie à ses gardiens et de venir à Tunis... »

Une seconde occasion exceptionnelle se présentera avec « l'affaire Si Salah ».

Si Salah, adjoint politique de Si M'Hamed, commandant la wilaya IV, lui succède lorsque ce dernier est tué au combat, le 5 mai 1959. La situation de cette wilaya est en 1960 critique. Une purge impitoyable a fait exécuter 489 cadres. Les forces de l'ordre ne laissent aucun répit aux rebelles qui manquent de plus en plus d'armes. Au cours de la réunion du conseil de la wilaya IV, le 20 janvier 1960, un des participants plaide la nécessité d'obtenir un cessez-le-feu. Si Salah accepte que l'on entre en contact avec la France, non pour trahir la cause, mais pour arrêter les combats. On sait que, par l'intermédiaire du cadi de Médéa, M. Michelet fut informé de cette démarche et que le général de Gaulle décida de répondre favorablement à l'offre de négociations. Pour prendre contact avec les rebelles, de Gaulle désigna Bernard Tricot, son homme de confiance, le colonel Mathon, directeur du cabinet militaire de Debré. M. Delouvrier demandera au général Jacquin[2] de le représenter, car « il préfère, dit-il, ne pas laisser Tricot tout seul », témoignant — écrira Jacquin — « à l'égard du délégué de l'Elysée, une suspicion que rien, d'ailleurs, dans cette affaire ne viendra justifier[2] ».

1. *Le Dernier Quart d'heure,* Albert-Paul Lentin (Julliard).
2. *La Guerre secrète en Algérie,* Henri Jacquin (Olivier Orban).

Après plusieurs entrevues, Si Salah, accompagné de Mohamed et de Lakdar, arrivait le 9 juin à Paris pour rencontrer le général de Gaulle lui-même. Ils étaient pleins de foi dans leur entreprise, estimant pouvoir faire participer à leur, mouvement la wilaya V (région d'Oran) et vraisemblablement entraîner la wilaya III (Kabylie). Le 10 juin, de Gaulle les reçoit. Les trois chefs ne dissimulent pas leur ressentiment contre le G.P.R.A. « Ils font, écrit le général Jacquin, confiance au général de Gaulle pour l'avenir de l'Algérie nouvelle dans le cadre de la France. Les problèmes politiques ne les obsèdent pas. » « Les maquisards, dira Si Salah, voient bien naître sous leurs yeux l'aiguillon de la rébellion et aussi, sous l'impulsion de l'armée, une Algérie nouvelle où les Français conserveront leurs places, mais ni les Borgeaud, ni les Laquière. »

De Gaulle, après avoir écouté les trois hommes, évoque l'avenir de l'Algérie et annonce qu'il va renouveler au G.P.R.A. son offre de discussion en vue de permettre l'exercice de l'autodétermination. Il remercie ses visiteurs, mais, grave erreur psychologique qui dénote son manque de connaissance des Musulmans, il refuse de leur serrer la main. De Gaulle n'a pas su avoir le geste qui est de coutume au Maghreb, lorsqu'un chef rend ses armes. La discorde étant terminée, les contacts entre les hommes redeviennent normaux : on se serre la main. La délégation de la wilaya ressentira ce refus de De Gaulle comme une blessure d'amour-propre.

De Gaulle va de nouveau proposer, le 14 juin 1960, au G.P.R.A. de négocier, ce qui ne saurait déplaire à ce dernier. Un fonctionnaire rebelle, Meknèche, qui avait rallié Alger, voyait juste en disant quelque temps auparavant : « Il n'y a d'accord entre les ministres du G.P.R.A. que sur un point : ils cherchent à faire durer la guerre en espérant que le général de Gaulle les appellera[1]. » Démarche du Général inutile, dira Si Salah, très soucieux : « Le G.P.R.A. ne lui répondra pas ou répondra à côté. » Le colonel Mathon a l'impression que l'affaire est ratée. Bernard Tricot redoute que de belles purges ne se préparent. Ils n'ont pas tort.

Le 14 juin, de Gaulle, sur les ondes, s'adresse uniquement au G.P.R.A. : « Une fois de plus, je me tourne, au nom de la France, vers les dirigeants de l'insurrection. Je leur déclare que nous les attendons ici, pour trouver avec eux une fin honorable aux combats

1. *Dossier secret de l'Algérie, op. cit.*

qui se traînent encore, régler la destination des armes, assurer le sort des combattants... »

Si l'intention de De Gaulle était de ne traiter qu'avec le G.P.R.A., pourquoi avait-il accepté de recevoir Si Salah ? Il ne pouvait ignorer que les relations de ce dernier avec le G.P.R.A. étaient très tendues. Si Salah reprochait à son gouvernement de se refuser à admettre la réalité de la situation en Algérie : « Le peuple est las, disait-il, les combattants découragés. Si le G.P.R.A. ne fait rien, la wilaya prendra des contacts avec les Français pour négocier la fin des combats. On cachera une partie des armes qui restent. »

Ce message de Si Salah au G.P.R.A. sera repris sous une forme aussi comminatoire le 15 avril 1960. « Il contredisait, écrit le général Jacquin, tellement les thèses des apologistes du F.L.N. qui poussaient le général de Gaulle à la négociation à tout prix, que l'Elysée envoyait le colonel Branet, fidèle et sûr Compagnon de la Libération, vérifier à Alger son authenticité [1], car le télégramme chiffré de Si Salah avait été décrypté par les services français. »

Après l'allocution de De Gaulle, Si Salah se rend compte que son initiative est en fait désavouée par l'Elysée. Il n'ignore pas que le G.P.R.A. va se venger. Il veut, malgré tout, poursuivre sa mission. Le 18 juin, il part pour la Kabylie, pour y rencontrer Mohamed Ou El Hadj. On ne le reverra plus.

Un ancien responsable du F.L.N. a déclaré, en 1977, à Philippe Aziz : « Je demeure encore aujourd'hui persuadé que l'affaire Si Salah a été l'une des grandes occasions manquées de la guerre d'Algérie. Si elle avait abouti, elle aurait pu ouvrir des perspectives nouvelles pour un meilleur avenir franco-musulman. Mais souvenez-vous ! Quatre jours après l'entrevue secrète de l'Elysée, le 14 juin, de Gaulle s'adresse aux chefs extérieurs de la rébellion, ceux précisément qui combattaient énergiquement des hommes comme Si Salah. Ce discours a eu un effet désastreux. Au lieu de s'adresser aux maquisards de l'intérieur, le chef de l'Etat français a préféré proposer la négociations aux gens du Caire et de Tunis [2]... »

Le général de Gaulle, bien qu'ayant déclaré ne pas accepter de traiter avec Ferhat Abbas, est fermement décidé à reconnaître le G.P.R.A. comme seul interlocuteur valable. Aussi a-t-il eu tort de recevoir Si Salah que, de ce fait, il envoya à la mort.

1. Henri Jacquin, *op. cit.*
2. « L'Algérie française », *Histoire pour Tous* (juillet-août 1977), article de Philippe Aziz.

Qu'attendait-on des propositions de Si Salah ? Selon Bernard Tricot : « Cette affaire [Si Salah], nous ne l'avons pas cherchée. Depuis septembre 1959, il y avait l'offre de discussions sur les conditions de l'autodétermination. L'objectif pour moi, c'était essayer de faire la paix avec l'adversaire. Intervient là-dessus, en mars 1960, cette affaire extraordinaire : toute une wilaya, semble-t-il, veut négocier pour faire un cessez-le-feu partiel. *Ce n'était pas du tout dans mon projet.* Cependant il semble qu'il y ait eu la possibilité d'en réaliser un : ce n'était pas une chance que l'on allait laisser passer, tout en souhaitant que si cette affaire ne marchait pas, ce qui était très possible, cela ne rendait pas impossible *la poursuite du projet initial, qui était la négociation avec le F.L.N.* [1]. »

Il ne faut pas empêcher la poursuite de ce plan initial, ce qui conduit le conseiller du Général à déclarer le 17 juin à Alger : « Il ne faudrait pas gêner la politique du général de Gaulle par des négociations latérales [2]. »

Toutefois, le même Bernard Tricot voit dans ces conversations avec les rebelles deux aspects positifs : « Une meilleure connaissance de l'adversaire et une occasion qui nous fut donnée de réfléchir dans le concret, aux conditions pratiques d'un cessez-le-feu [3]. »

Ces deux aspects positifs valaient-ils la vie d'un homme ?

Le plan secret de l'Elysée consiste donc, quelque difficulté que l'on rencontre, à négocier avec le F.L.N. Si l'on en doute encore en Algérie après les déclarations de De Gaulle, on en a la quasi-certitude à Tunis, où arrivent des messages, même de ministres français. Trois d'entre eux, Boulloche, Buron et Michelet, nous dit le général Jacquin, sont en relation avec Krim Belkacem par le canal de l'ambassade d'Egypte. Ils font savoir que le Général « reconnaîtra l'indépendance de l'Algérie, si le G.P.R.A. accepte la présence d'éléments représentatifs de la population européenne dans un gouvernement qui pourrait s'installer tout de suite après le cessez-le-feu ». Ce renseignement fourni par un agent d'Henri Jacquin est confirmé, peu après, par le décryptement d'un message de Michelet adressé au G.P.R.A.

Ainsi, pauvres Français d'Algérie, tandis que l'on vous affirmait solennellement que l'Algérie resterait française, on traitait en sous-

1. *La Guerre d'Algérie ou le Temps des méprises,* Laurent Theis et Philippe Ratte (Mame).
2. Maurice Challe, *op. cit.*
3. Bernard Tricot, *op. cit.*

main avec les rebelles ! On vous mettait en garde, en janvier 1960, pendant les Barricades, contre les menteurs et les conspirateurs qui disaient que la France et de Gaulle voulaient se retirer d'Algérie et la livrer à la rébellion. M. Delouvrier déclarait à la même époque : « Dans les semaines à venir, l'Algérie sera librement et définitivement française. » Que pouvez-vous penser aujourd'hui de toutes ces impostures à la lecture d'une lettre adressée de Bonn, le 10 décembre 1959, donc avant les Barricades, par le chef du bureau F.L.N. en Allemagne fédérale au ministre des Affaires étrangères du G.P.R.A., le docteur Lamine Debaghine :

« Cher Frère,

« S. E. l'ambassadeur du Maroc m'a appelé d'urgence dans la soirée, pour me charger de vous transmettre sans tarder l'information qui suit :

« Il venait lui-même de recevoir un message de la part du Président hollandais, M. J. Van Lanschot. Ce dernier rentrait de Paris où l'avait appelé le général de Gaulle.

« Le général de Gaulle l'a chargé d'entrer en contact avec les membres du G.P.R.A. pour leur faire les propositions suivantes :

« 1. De Gaulle accepte le principe d'une discussion avec les représentants mandatés du F.L.N., y compris Ben Bella, ses compagnons en étant exclus.

« 2. ...

« 3. De Gaulle n'apporte aucun changement au plan soumis par le même canal, à savoir que :

« *a* — la France reconnaît la République algérienne,

« *b* — la République algérienne aura un gouvernement démocratiquement élu par le peuple algérien,

« *c* — ...

« *d* — la République algérienne pourra se fédérer avec le Maroc et la Tunisie pour constituer le Maghreb arabe.

« ...

« Telles sont les informations que Si Abdel Kébir El Fassi m'a chargé de vous transmettre.

« Bien fraternellement. »

Combien ont pu être abusés les Français musulmans, fidèles à notre drapeau ! Ils pensaient que de Gaulle était l'homme qui leur conserverait la nationalité française et le seul à promouvoir les réformes souhaitées. Ainsi, pour en revenir à l'autodétermination, ils pensaient qu'elle était une concession de pure forme à l'opinion internationale, ce qui permettait à Mme Nafissa Sid-Cara, secrétaire d'Etat, de répondre au Général qui l'interrogeait : « Votre politique d'autodétermination est la seule possible, à condition que nous restions toujours français. » Hélas ! de cette confusion dans les esprits, diaboliquement entretenue, résulteront des larmes et du sang.

Cette affaire « Si Salah » est restée longtemps secrète. De Gaulle n'avait pas lieu d'en être fier. Aussi fut-elle enveloppée du voile du silence. Lors du procès du général Challe, le ministre de la Justice, Edmond Michelet, enjoindra au procureur général, M. Besson, de s'opposer à l'évocation de l'affaire « Si Salah », qui risquait de troubler les juges. De ce fait, l'affaire ne fut pas appelée.

Une conséquence très grave de la conclusion tragique de cette opération fut de persuader de nombreux officiers que, contrairement à ce qu'on leur affirmait, de Gaulle était opposé à la paix des braves et n'avait pour but que de traiter avec les rebelles.

Dès lors, la politique élyséenne va convaincre les plus incrédules de la décision de De Gaulle : brader l'Algérie.

Les négociations avec le G.P.R.A. s'engagent à Melun. Ce n'est pas Ferhat Abbas qui se rendra à Paris, car le moment n'est pas encore venu de discuter au sommet, des contacts préliminaires étant indispensables. Par ailleurs, comment l'opinion aurait-elle accepté de voir de Gaulle recevoir Ferhat Abbas, mitraillé par les photographes sur le perron de l'Elysée, interviewé par toutes les chaînes de télévision, alors que les combats se poursuivaient en Algérie et que des hommes tombaient encore soit au combat, soit du fait du terrorisme ? Ce sont donc Boumendjel, Ben Yahia, Yazid qui vont négocier avec M. Roger Moris, le général de Gastines et le colonel Mathon. Quatre jours de discussion permirent de mettre en lumière les divergences fondamentales séparant les thèses françaises et algériennes. Le cessez-le-feu pour la délégation française est le préalable à toute discussion, tandis que Boumendjel déclare : « Reconnaissance de l'indépendance d'abord et cessez-le-feu ensuite. » Il est inutile de poursuivre. Pour aboutir, le F.L.N. ne cache pas, selon Ferhat Abbas, que « l'indépendance ne s'offre pas, elle s'arrache ».

Qu'attendait de Gaulle des négociations de Melun ? On se pose la question et, je crois, d'après des renseignements personnels, que

Pierre Viansson-Ponté n'a pas entièrement tort en écrivant[1] : « L'échec de ce premier contact était voulu, médité, inscrit en toutes lettres dans les instructions données aux négociateurs français... A Melun, la paix a erré autour de hauts murs et des grilles fermées de la préfecture, brandissant en vain son rameau d'olivier ; elle était indésirable et on le lui fit sentir. » Y a-t-il eu une cohérence dans les propos et les intentions de De Gaulle ?

De Gaulle propose de discuter avec le G.P.R.A. à Melun. Et avec lui seul. Or, dans les tournées qu'il entreprend peu après, que dit-il ?

A Alençon, en juillet 1960 : « Vous avez entendu parler de la venue à Melun des premiers émissaires de l'organisation extérieure de la rébellion. Cette organisation paraît vouloir, en échange du cessez-le-feu, qu'on la reconnaisse comme représentant l'Algérie tout entière. *Cela ne se fera pas,* parce que cela ne serait aucunement justifié. »

Avec qui donc veut discuter de Gaulle ?

Aux maires des Hautes-Alpes, non sans cynisme, il avoue : « Ils voudraient faire valoir les tapis qu'ils voudraient nous vendre. Ils voudraient que nous leur passions la main. Cela n'est pas possible. *Cela, je ne le ferais jamais.* »

Les présidents des treize conseils généraux d'Algérie, le 28 juillet 1960, à l'Elysée, entendent de Gaulle leur dire, au sujet de l'avenir de leur pays : « *Pas d'indépendance.* Je conçois toutes les politiques, sauf celles qui sont en dehors de la France. »

Lors de la conférence de presse du 5 septembre 1960, le Général invite, une fois de plus, les rebelles qui s'acharnent à prolonger les actes meurtriers à « venir discuter des moyens de trouver une fin honorable aux combats, de la destination des armes et du sort des combattants ». Mais les conditions de la négociation sont nettes : il faut un cessez-le-feu préalable à toutes les discussions. Car, comment admettre que « sous le prétexte, d'ailleurs fallacieux, d'arrêter les meurtres », on en vienne « à traiter avec la seule organisation extérieure de la rébellion, avec les insurgés, de tout l'avenir politique de l'Algérie », ce qui conduirait « à les bâtir comme étant la représentation unique de l'Algérie tout entière, bref à admettre que le droit de la mitraillette l'emporte d'avance sur celui des suffrages[2] ».

Le droit à la mitraillette l'emportera toutefois bientôt !

Le Général précise aussi : « Pour qui me prennent ceux qui imaginent que je pourrais converser avec les chefs de la rébellion, tant que les meurtres continuent, de telle sorte qu'à mesure de ma

1. *La Nef, op. cit.*
2. Cette phrase avait déjà été prononcée le 29 janvier 1960.

conversation avec eux, on viendrait annoncer qu'on a tiré sur des femmes et des enfants à la baignade ? » Rappel du tragique attentat du 10 juillet 1960 sur la plage de Chenoua, près de Tipasa, où les terroristes mitraillent des baigneurs : quatorze morts et huit blessés. On pourrait l'informer aussi de l'exécution « de troupiers pris au combat » (rappel des deux soldats français fusillés le 14 août par le F.L.N.), ou du massacre « d'une petite fille dans son lit », douloureux attentat qui, le 7 août 1960, a vu la petite Elizabeth Moysset, âgée de huit ans, abattue d'une rafale de mitraillette par un commando de fellaghas, venu pour assassiner le père, officier de police.

« Où nous conduira-t-il, ce prince de l'équivoque ? » avait dit Robert Buron, le 10 mars 1960. « Selon un observateur français perspicace, en 1960, de Gaulle et ses projets faisaient penser au Don Juan de Molière qui a promis le mariage à cinq ou six femmes et doit absolument éviter de se faire prendre par l'une ou par l'autre. Mais à laquelle a-t-il voué réellement son cœur ? A-t-il changé d'idée ? Si oui, quand ? Pourquoi demeure-t-il dans une telle équivoque lorsqu'il déclare ses intentions [1] ? » De Gaulle va les faire connaître bientôt. Aucun doute sur ses objectifs ne sera plus possible. C'est vers la République algérienne qu'il décide d'orienter sa politique. Que de chemins sinueux avait-on parcourus depuis 1958 !

4 juin 1958 : « Dans toute l'Algérie il n'y a que des Français à part entière. »

6 juin 1958 : « L'Algérie est une terre française organiquement et pour toujours. »

6 juin 1958 : « Vive l'Algérie française ! »

Octobre 1958 : « L'indépendance algérienne ? Dans vingt-cinq ans, Delouvrier... [2] »

30 octobre 1958 : « A quelles hécatombes condamnerions-nous ce pays, si nous étions assez stupides et assez lâches pour l'abandonner ? »

Mars 1959 : « La France a le droit d'être en Algérie. Elle y restera. » « L'armée française ne quittera jamais ce pays et moi, le

1. *Histoire de la guerre d'Algérie*, Alistair Horne (Albin Michel).
2. « L'indépendance est à longue échéance », confiait de Gaulle à Delouvrier.

général de Gaulle, je ne traiterai jamais avec les gens du Caire et de Tunis. »

Mai 1959 : « Une nouvelle Algérie liée pour toujours à la France... »

Août 1959 : « Le drapeau F.L.N. ne flottera jamais sur l'Algérie, moi vivant. »

10 septembre 1959 : « Les gens du F.L.N. demanderont la paix à genoux. »

16 septembre 1959 : « La sécession entraînerait une misère épouvantable, un affreux chaos politique, l'égorgement généralisé et bientôt la dictature belliqueuse du communisme. Je considère que le recours à l'autodétermination soit, ici et maintenant, proclamé. »

29 janvier 1960 : « Agir de manière à ne pas perdre, en fin de compte, l'Algérie, ce qui serait un désastre pour nous et pour l'Occident. Rien ne causerait plus de joie à la patrie et à de Gaulle que de voir les Algériens choisir la solution la plus française. »

« Comment pouvez-vous écouter les menteurs et les conspirateurs qui vous disent qu'en accordant le libre choix aux Algériens, la France et de Gaulle veulent vous abandonner, se retirer de l'Algérie et la livrer à la rébellion ? »

3 mars 1960 : « L'indépendance réclamée par Ferhat Abbas et sa bande est une fumisterie. »

5 septembre 1960 : « L'Algérie algérienne est en marche. Qui peut croire que la France en viendrait à traiter avec la seule organisation extérieure de la rébellion, avec les insurgés, de tout l'avenir politique de l'Algérie ? »

22 octobre 1960 : « Les insurgés voudraient que nous leur passions la main. Cela, je ne le ferai jamais. »

Nous allons entrer en 1961 dans la voie de la négociation avec le F.L.N. reconnu comme seul interlocuteur valable. Nous entrons aussi dans la voie de la révolte de l'armée et des Français d'Algérie, traumatisés par toutes les impostures du pouvoir.

7.

Vers l'abandon

De Gaulle va abattre ses cartes. Au fur et à mesure que les jours passent, il sera difficile de se méprendre sur ses intentions. Il faut abandonner l'Algérie, point de vue que partage son ministre des Affaires étrangères, Couve de Murville. Ce dernier, qui avait noué avec Jean Daniel des relations d'amitié lui confiait : « Tant que nous aurons l'affaire algérienne comme un boulet derrière le dos, nous ne pourrons rien faire, nous avons les mains liées. » On va se débarrasser de ce boulet, « du caillou dans la godasse », de la « boîte à chagrin ».

Bernard Tricot, conseiller très écouté de De Gaulle[1], écrira, avec plus d'élégance : « Quand et comment la France serait-elle libérée du fardeau ? » Elle va l'être en engageant des négociations, rendues difficiles d'ailleurs par l'intransigeance du F.L.N. Elles furent moins aisées que de Gaulle ne le pensait, car il estimait à tort que son prestige inciterait les rebelles à accepter les conditions proposées. Il en fut autrement, le Général s'étant mépris sur le caractère de la rébellion qui n'était pas une insurrection conventionnelle, mais le fait de véritables révolutionnaires, ne mettant fin aux combats que le jour où les buts poursuivis sont pleinement atteints.

Enfin, par méconnaissance de la psychologie des Musulmans, sensibilisés par le crédit que le Général accordait aux rebelles, notre pays perdait de très nombreux Français de confession islamique, jusque-là fidèles à notre drapeau. Combien le complexe du Glaoui[2] a

1. Un ami, qui occupait de hautes fonctions à l'Elysée, me disait : « Seul Tricot était au parfum. »

2. Le Glaoui, pacha de Marrakech, avait contribué à la déchéance du Sultan, à l'instigation des autorités françaises. Au retour d'exil de ce dernier, qu'un autre gouvernement avait replacé sur le trône, le Glaoui dut se prosterner devant son souverain.

pu en faire basculer au profit du F.L.N. ? Au fur et à mesure qu'ils se sentaient abandonnés, ils l'ont rejoint moralement. Ainsi, de Gaulle renforcera-t-il l'audience des insurgés.

Un autre sentiment l'anime : celui d'accentuer le poids que représente l'armée au sein de l'Alliance atlantique. Il ne saurait admettre que la puissance de la nouvelle Wehrmacht soit supérieure à celle de l'armée française, raison qui le poussera bientôt à retirer deux divisions de parachutistes d'Algérie pour les transférer en métropole et en Allemagne. C'est ce qu'il confie à ses intimes et que rapporte Hervé Alphand. Au cours d'un entretien, en août 1961, le Général envisage déjà d'alléger l'effectif des hommes du contingent à envoyer en Algérie, ainsi que le repli d'unités en Europe [1]. Il avait développé la même idée au général Massu, lorsque ce dernier fut muté d'Algérie. « ... Voyez-vous, Massu, en présence de la menace russe, j'ai besoin de ramener nos divisions en France. »

L'Algérie ? Elle ne l'intéresse que sur trois plans : celui du pétrole saharien, celui des bases permettant de poursuivre les expériences atomiques et celui de la position stratégique d'Oran. A l'ambassadeur Hervé Alphand, il explique, au sujet de bases comme Port-Lyautey au Maroc, qu'il « ne servirait à rien de les garder, même pour la défense de Dakar, puisque nous pouvons utiliser comme point de relais aérien Oran... »

De Gaulle, désireux de se débarrasser du problème algérien, va précipiter les événements. Son désir d'aboutir au plus tôt effraie ses ministres et collaborateurs. Certains d'entre eux rédigent un mémorandum dont le préambule est un cri d'alarme [2] :

— La certitude que le général de Gaulle ira jusqu'au bout de sa politique algérienne ;

— La certitude que la métropole, dans sa majorité, suivra le chef de l'Etat, dans cette voie ;

— ... Les divergences certaines d'opinion au sein de l'armée, comme dans tous les autres éléments du corps social français, l'état de désespérance des Français d'Algérie, éléments pouvant entraîner un mouvement insurrectionnel à conséquences incontrôlables ;

— La certitude d'autre part que, sans la participation des éléments européens, rien de positif et de stable ne peut être construit en Algérie

1. *L'Etonnement d'être,* Hervé Alphand (Fayard).
2. Texte du mémorandum en annexe.

et qu'une République algérienne, établie dans ces conditions, ferait le lit du F.L.N. et de l'anarchie ;

— Tous ces éléments nous ont entraînés à la recherche d'une solution qui permette, tout en respectant les impératifs nationaux, *de construire une République d'Algérie* à laquelle Européens et Musulmans seraient intimement liés...

Reconnaissons à ce texte la valeur d'une vue prophétique. Tout ce qui arrivera est prévu : insurrection, anarchie résultant de la victoire du F.L.N. Cette fois, les plus fidèles compagnons du Général, et non des moindres, investis des plus hautes responsabilités du pouvoir, réagissaient. L'équité exige que le fait ne soit pas négligé. Quelles signatures apparaissaient en effet au bas du document ? Celles de Michel Debré, Premier ministre, Roger Frey, ministre délégué auprès du Premier ministre, Jacques Foccart, secrétaire général de la Communauté, Pierre Lefranc, chargé de mission à la Présidence de la République. La politique de l'Elysée devait leur paraître bien dangereuse pour qu'ils suggèrent la formation d'une république d'Algérie, indépendante certes, mais « dans l'esprit du 13 mai », c'est-à-dire celui de la fraternisation.

Pour la mise sur pied de cette République et pour en prendre la tête, « l'homme susceptible de réaliser la cohésion des Européens et des Musulmans et dont la personnalité donnera à l'armée toute garantie de succès » devait avoir, non seulement de nombreuses qualités et des états de service, mais aussi être un « Algérien d'origine française ». Les quatre signataires du mémorandum placèrent leur choix sur ma personne. Roger Frey dépêcha à Alger, où j'étais installé, un émissaire, le capitaine Legros, qui arriva le 15 novembre à Maison-Blanche pour me transmettre le mémorandum. Je me suis suffisamment étendu sur cette question pour ne pas y revenir[1].

Je désirerais d'abord remarquer que cette proposition fut faite sans que le général de Gaulle s'y opposât. Ensuite, je trouve pour le moins curieux que, dans les souvenirs qu'ils ont publiés, ni Pierre Lefranc, ni Bernard Tricot n'en aient parlé. Pourtant, on ne saurait contester l'authenticité de ce mémorandum. Il a été établi à Matignon et Roger Frey m'a prié de venir, aux frais du gouvernement, en discuter avec lui le 15 décembre 1961, dans son bureau ministériel. J'ai tout lieu de penser que Leurs Excellences avaient bien réfléchi en me faisant cette ouverture pleine d'aléas. Je dois ajouter que M. Debré ne s'est jamais expliqué sur cette proposition et que M. Frey n'a pas été autorisé par

1. Relation étoffée dans *Ce que je n'ai pas dit*, Fayard (pages 163-179).

le Conseil des ministres, c'est-à-dire en fait par le général de Gaulle à déposer à ce sujet à mon procès.

Michel Debré était-il sincère en s'efforçant de mettre sur pied une solution permettant aux Français d'Algérie et aux Musulmans de retrouver la paix et de rendre à ces derniers la considération qui n'aurait jamais dû leur être discutée ? Plusieurs témoins de la rédaction du mémorandum m'ont affirmé que le Premier ministre aurait été angoissé par la tournure que prenaient les affaires d'Algérie. Obsédé par son retournement, il aurait tenté la solution de la troisième force. Il n'aurait été nullement dans ses intentions de me faire tomber dans un piège pour me discréditer aux yeux de mes compatriotes. De toute façon, il faut convenir des inquiétudes que donnait, à ses intimes, la politique du Général, qui se souciait peu du sort réservé aux Français d'Algérie, ces parias qui pourtant avaient versé leur sang sur tous les champs de bataille.

Les drames que la politique de l'Elysée avait engendrés troublaient de nombreux esprits. Cependant, en 1961, on eut l'impression que de Gaulle, devant l'inquiétude des Français d'Algérie, envisageait une solution originale assurant leur sécurité, l'indépendance éventuelle étant proclamée. Le 8 mai 1961, à l'occasion de l'anniversaire de la victoire de 1945, il prononce une allocution télévisée, au cours de laquelle, retenant, lors de l'autodétermination, la possibilité de sécession et de rupture avec la France, il se penche sur le sort des Français d'Algérie : « Mais alors, comme elle [la France] ne saurait, en aucune hypothèse, abandonner ses propres enfants et qu'elle a de toute manière les moyens de les protéger, elle regrouperait ceux des Algériens qui voudraient rester français, renverrait de son territoire ceux qui ne le voudraient pas et cesserait de consacrer aux populations qui l'auraient rejetée ses efforts, ses hommes et son argent. »

Le 12 juillet 1961, il sera plus net. Evoquant l'aide apportée par notre pays à l'Algérie indépendante, le Général assure que « serait assurée la coopération organique des communautés et garantis les propres intérêts de la France ». Le Général fait cependant une restriction : « Faute de cette association, il lui faudrait, en fin de compte, regrouper dans telle ou telle zone, afin de les protéger, ceux de ses habitants qui se refuseraient à faire partie d'un Etat voué au chaos... »

Le regroupement, c'est la partition, solution qu'Alain Peyrefitte estime raisonnable. Pourtant ce dernier n'ignore pas qu' « aux yeux de ses adversaires de droite, ne pas tout garder serait ne pas garder assez.

Pour ses adversaires de gauche, ce serait encore garder trop. Les Français d'Algérie s'y opposent parce qu'ils craignent que ça ne dure pas. Les Français de la métropole craignent justement qu'elle ne dure et ne les englue en Algérie sans mettre un terme à la guerre[1] ». La propagande du F.L.N. était bien habile pour « avoir réussi, remarque Peyrefitte, par l'entremise de ses alliés français — conscients ou inconscients —, à persuader l'opinion de l'impossibilité d'une solution que, pour sa part, il redoute par-dessus tout[1] ».

En juillet 1961, Alain Peyrefitte s'entretient, avec le général de Gaulle, de l'éventualité du regroupement. De Gaulle est irrité par le F.L.N. qui vient de rompre brusquement les pourparlers de Lugrin. Le Général admet les arguments que fait valoir Peyrefitte, à savoir que si la partition de l'Algérie n'était qu'une menace tactique, « elle n'aurait pas plus d'effet sur les rebelles qu'un revolver à bouchon... Elle devrait faire l'objet d'études précises et entraîner un *début de réalisation,* à tout le moins un mouvement d'opinions favorables ».

De Gaulle, ajoute Peyrefitte, « en quelques phrases sans réplique, montre que la partition permettrait de regrouper les Européens dont la plupart demeuraient déjà entre Alger et Oran ; que cette bande de terrain serait beaucoup plus facile à défendre...[2] ». Le Sahara, précise de Gaulle, pourrait être érigé en République autonome, ce qui permettrait de sauvegarder le pétrole et la poursuite des expérimentations nucléaires, comme nous l'avons déjà noté.

En juillet 1961, c'est-à-dire, notons-le, après le « putsch » des généraux, alors que la population européenne s'est dressée contre le pouvoir sous le sigle de l'O.A.S., que la politique de la France semble orientée définitivement vers l'indépendance, le Général incite Alain Peyrefitte à approfondir la solution de partition en écrivant des articles ; il lui demandera par la suite de publier un livre à ce sujet. La partition avait par conséquent l'accord de De Gaulle, de Michel Débré, tandis que — mais peu importaient leurs avis — Couve de Murville y était franchement hostile, tout comme Louis Joxe. Ces deux hommes pouvaient-ils admettre une solution autre que celle de l'indépendance ? C'est la question que l'on peut se poser.

L'ouvrage de Peyrefitte *Faut-il partager l'Algérie ?* parut en décembre 1961. *Le Monde* avait publié quatre articles de l'auteur à ce sujet, articles que la presse algérienne avait reproduits. La thèse de

1. *Faut-il partager l'Algérie ?,* Alain Peyrefitte (Plon).
2. *Historia* n° 400, mars 1980.

Peyrefitte fut examinée avec un vif intérêt. Il mettait l'accent sur le drame humain que revêtait le problème algérien, devant lequel s'effaçaient les aspects économique, stratégique, idéologique. Aucune solution ne pourrait triompher si elle n'avait pas le consentement du cœur. Enfin, un gaulliste se montrait compréhensif, sinon humain ! « Il faudrait pénétrer, écrivait-il, avec autant de compréhension l'âme blessée de nos frères musulmans que l'âme angoissée de nos frères européens... Il faudrait conjuguer la froideur d'un savant et la chaleur d'un ami... »

Elan du cœur émouvant que n'avaient pas coutume d'entendre mes compatriotes. L'aspect technique de ce livre permettait de mettre en exergue de nombreuses solutions et, si les analyses de l'auteur étaient parfois contestables, elles retenaient l'attention par leur sincérité et la documentation établie.

Quelle fut la réaction des Français d'Algérie devant cette solution de partition ? Alain Peyrefitte estime que « les Pieds-noirs, jusque-là farouchement hostiles à une pareille idée, s'y raccrochaient maintenant comme à une bouée de sauvetage ». C'était exact pour certains de mes compatriotes. Devant l'avenir sombre qui risquait d'être le leur, le partage était envisagé avec l'espoir de continuer à vivre sur la terre natale en toute sécurité. En revanche, après tant de mensonges, d'hypocrisie, d'autres se refusaient à accorder le moindre crédit à tout ce que pouvait déclarer de Gaulle. Même s'il avait été sincère, ils auraient douté. Non sans raison, car une fois encore, le Général ne l'avait pas été. Fin novembre, alors qu'il avait corrigé les épreuves de son livre, Alain Peyrefitte fut convoqué à l'Elysée : « Alors, lui dit de Gaulle sur un ton rude, on me dit que vous voulez publier un livre sur le partage de l'Algérie ? Mais ne savez-vous donc pas que cette solution n'en est pas une ? Elle ne tient pas debout. » Sur le pas de la porte, de Gaulle laisse tomber : « Ce que je vous demande, c'est de ne pas laisser entendre que je suis favorable à cette solution. »

A quelques mois d'intervalle, de Gaulle se contredisait sur un problème qui angoissait les Français d'Algérie. Peyrefitte venait d'être abusé. Son admiration pour le Général lui fera écrire que ce dernier « avait songé successivement, ou même simultanément, à la solution de partition », désireux seulement « de faire échapper au plus vite la France à la tragédie algérienne ».

Ces dernières lignes de Peyrefitte datent de mars 1980. Il est regrettable que ce dernier ait attendu tant d'années pour faire ces révélations. Le culte voué à la personne du Général passait avant le sort réservé aux Français d'Algérie. N'aurait-il pas dû enlever leurs illusions aux moins sceptiques d'entre eux ? Illusions qui, du reste, seront éphémères lorsqu'on se rendra compte qu'aucune mesure n'était envisagée ou prise pour donner consistance au projet de partage. Comment penser que nous puissions oublier que l'on ait pu se jouer de notre sort avec autant de cynisme ?

De quelle façon le conseiller de De Gaulle jugeait-il la partition ? Bernard Tricot écrit : « Négocier avec le F.L.N. était-il pourtant la seule voie possible ? On pouvait en imaginer d'autres, mais ce n'étaient pas de véritables solutions. C'étaient soit des pis-aller en cas d'échec des pourparlers, soit des formules d'attente, si la négociation ne se nouait pas. L'idée d'un partage de l'Algérie, dans le cas où une solution d'entente ne pourrait pas être dégagée, n'était pas écartée. Ce pourrait être une menace à l'efficacité de laquelle pour ma part, je croyais assez peu. »

Evoquant ensuite l'idée de partage où, dans les zones européennes, se trouveraient des enclaves pro-F.L.N., comme Tiaret ou Tlemcen, Bernard Tricot était sceptique sur cette solution, compte tenu des « causes anciennes d'opposition, parfois de haine, entre Européens et Musulmans ». Cette haine, seuls les fidèles lecteurs de publications à tendance progressiste, seuls les hommes n'ayant jamais vécu en Algérie, la croiront solidement implantée dans les esprits. Ils bâtiront une politique établie sur des idées fausses. Ce sont eux qui détermineront le sort de mes compatriotes, les Français d'Algérie, sans tenir compte de l'avis des élus, européens ou musulmans. C'est ainsi qu'avec des idées préconçues sera décidé l'avenir d'une province française.

Et que d'ambiguïtés chez de Gaulle décidément ! Etait-il, comme l'a écrit R. Tournoux, « le parangon de la contradiction permanente [1] » ? Tandis que selon le général Ely, de Gaulle se serait davantage trompé qu'il n'aurait trompé [2]. Ce sont les Français d'Algérie qui seront les victimes des volte-face continuelles de la politique élyséenne.

Le Général commettra une lourde erreur lorsqu'il accordera sa confiance aux dirigeants du F.L.N. qui affecteront à Evian d'entériner des accords devenant, dès la proclamation de l'indépendance, des chiffons de papier. A moins que, non dupe du jeu subtil des rebelles, il ait estimé que l'approbation du peuple français, tout comme celle de

1. *La Tragédie du Général, op. cit.*
2. *Jamais dit,* J.-R. Tournoux (Plon).

l'opinion internationale, constituaient des atouts, justifiant l'aspect machiavélique de l'opération.

Revenons légèrement en arrière.

Le 11 avril 1961, de Gaulle, au cours d'une conférence de presse, ouvrait les yeux des plus incrédules. Il parlait de l'Etat algérien : « Cet Etat, déclarait-il, sera ce que les Algériens voudront. Pour ma part, je suis persuadé qu'il sera souverain, au-dedans et au-dehors. Encore une fois, la France n'y fera aucun obstacle. » Le général Challe dira, dans ses Mémoires, que sa décision fut prise après « avoir entendu l'homélie inhumaine [1] ».

On sait que, dans la nuit du 21 au 22 avril 1961, une révolte militaire éclata. Elle a donné lieu à de nombreux récits, rédigés par des hommes qui ont généralement suivi les événements tragiques d'Algérie en se basant uniquement sur les informations officiellement diffusées, c'est-à-dire d'une insupportable partialité. Certains ont interrogé des témoins sans responsabilité, plaçant ainsi dans la bouche des personnages des paroles jamais prononcées, quand ils n'ont pas rapporté de prétendues rencontres clandestines. Ils ont ajusté sur la figure des hommes un masque qu'illustrait une légende, éclairant leurs réactions et leur comportement tout au long de leurs récits.

Qu'importe si cette légende ne correspondait pas à la réalité ! Elle donnait une impression de connaissance profonde du caractère des acteurs, loués ou rabaissés souvent sans mesure. Je peux me permettre ces critiques, ayant participé à cette entreprise et ayant été témoin de son malheureux développement.

Le 22 avril fut-il marqué par un putsch, une révolte ? Je crois plus exact le terme de « fronde » dont Jean Planchais l'a qualifié. Putsch ? Le Petit Robert en donne la définition suivante : « Soulèvement, coup de main d'un groupe politique armé, en vue de prendre le pouvoir. » La Fronde du 22 avril avait-elle l'ambition de prendre le pouvoir ? Pour ce faire, il eût été indispensable de bénéficier d'un solide appui politique et d'avoir de même des intentions politiques hautement exprimées. Tel n'était pas le cas. Le général Challe, qui avait accepté la responsabilité de prendre la tête du « quarteron [2] »,

1. *Op. cit.*

2. « Quarteron de généraux en retraite »... C'est ainsi que furent qualifiés les quatre chefs de la Fronde. Le terme de « quarteron » devait plaire à de Gaulle, qui l'avait déjà employé, le 3 décembre 1942, à Londres. Dans un discours, il fustigeait « un quarteron d'hommes qui symbolisent [à Vichy] la capitulation... »

limitait ses intentions à parachever la pacification de l'Algérie, qu'il « remettrait sur un plat d'argent à la France ».

La Fronde n'a duré que quatre jours. Aux premières heures du mouvement, le succès inespéré, à Alger, sans effusion de sang, autorisait tous les espoirs. Près de deux divisions de troupes aguerries se ralliaient au général Challe. La population musulmane conservait un calme de bon aloi. L'armée avait pris le pouvoir, elle qui représente la force, « une des manifestations de Dieu sur la terre », nous dit Abou Saïd, commentateur du Coran, qui ajoute : « Respectez la force. La loi musulmane enseigne le respect du plus fort, quel qu'il soit, car la force vient de Dieu. »

Une partie importante des unités combattantes s'était révoltée, attitude exceptionnelle de la part d'hommes qui n'avaient pas pour habitude de manquer au loyalisme, cette vertu cardinale des soldats à laquelle, rappelait le maréchal Juin, les Césars de la Rome antique s'empressaient de dresser des autels. Comment et pourquoi des soldats, comblés d'honneurs ont-ils pu se dresser contre la politique suivie par le gouvernement légal ?

On a condamné l'insubordination de l'armée au cours des journées historiques d'avril 1961. Il semble bon de se pencher sur les causes profondes de cette révolte.

La guerre, a dit Clausewitz, est la continuation de la politique par d'autres moyens. Formule qui, à notre sens, ne saurait s'appliquer à une guerre révolutionnaire où, au contraire, la politique jusqu'alors suivie doit être radicalement abandonnée. Pour s'engager dans une voie nouvelle, il faut d'abord rétablir l'ordre et, ce faisant, maintenir la confiance que la population peut accorder aux dirigeants du pays. C'est à l'armée que l'on demande de pacifier : c'est son rôle. Mais, présente partout, dans les villes, les villages et les djebels, souvent seule dépositaire de l'autorité officielle, elle vit avec la population, la défend contre la violence de ses coreligionnaires en dissidence, se penche sur ses problèmes, tente d'améliorer son sort. En un mot, comme l'écrit Nicolas d'Andoque[1] : « C'était donc la guerre. C'était aussi la paix. Nous étions là-bas des soldats de guerre et des soldats de paix. Nous devions être à la fois des pacificateurs et des bâtisseurs. »

Dans ces guerres révolutionnaires, la population, terrorisée par les

1. *Guerre et Paix en Algérie,* Nicolas d'Andoque (Société de production littéraire).

rebelles, ne se rangera à leurs côtés que si elle sent faiblir la volonté du pays qui la protège. A qui revient le soin de la rassurer, de s'engager au nom de la nation, dans les villages du bled en particulier, sinon à l'armée ? Il ne saurait en être autrement. L'officier, dès lors, met en jeu son honneur. Cette parole donnée le conduit à suivre attentivement l'évolution de la politique. Il ne peut donner des assurances, démenties le lendemain par le pouvoir, sans perdre son crédit et sa dignité. Selon un mot célèbre : « On ne peut demander à un soldat de faire du parjure son pain quotidien. »

C'est ce qu'auraient dû comprendre ceux qui avaient la charge de gouverner le pays, en ordonnant aux officiers de le pacifier, de rétablir la confiance et, pour ce faire, de s'engager personnellement auprès des populations indigènes. Le jour où ces officiers se rendront compte qu'ils ont été abusés, ils se révolteront.

Ces officiers ne pouvaient accepter qu'on les fasse combattre, alors que le gouvernement était décidé à satisfaire les revendications de l'ennemi. Pouvaient-ils admettre d'être attaqués à Paris, sans protestations du pouvoir, alors qu'ils ne faisaient que se conformer à ses ordres ? Le cœur de l'armée avait déjà saigné en Indochine, où ses cadres avaient connu des situations souvent atroces et meurtrières. Beaucoup d'entre eux s'étaient juré de ne plus accepter le déshonneur d'avoir abandonné au Tonkin des populations catholiques qui nous étaient restées fidèles. Humiliation au spectacle du drapeau viêt-minh remplaçant nos couleurs.

Pour quels motifs risquaient-ils leur vie ? « Ce n'est rien de mourir, a dit le R.P. Delarue, aumônier du 1er R.E.P., mais ce qui est terrible, c'est de ne savoir pour qui et pour quoi on meurt, ou encore d'avoir la certitude de mourir pour rien. » Risquer sa vie, pour un officier, est chose normale ; mais engager celle de ses hommes pose un problème de conscience, si l'on a le sentiment de l'inutilité du sacrifice demandé. A Pierre Messmer, ministre des Armées, qui, s'adressant aux officiers du 1er R.E.P., leur disait qu'il était possible que nous ne remportions pas un succès aussi éclatant, dans la guerre d'Algérie, sur le plan politique que sur le plan militaire, le capitaine Sergent répliquait : « Si je comprends bien, monsieur le Ministre, pour reprendre une phrase célèbre, vous nous demandez de gagner une bataille, mais de perdre la guerre ? » Le ministre lui répondait : « Ce que l'on vous demande, c'est de faire la guerre, de détruire les rebelles.

Pour le reste, ne cherchez pas à comprendre, cela vous dépasse[1]. »

Faut-il s'étonner, dans ces conditions, du grave incident qui éclatera au sein du 1er R.E.P. en janvier 1961 ? Pour qui connaît la discipline farouche qui règne dans les unités de la Légion, cette fronde prit l'allure d'un avertissement qui ne saisit pas le haut commandement. Des opérations, nous dit Pierre Sergent, devaient se dérouler dans la vallée de l'oued Soudan. Pour la première fois, depuis le début des guerres d'Indochine et d'Algérie, trois commandants de compagnies de légionnaires parachutistes, qui n'avaient cessé de se battre depuis des années, refusaient de partir en opération[2].

« Les questions que se posaient les cadres du 1er R.E.P., écrit Sergent, étaient toujours les mêmes : le drapeau du F.L.N. va-t-il flotter sur les départements français d'Algérie ? Après avoir été vaincu sur le terrain, le F.L.N. entrera-t-il en vainqueur dans Alger ? Que vont devenir les populations de souche européenne ? Et les populations de souche musulmane qui avaient cru aux promesses de l'armée ? L'armée sera-t-elle donc éternellement vaincue, éternellement parjure ? »

Quelle valeur a-t-il, cet argument de parole donnée, spécieux selon certains hommes politiques, qui n'ont généralement jamais quitté leurs bureaux parisiens ? Prétendu serment, pour ces antimilitaristes de tout bord, qui aurait servi de justification à la révolte d'avril 1961. Cependant, le refus du parjure a marqué de nombreuses pages de notre histoire militaire d'outre-mer. Le général Lyautey répondait au président du Conseil qui, en 1914, lui donnait l'ordre d'évacuer le Maroc : « Signale que je me suis engagé personnellement et, au nom de la France, et que je leur ai donné [aux Marocains] ma parole que nous ne les abandonnerions pas. Je ne pourrai, sans manquer à l'honneur, procéder à la mesure que vous exigez. »

Est-il possible de faire comprendre à des politiciens qui se déjugent tout au long de leur carrière, en faisant des promesses qu'ils savent ne pouvoir tenir, que certains n'ont pas la même conception qu'eux de la parole donnée ? Car l'homme d'action, a rappelé Alfred de Vigny, « écrit sur la poussière avec son sang ».

Avec son sang ! Connaît-on le sacrifice de jeunes officiers au cours d'une période récente ? La proportion de saint-cyriens tombés au champ d'honneur, par rapport à l'effectif des promotions, pour quatre d'entre elles prises au hasard, est la suivante :

1. *Ma peau au bout de mes idées,* Pierre Sergent (La Table Ronde).

2. Rappelons que la Légion a perdu : en Indochine : 309 officiers, 1 082 sous-officiers, 9 092 hommes de troupe ; en Algérie (jusqu'au 1er mars 1961) : 63 officiers, 264 sous-officiers, 1 528 hommes de troupe.

— « Veille au drapeau » (1943), 1 sur 5,
— « Du Nouveau Bahut (1947), 1 sur 9,
— « Rhin et Danube » (1949), 1 sur 6,
— « Franchet d'Esperey » (1957), 1 sur 11.

Quels sont les corps de l'Etat, les grandes entreprises industrielles, les administrations qui accepteraient un pareil martyrologe ? Avant de critiquer, sinon parfois discréditer ou insulter l'armée, encore faudrait-il avoir la décence de s'incliner devant la noblesse des sentiments qui animent des hommes, n'hésitant pas à risquer leur vie pour l'honneur.

Cet impôt du sang était admis, lors de la guerre d'Algérie, à condition d'être certain de la volonté de la France de ne jamais abandonner les populations de ce pays. On avait assuré aux cadres, par la voie des plus hautes autorités civiles et militaires, qu'il était exclu de brader cette province. En particulier dans sa directive du 26 juin 1957, le général Ely, chef d'état-major général des armées, mettait l'accent sur l'action psychologique :

« Dans une guerre où une propagande habile peut transformer une victoire en défaite et inversement, il est essentiel de mener une action psychologique concrète, visant à des buts précis... Dans les prochains mois, le but à atteindre dans ce domaine est triple :

« 1. Rompre la tentation de lassitude des exécutants en les convainquant de la " détermination " du gouvernement et du commandement pour restaurer la confiance et dissiper la hantise de l'Indochine.

« 2. Convaincre la population musulmane, d'une part, *de la volonté de la France d'affronter pendant tout le temps qu'il faudra la guerre qui lui est imposée et de la gagner,* d'autre part, de sa loyauté dans la recherche d'une solution généreuse.

« 3. ... »

Ce texte comportait un préambule essentiel :

« Le but à atteindre doit être précis, sans équivoque, à tous les échelons du commandement ; en face de l'effort adverse, *il s'agit non pas de tenir, mais de gagner, non pas de durer, mais de remporter la décision.* »

Cette directive est d'une netteté incontestable. Elle correspondait aux vœux des officiers qui hésitaient à risquer la vie de leurs hommes pour une lutte pouvant conduire, par découragement, à la victoire des rebelles. Cependant la politique avait bien évolué entre 1957 et 1961. Le doute de défendre une cause sacrée se précisait. *Le Monde* du 8 décembre 1960 publiait la déclaration d'un officier de l'état-major du général Crépin : « L'armée, disait-il, a le sentiment d'être trahie.

Bon nombre d'officiers n'ont plus confiance dans le gouvernement. Ce ne sont plus des explications qu'ils attendent, mais des actes. Rien n'a été fait contre la trahison en métropole. Si ces hommes devaient affronter de nouvelles épreuves de conscience, s'ils devaient avoir à choisir entre le pouvoir parisien et ceux qui se dresseraient contre lui, je ne puis affirmer que les exigences de la discipline suffiraient à les conserver dans le chemin de l'obéissance. »

Cette déclaration contenait toute l'angoisse des officiers et la décision de nombre d'entre eux de ne pas subir, sans réactions, la honte du parjure.

La Fronde d'avril 1961 a subi un échec par suite de l'attitude hostile du contingent. C'est en partie exact. En partie seulement, car les régiments de parachutistes, ralliés au général Challe, comprenaient quatre-vingts pour cent d'appelés. Ces derniers, qui avaient laissé bien des leurs dans les djebels et qui combattaient depuis de longs mois, suivirent leurs chefs sans aucune hésitation. Mieux, lorsque les paras du contingent apprirent que les généraux venaient d'abandonner, il fallut l'autorité naturelle de leurs chefs pour les empêcher de marcher sur Alger, afin de tenter de reprendre la situation en main.

Quelle valeur accorder au contingent ? Dans son ouvrage, *Nous, les appelés d'Algérie,* J.-P. Vittori, dont les sentiments paraissent loin d'être favorables à l'Algérie française, souligne qu'en fonction des témoignages recueillis, les paras formaient une élite qui combattit magnifiquement. « Les paras, écrit-il, c'est quelque chose ! L'école du courage, celle des " couilles au cul ". Sous l'uniforme bariolé, ils se sentaient plus forts, plus beaux que les autres », et il ajoute : « Car l'assaut d'un piton bien défendu est désormais une exclusivité parachutiste... » Quatre-vingts pour cent des paras sont des appelés, reconnaît J.-P. Vittori. Il est un fait, c'est que les paras se sont bien battus. Ils forment au tableau d'honneur des appelés mortellement blessés, une cohorte importante parmi les glorieux disparus. Ils ont droit à un hommage particulier.

Le fantassin, dit le même auteur, paraît aussi emprunté que le para est sûr de lui. Etait-ce entièrement sa faute ? On doit remarquer, tout d'abord, que l'encadrement de la troupe normale était largement inférieur à celui des unités parachutistes en qualité et en quantité. Avait-on, d'autre part, expliqué à ces jeunes gens, avant leur départ pour l'Algérie, les raisons du combat ? Les Américains, qui envoyaient en Europe ou en Extrême-Orient leurs G.I. se battre, les préparaient par brochures et tracts qui développaient le thème :

« Pourquoi nous combattons ? » Il n'en était pas de même en France.

Aussi les appelés arrivaient-ils en Algérie trop souvent sensibilisés par une propagande défaitiste, qui ne leur avait présenté que d'atroces récits de mutilations, d'embuscades meurtrières, de soldats défigurés. Des sentinelles, rappelle J.-P. Vittori, « terrorisées par la peur du couteau des rebelles en arrivaient à tirer sur une ombre, au risque d'une cruelle méprise ». Ces appelés seraient revenus d'Algérie psychiquement atteints, au point qu'un agriculteur du Lot-et-Garonne, après six mois passés en Algérie, « n'a pu surmonter les difficultés du retour et le découragement », n'ayant pas eu « le courage de se remettre à l'œuvre[1] ». Quelles peuvent être les réflexions des Rapatriés qui, à un certain âge, ont dû, bien qu'arrivés dans le dénuement le plus total, refaire sans aide particulière leur vie en métropole ? Ils avaient toujours eu, il est vrai, de l'énergie, du courage et le goût du travail.

En fait, l'exagération est délibérément voulue, ne serait-ce que pour accuser la guerre d'Algérie de tous les drames de conscience, de toutes les défaillances psychiques qui seraient dues aux combats. Guerre d'Algérie injuste, puisqu'elle avait pour but de maintenir dans leurs privilèges, sur leur sol natal, des Français de seconde zone. A cette fin, J.-P. Vittori reprend tous les slogans chers aux admirateurs du F.L.N. : verre d'eau que l'on a fait payer, interdiction de manger une orange cueillie sur un arbre, mépris affiché par les riches propriétaires faisant coucher les appelés dans des greniers où le froid était vif, tandis qu'eux se prélassaient au chaud dans des pièces luxueusement meublées.

On ne saurait reprocher leur attitude à certains appelés, qui se sont refusés à suivre un mouvement de révolte, si les mobiles qui les inspiraient ne manquaient pas de noblesse. Ils agissaient selon leur conscience, par respect de la loi républicaine, même si cette obéissance conduisait à l'abandon d'une province française. En revanche, on ne peut que déplorer le comportement, dicté trop souvent par des considérations politiques, d'autres appelés, trouvant ainsi l'occasion de manifester leur antimilitarisme. On ne peut faire de l'antimilitarisme primaire, ironiser sur les vertus civiques des citoyens dans les écoles, lycées, universités, et dans la presse, sans que ne se manifestent un jour des conséquences sur le plan national.

1. *Nous, les appelés d'Algérie,* J.-P. Vittori (Stock).

Est-il possible de faire clamer à des hommes que leurs premières balles seront pour leurs généraux, sans créer des mouvements d'indiscipline dans de graves circonstances ? Il y eut même, en Algérie, des menaces de mutinerie à l'instar de ce qui s'était passé en mer Noire. Toutefois, ces troubles furent très limités. Cependant, il est navrant de constater que l'espoir d'un retour rapide dans leurs foyers, de la « quille », ait conduit de trop nombreux hommes à marquer leur désapprobation, sinon leur animosité, aux Français d'Algérie.

L'attitude de certains appelés fut tout simplement scandaleuse. On en verra, hilares, haineux, insulter les Pieds-noirs aux contrôles officiels. Aux « bras d'honneur » succédaient les insultes en présence de leurs officiers qui, par prudence, préféraient ne pas réagir, par crainte d'une dénonciation anonyme aux services de la Sécurité militaire, dont l'action fut loin d'être dénuée de sectarisme.

Bien que les réactions d'une partie du contingent ne fussent pas particulièrement brillantes, d'autres appelés, indépendamment des parachutistes, firent leur devoir avec courage. On ne saurait nier que de nombreux jeunes soldats se distinguèrent dans les commandos de chasse ou dans les unités de protection. On doit leur rendre hommage et ne pas oublier les 6 059 appelés du contingent qui tombèrent au champ d'honneur. Ils méritent notre respect et notre reconnaissance [1].

Les officiers ayant participé à la Fronde ne furent guère épargnés. On les traita d'abord de « factieux », c'est-à-dire « d'hommes exerçant contre le pouvoir une opposition violente ». Ce qualificatif fut rapidement abandonné, car d'une part, c'est bien une opposition violente qui avait placé de Gaulle à la tête de l'Etat et, d'autre part, le Général, au cours d'une conférence de presse, le 19 mai 1958, avait reconnu que les généraux qui se dressaient contre le pouvoir n'étaient pas des factieux. Ils devinrent alors des « fascistes », accusation qui « risque alors de devenir, comme le note justement Henri Lemaire [2], plutôt qu'un réflexe légitime de défense des libertés, l'alibi de l'impuissance intellectuelle et politique... Quand on est incapable de

1. Tués au combat en Algérie, du 1er novembre 1954 au 2 février 1962 : 17 456 hommes (officiers, sous-officiers, soldats), dont 5 966 par accidents de circulation. Appelés : 6 059. Chiffres officiels donnés par le général Jacquin (*Historia Magazine*, nº 212).

2. *Les Fascismes dans l'Histoire*, Henri Lemaire (Editions du Cerf).

penser correctement une situation politique révolutionnaire et que l'on préfère s'abandonner à la passion politique la moins contrôlée ».

Les adversaires du maintien de notre drapeau en Algérie furent contraints d'abandonner le qualificatif de « fasciste », mot doué d'on ne sait quel pouvoir de détestation magique, sorte d'anathème passe-partout, lorsqu'ils s'aperçurent que le commandant Hélie de Saint-Marc avait été déporté, alors que, encore adolescent, il militait dans la Résistance. Ce fut un étonnement pour eux d'apprendre que le colonel Godard avait servi, avec éclat, dans le Vercors, que Bonnel, Ysquierdo, Bonelli, avaient connu les camps de concentration de leurs amis du Viêt-minh, que d'autres avaient combattu les armes à la main, et non en parlotes, dans des réunions plus ou moins secrètes, les nazis en Tunisie, en Italie et de la Provence jusqu'au Danube.

Certains dirigeants politiques qui les calomniaient auraient dû se souvenir qu'à une certaine époque, la prudence les avait conduits à ne manifester leurs sentiments d'authentiques résistants qu'après le débarquement de juin en Normandie, tandis que d'autres avaient trouvé plus expédient de travailler en Allemagne dans des usines réparant des Messerschmitt qui engageaient le combat contre les avions alliés survolant le territoire nazi. Cependant, des obstinés, au mépris de toute évidence, persistent, avec l'excuse d'ignorer le sens des mots par précoce débilité mentale, à traiter de fascistes les officiers, animés d'une haute conscience du devoir [1].

Ce fut ensuite le qualificatif de « félons » qui leur fut appliqué. Félon ! quelle définition le Petit Robert en donne-t-il ? : « Qui agit contre la foi due à son seigneur ; un vassal félon. » Nous aurions donc agi contre la foi due à de Gaulle ? Lui-même n'avait-il pas manqué au devoir d'obéissance en quittant le sol de sa patrie pour poursuivre, il est vrai, la lutte contre l'ennemi, alors que le chef légal et légitime de l'Etat, un maréchal de surcroît, avait ordonné de déposer les armes ? Qui oserait lui reprocher son geste ? A juste titre, sa volonté de

1. Les hommes politiques ont facilement l'injure calomnieuse à la bouche. Ainsi, au cours des séances des 29 novembre et 3 décembre 1947, à l'Assemblée nationale, Jules Moch, ministre de l'Intérieur, était traité par les communistes de « premier flic de France », de « tire-bouchon », de « Judas vendu », d' « émule de Goebbels ». Claudius-Petit, Compagnon de la Libération, devenait un « hitlérien », un « fasciste ». Le parti socialiste n'était pas épargné. Les socialistes étaient, selon Florimond Bonte : « des révolutionnaires en peau de lapin », et Charles Tillon renchérissait, « en peau d'hitlérien ». Maurice Thorez, de son côté, insultait François Mitterrand, ministre des Anciens Combattants : c'était un provocateur, qui parlait comme Goering. Qui aurait osé parier, ce jour-là, que par la suite serait formé un gouvernement socialo-communiste sous l'autorité de François Mitterrand ?

continuer le combat, bien que les chances de succès fussent minces, lui valut l'admiration de ses concitoyens.

Les mobiles qui animaient les révoltés d'avril n'étaient-ils pas aussi empreints de l'esprit de sacrifice ? Toutefois, ce terme de « félon » peut faire sourire lorsqu'il est employé par des hommes qui croient ainsi, par la calomnie, se disculper de la condamnation morale qui pèse sur eux pour avoir criminellement soutenu l'action de l'ennemi en temps de guerre.

Les officiers qui ont brandi le flambeau de la révolte pour ne pas se parjurer ne seront pas les seuls à être traités de félons à notre époque. Jules Moch, qui semble un précurseur en la matière, emploie déjà ce terme en 1942[1]. A l'égard de qui ? Non pas de ceux, dont je salue au passage le courage et la lucidité, qui avaient organisé le complot réussi de novembre 1942, mais des généraux et amiraux, obéissant aux ordres du gouvernement légal et au Maréchal, chef de l'Etat français. L'attitude de ces derniers que fustige Jules Moch pour « s'être opposés à coups de canon » aux Américains est certes regrettable. Mais pour autant, étaient-ils, ces chefs, des félons ?

Le 13 mai 1958, des généraux, des amiraux, des colonels se sont bien dressés avec résolution contre le pouvoir légal en place. Qui pouvait alors mériter l'épithète de félon ? Les militaires ou les politiques qui les avaient incités à la révolte et qui avaient soutenu leur action ? Parmi ces derniers, figure un nom trop célèbre pour que l'on insiste à ce sujet. Combien d'hommes éminents auraient pu être qualifiés de « félons » au cours de l'Histoire ? César, franchissant le Rubicon, Cromwell, ce puritain fanatique faisant exécuter son roi Charles Ier, Bonaparte mettant fin à l'existence du Directoire le 18 Brumaire, les maréchaux d'Empire, servant sous le drapeau fleurdelisé de Louis XVIII et ralliant l'Empereur au retour de l'île d'Elbe...

Choix dramatique entre les devoirs de soldat, soumis aux règles impératives de l'obéissance et la conscience. Eternel conflit entre les « lois écrites de Créon » et les « lois non écrites » dont parlait Antigone.

Ce qualificatif de félon est aujourd'hui réservé aux seuls officiers français par de hautes consciences progressistes. Les estimant, avec naïveté peut-être, très sincères dans leurs convictions, je pense

1. *Paix en Algérie,* Jules Moch (Robert Laffont).

qu'elles n'hésiteraient pas à dénoncer la félonie dans les pays où les hommes ont pris le pouvoir par la force. Dans cette hypothèse, je leur suggère une série de conférences ou de meetings sur ce thème, concrétisé par des exemples récents.

Ces censeurs impitoyables pourraient, tout d'abord, rappeler comment au Portugal Salazar a pris la tête de l'Etat. Madrid n'est pas très éloigné. Belle occasion pour dénoncer en public la « félonie » du général Franco. Alger est à quelques minutes de vol. Ce serait une occasion unique de rassembler les foules et de rappeler que Ben Bella fut renversé par un coup d'Etat militaire, à la tête duquel se trouvait le colonel « félon » Boumediene. J'ignore quel accueil serait réservé à ces missionnaires, mais ils peuvent être incités à s'arrêter quelques heures à Tripoli pour rappeler le cas du roi Idrīs, dépossédé de son trône par le colonel « félon » Kadhafi. Plus à l'est, au Caire, ils auraient à évoquer le roi Farouk détrôné par une conspiration militaire, dirigée par le colonel Gamal Abdel Nasser.

Pourquoi ne pas poursuivre, et défendre le droit des peuples à disposer d'eux-mêmes, dénoncer toute intervention étrangère en Tchécoslovaquie, en Pologne, en Hongrie, sans toutefois pousser jusqu'en Afghanistan, où toute parole malheureuse risquerait de leur créer de gros ennuis ? Pourquoi ne pas profiter du voyage pour fustiger le terrorisme de l'O.L.P., des services secrets bulgares, et s'arrêter toutefois à ce stade pour ne pas trop gêner l'action du Quai d'Orsay, qui se doit d'entretenir de bonnes relations diplomatiques avec tous les chefs d'Etat, hier « félons », aujourd'hui reçus avec éclat dans les capitales ?

8.

Vers l'indépendance

La Fronde d'avril 1961 avait été accueillie par les Français d'Algérie avec une joie profonde. La population vibrait d'enthousiasme à la pensée que l'armée allait imposer à la France une solution tenant compte des aspirations légitimes des Européens et des Musulmans.

La Fronde fut éphémère. Après un succès initial inespéré, les centurions, la mort dans l'âme, étaient contraints d'abandonner Alger pour leurs djebels. Déjà, dans la dernière soirée où elle s'était rendue au Forum, la foule angoissée entendait résonner, de plus en plus sourd, le piétinement des légions, en marche vers un sombre destin.

L'Algérie française avait-elle vécu ? On pouvait le craindre, car aucune force ne semblait pouvoir arrêter l'inexorable et vulgaire abandon que le pouvoir préparait. Pour de trop nombreux métropolitains, les Musulmans, dans leur quasi-totalité, exigeaient l'indépendance. C'est ce que leur répétaient des observateurs politiques, s'appuyant sur des contacts qu'ils avaient eus avec des Musulmans, dont ils ne mettaient pas en doute la sincérité. Toutefois, ces journalistes ne s'adressaient généralement qu'à des gens d'Alger, ville qui constituait un cas particulier.

Il y a quelques années, au cours d'un colloque auquel je participais, le général Challe faisait remarquer à Jean Daniel qu'un commandant en chef, avec ses quarante mille antennes dans le pays, était mieux informé que lui, malgré ses déplacements entre Tunis et Alger. On ne saurait contester la qualité des informations au niveau le plus élevé.

Les Européens, un instant démoralisés par l'échec des généraux, se résoudraient-ils, sans réagir, à accepter le sort funeste qu'on leur réservait ? Certainement pas, car les bradeurs d'Empire avaient minimisé la volonté farouche de la population européenne de se refuser à l'exil.

A la Fronde allait succéder l'insurrection.

Cette insurrection prit une forme violente. Tout concourait à la démesure : le péril qui menaçait les Européens d'Algérie, les humiliations qu'ils subirent après la Fronde, le comportement brutal des forces de l'ordre, les arrestations arbitraires [1], les camps de concentration pour les uns, la prison pour les autres, les expulsions sans justification. Mes compatriotes allaient se révolter sous le sigle de l'Organisation armée secrète (O.A.S.).

Qu'était l'O.A.S. ? Quelques milliers d'hommes, courageux, décidés, prenant les armes pour défendre leur terre natale ? Non, et les métropolitains persistent encore dans leur erreur, c'était toute une population qui se dressait unie derrière des chefs, dont ils acceptaient l'autorité. Ce n'est pas par crainte que mes compatriotes se rangeaient à leurs côtés, mais plus simplement par sentiment de révolte. Sentiment qui anime les hommes lorsque, face à un pouvoir inhumain, insensible à leur avenir qu'ils pressentent cruel, ils ne voient dans le recours à l'action que le seul moyen de défense dont disposent les opprimés.

A la lutte contre l'oppression, chacun participa selon ses possibilités. Ce fut le sursaut d'un peuple et les plus actifs des combattants furent souvent les humbles [2]. Bientôt, la Résistance s'organisa. Rues, immeubles, quartiers furent structurés, tout comme les administrations, syndicats, professions libérales. Les clandestins se trouvèrent ainsi en sécurité au milieu d'une population animée d'une détermination farouche. Malgré les risques encourus, chaque foyer considéra comme un honneur d'avoir le privilège d'en abriter avec simplicité, mais non sans affectueuse reconnaissance.

1. Notons l'arrestation de quatorze notables à Oran, dont l'archiprêtre Carmouze, de la cathédrale, âgé de soixante-treize ans (opération « gratin »). Menottes aux mains, ils seront conduits au camp de concentration d'Arcole. Lorsque les gendarmes se présenteront au domicile du quatorzième, le docteur Maurice Parienté, la famille leur fera part de l'inutilité de leur démarche : le docteur était mort depuis vingt-deux mois !

2. Recours contre l'exil ! Certains hommes ont compris le désarroi des Français d'Algérie que l'exil attendait. Ainsi Christian Fouchet, haut-commissaire, traversant Oran en avril 1962, a été ému en voyant « un homme âgé, pauvrement vêtu », croisant son regard avec le sien. « J'y lus, a-t-il écrit, une tristesse et une stupéfaction qui m'émurent. Pauvres compatriotes ! Après tout, peut-être qu'à leur place, j'aurais agi comme eux... Mais j'étais ici pour servir l'Etat. » (*Au service du général de Gaulle,* Christian Fouchet, Plon).

A notre Résistance participèrent de fait ou de cœur tous mes compatriotes. Les hommes politiques qui croient pouvoir faire une distinction entre la majeure partie des habitants, qu'ils estiment avoir été terrifiés par les menaces de l'O.A.S., des chefs qui dirigeaient l'insurrection, commettent une erreur totale. Leur habituel sectarisme les empêche de discerner pleinement les liens indissolubles qui nous unissaient les uns aux autres.

Si ces politiques en doutent, qu'ils se reportent au débat sur l'amnistie, en novembre 1982, où fut déposé un amendement excluant les officiers généraux du bénéfice de la loi. Profond dut être leur étonnement en constatant l'indignation des Rapatriés. Ils n'avaient pas compris que les Pieds-noirs ont été unanimes à acclamer ceux qui s'opposaient, en avril 1961, à l'abandon de leur pays et que, devenue le seul recours contre l'exil, l'O.A.S. symbolisait l'honneur d'un peuple qui se révoltait contre l'injustice et l'ingratitude et refusait « pour sauver sa vie de perdre les raisons de vivre ».

Francine Dessaigne, l'auteur de l'inoubliable *Journal d'une mère de famille pied-noir*[1], écrivait : « Nous sommes tous des généraux du putsch, car, en ce 22 avril 1961, c'est une population tout entière qui pleurait, priait, chantait un fol espoir retrouvé. Ce fut le dernier. Marchander la paix à ces hommes, vingt ans après, c'est nous la refuser. » Le journal *France-Horizon* titrait, après le vote de la loi : « Le plus beau cadeau de Noël : l'honneur des généraux. »

Toutes les associations de Rapatriés unirent leurs protestations à celles des « Maisons de Pieds-noirs », des Amicales, des Cercles algérianistes. En particulier, le Comité d'action et de liaison des Rapatriés, regroupant les sept associations officiellement reconnues, présentait, le 26 octobre 1982, une motion qui traduisait « la stupéfaction et l'amertume des Rapatriés à l'annonce du vote de l'Assemblée nationale, dénaturant le projet de loi gouvernemental sur l'amnistie totale, défendu avec cœur par le secrétaire d'Etat, Raymond Courrière ». Le mouvement « Recours » manifesta de même son indignation.

Les Rapatriés se sentaient blessés dans leur dignité. Dans *L'Echo de l'Oranie,* Marcel Pittard écrivait au sujet des élections municipales : « Aucune voix pied-noir ne doit aller à ceux qui ont refusé l'amnistie. Je pense particulièrement à l'attitude de M. Barre qui, seul député de l'opposition, a mêlé par deux fois sa voix à celle des communistes pour nous refuser cette justice tant attendue, tout d'abord contre la loi

1. L'Esprit nouveau.

générale d'amnistie, ensuite contre la réhabilitation des généraux... Il [Barre] se croit une destinée nationale... Il trouvera toujours devant lui l'obstacle des Pieds-noirs. » J'ose espérer que mes compatriotes n'auront pas la mémoire courte. Plus généralement, toutes les associations invitèrent de même les Rapatriés, à refuser leurs voix aux têtes de liste ayant voté l'amendement Joxe, et le mot d'ordre fut suivi.

Je tiens à le redire. Si la loi fut votée, c'est grâce à un artifice de procédure qui permit à M. François Mitterrand d'honorer la promesse de sa campagne présidentielle, ce qui est assez rare dans le monde politique. Le président de la République souhaitait la réconciliation nationale. Sa majorité parlementaire ne lui a pas facilité la tâche. Les Rapatriés lui ont rendu hommage, ainsi qu'au secrétaire d'Etat Raymond Courrière, qui a défendu, avec compétence et générosité le projet gouvernemental.

Nous nous sommes dressés contre le pouvoir par les armes. Ne fallait-il pas s'opposer aux tueurs du F.L.N. et aux ravages causés par les équipes de « barbouzes », qui avaient pour mission de neutraliser les chefs de l'O.A.S., de soumettre à la torture les camarades arrêtés ?

Certes, nous avons aussi employé la violence qui, comme l'exprimait L'*Action Catholique d'Oranie,* « ne naît jamais spontanément. Elle est la réaction d'un amour qui se voit refusé, d'une justice qui se sait lésée, d'une vérité qui se sent bafouée ». Nous étions, depuis longtemps, outragés. Le même périodique ajoutait : « Tant qu'il y aura calomnie et mensonge à notre endroit, il y aura ici du sang et des larmes. » Le sang a coulé et on nous le reprocha, ce que la majeure partie de la presse métropolitaine ne se permettra pas à l'égard du F.L.N., « l'hypocrisie oblige ». Le F.L.N. massacrait-il ? « C'était, écrit Jacques Soustelle, une pénible conséquence d'un état de choses dont, en dernière analyse, les Français d'Algérie étaient eux-mêmes responsables. Les Français d'Algérie se défendaient-ils ? C'étaient des criminels. »

La violence, c'est l'arme des faibles pour tenter d'infléchir le pouvoir[1]. Elle accompagne souvent la révolte, que préconisait, en

1. On nous a aussi accusés de terrorisme. A ce sujet, rappelons ce qu'écrivait Robert Badinter dans le journal *Le Monde,* du 19 octobre 1977 : « Le terrorisme a représenté, dans bien des combats pour la liberté, le seul moyen d'action des opprimés. »

avril 1964, à Lorient, le ministre de l'Intérieur actuel, Gaston Defferre :

« Le pouvoir ne tient compte que d'une seule chose : le rapport des forces. Il ne cherche une solution aux problèmes que lorsqu'il y est contraint *par la force*... C'est pourquoi, dans les circonstances actuelles, vous avez eu raison de manifester, de barrer les routes, de faire des grèves, sinon vous n'auriez jamais été entendus... *L'action directe* restera donc, tant que le régime est ce qu'il est, le seul moyen pour les travailleurs et les producteurs de se faire entendre... »

M. Gaston Defferre n'invitait certes pas les ouvriers à prendre les armes contre les dirigeants dont il dénonçait les abus. Mais lorsque éclate une révolte, on ne peut augurer ce qui adviendra si un incident se produit. Quelle eût été la réaction des émeutiers du Quartier latin, en mai 1968, si le service d'ordre avait ouvert le feu et si, malheureusement, des hommes avaient été tués ? Mais les forces de police conservèrent plus de sang-froid à Paris qu'en Algérie.

La violence nous fut reprochée par la quasi-totalité de l'opinion métropolitaine. Passe encore pour la bourgeoisie, mais on peut être surpris de cette condamnation de la part de révolutionnaires qui vont s'incliner chaque année devant le mur des Fédérés où ont été fusillés des hommes qui avaient pris part à l'insurrection de la Commune de Paris. La Commune était bien une révolte contre le gouvernement, provisoire il est vrai, d'Adolphe Thiers. L'action de la Commune a été longtemps considérée comme un brigandage déchaîné contre les forces de l'ordre et de l'honnêteté. Il en est de même aujourd'hui de celle de l'O.A.S.

Cependant, les torts réciproques des Communards et des Versaillais sont mieux analysés. On reconnaît maintenant très souvent que le comportement des Communards était justifié, tandis que l'O.A.S. reste la bête noire de l'opinion publique. Des actes de violence, que je suis le premier à regretter, ont certes été commis par l'O.A.S. Il en fut de même par la Commune, qui la dépassa en intensité. Ils sont à attribuer à des éléments incontrôlés, comme le furent certains crimes commis au nom de la Résistance et qui n'entachent pas la noblesse de ce mouvement national contre l'occupation ennemie. Lorsque est évoquée la période glorieuse de la Résistance, à laquelle j'ai eu l'honneur de participer, met-on l'accent sur les exécutions sommaires, évaluées à 105 000 par Adrien Tixier, ministre de l'Intérieur de l'époque, sur le traitement inhumain des internés, sur les tortures, sur les nombreux hold-up, sur les personnalités abattues, souvent sans aucune raison, si ce n'est par basse vengeance ?

Avant de parler des « crimes » de l'O.A.S., combien d'hommes qui nous calomnient pourraient se pencher sur leur passé !

Lorsqu'on est contraint, malgré son éducation, ses principes moraux, à employer la violence, il faut, pour rester un homme sur lequel ne pèse aucun soupçon, s'être trouvé dans le camp des vainqueurs.

De Gaulle, allant conférer avec Staline, acceptait bien l'invitation du responsable des massacres de Katyn. Qui oserait refuser de recevoir les dirigeants irlandais, dont l'organisation des « Sinnfeiners » fit du terrorisme son arme favorite, tout comme M. Begin, dont on connaît l'appartenance à l'Irgoun ? M. Chadli fut un insurgé. N'est-il pas reçu à l'Elysée, bien qu'ayant combattu contre les forces légales en Algérie ? C'est normal, car il faut tourner la page et je respecte le courage des fellaghas qui ont combattu, l'arme à la main, *dans les djebels.*

L'O.A.S. aurait aussi manifesté sa violence contre les Musulmans par racisme. Car on nous reprochera notre prétendu racisme, qui se serait traduit de diverses façons. Ainsi, a-t-on pu entendre, à la télévision, faire grief aux Pieds-noirs de s'être refusés d'épouser des femmes musulmanes. Il faut être bien ignorant des conditions de la vie familiale dans ce pays pour porter cette accusation. Un Musulman peut épouser une étrangère à sa religion, chrétienne ou juive, c'est-à-dire ayant bénéficié, comme tous les « gens du Livre », d'une Révélation. Cependant ce mariage, rare en fait, est admis par la religion, car l'homme peut convertir son épouse, apostasie parfaitement acceptée. En revanche, l'inverse, un catholique épousant une musulmane, ne pouvait être autorisé par la coutume, la femme risquant d'être conduite par son mari à abjurer l'islam. Ce fut regrettable, car les unions mixtes eussent été indispensables pour l'osmose de deux civilisations différentes.

Notons, au passage, que ceux qui reprochent avec le plus de véhémence l'absence de mariages mixtes sont souvent des Pieds-noirs qui se sont bien gardés de prendre pour épouse une Musulmane.

Racisme ? Pourtant, si, dans certaines villes de France, on évite de traverser, même de jour, les quartiers où résident en majeure partie des Maghrébins, il n'en était pas de même en Algérie, où, avant 1954, on ignorait la crainte de se déplacer de nuit dans les agglomérations ou à travers la campagne.

Pour illustrer ce climat de confiance, je ne saurais mieux faire que de citer Edouard Herriot, qui, le 2 décembre 1956, recevant les représentants de la ville d'Oran, jumelée avec Lyon, évoquait une parole de sa mère : « Je me rappelle, quand j'habitais ce douar d'Inkerman, que ma mère me recommandait toujours d'être très gentil pour les Arabes, et le soir, quand on allait fermer la maison, ma mère me disait une expression qui m'est restée à l'esprit ; elle me disait " va donc voir si *les portes sont ouvertes* ". Ma mère tenait, non pas à ce que les portes fussent fermées, mais à ce qu'elles fussent ouvertes, pour recevoir les Arabes de passage, et la nuit, bien souvent, couché dans mon petit lit de camp, j'entendais des Arabes qui venaient, entraient dans l'écurie, détachaient leurs montures et passaient là, quelques heures la nuit, pour se reposer, au moment d'un voyage de retour dans leur douar[1]. »

Bonne harmonie? Il y eut pourtant des ratonnades, il faut malheureusement en convenir, de même que d'ailleurs furent massacrés des Européens dans les mêmes conditions. La presse métropolitaine, avec l'objectivité qui fut sienne à l'époque, s'est plu à souligner les ratonnades que nous aurions approuvées, sinon ordonnées. Ces calomnies, inspirées par le pouvoir, sont ignobles et le terme de ratonnade m'a toujours été insupportable. On n'a du reste imaginé aucun terme pour stigmatiser les meurtres commis par le F.L.N. contre les Européens. La morale, le sentiment, la raison condamnaient les ratonnades. Quant à moi, m'adressant à la population, je réprouvais ces attaques contre les Musulmans, cette vengeance aveugle risquant d'abattre des innocents pro français, des anciens combattants parfois. Je désavouais toute manifestation à caractère raciste. Nous menacions même les parents de coercition si leurs enfants se laissaient entraîner à de tels excès. Il est vrai qu'il est difficile de prêcher la résignation dans certains cas, où — j'en ai été le témoin — un fils apprend la mort de son père, victime d'un attentat comme l'avait été son frère, récemment[2].

1. *Pied-noir, mon frère,* Jean Loiseau (Editions France-Empire).

2. La violence ! Jules Roy, dont on connaît les opinions sur le problème algérien, a pu écrire, avec franchise : « ... Si la famille de mon frère, ou de quelqu'un de mes proches, avait été égorgée, je me serais, sans la moindre hésitation, rangé du côté des victimes, avec une seule idée en tête : châtier les coupables. » *(Etranger pour mes frères* J. Roy, Stock.*)*

Il y eut de surcroît les provocateurs, les barbouzes, qui s'efforcèrent d'attiser la colère des foules, de creuser le fossé entre les communautés en créant des incidents. Ce n'est pas impunément que l'on s'entoure de « tout ce que vomit Subure et l'ergastule[1] », de douteux étrangers, parfois en rupture de ban, de spadassins, de nervis, de truands, qui venaient souvent tout juste de défrayer la chronique judiciaire, sans aboutir à un climat de guerre civile. Dans leur rôle répressif et de provocation, ces hommes mériteront bien entendu la reconnaissance du pouvoir.

Toutefois, une question vient à l'esprit : vous exerciez tous des commandements, réprouviez les ratonnades, tout comme certains excès inexcusables et ils se produisaient malgré tout ?

Poser cette question, c'est ignorer les servitudes de la clandestinité, où les ordres sont donnés oralement, répercutés ensuite par de nombreux intermédiaires. Quelle interprétation leur est donnée après ces circuits ? Nous avons stigmatisé et tenté d'interdire des actions très regrettables. Je dis bien tenté d'interdire car, dans la clandestinité, le terme « obéir » doit s'entendre au sens grec : « se laisser persuader ». Déjà, Cléarque, et après lui Xénophon, n'avaient pas commandé les « Dix Mille », mais les avaient persuadés. Encore pour persuader faut-il être au contact direct de toute une population, ce qui est impensable dans la clandestinité.

Ces ratonnades, qu'encore une fois j'ai toujours réprouvées, avaient-elles créé un profond fossé de haine entre les deux communautés ? S'il en était ainsi, comment expliquer que les Rapatriés, lorsqu'ils vont en Algérie, sont reçus à bras ouverts par les Algériens qu'ils ont connus du temps où ils habitaient dans cette province, alors française ? Leur accueil est beaucoup plus chaleureux que celui qui est réservé aux « Pieds-rouges », ainsi dénommés pour leur couleur politique.

L'O.A.S. était-elle un mouvement fasciste ? Comment dès lors expliquer que les garçons les plus décidés aient été antérieurement des adhérents des partis socialiste et communiste ? Les élections n'avaient-elles pas donné une proportion d'électeurs communistes de 12 % à Constantine, de 20,7 % à Alger et de 26,5 % à Oran[2] ? Pourquoi ces communistes ont-ils rallié l'O.A.S. ? Parce que l'O.A.S. fut, comme l'affirmait Jacques Soustelle, « un rassemble-

1. Subure : quartier populaire et réputé mal fréquenté de Rome.
2. Il y avait à Oran 35 000 électeurs communistes.

ment spontané contre la mort », car « un peuple longtemps trompé et bercé d'illusions se trouvait face à face avec le génocide, le massacre et l'exil[1] ».

Les Français d'Algérie étaient de farouches antisémites, prétendent nos contempteurs. Aussi, selon eux, les israélites n'ont-ils pu se ranger aux côtés de l'O.A.S. Par reconnaissance à de Gaulle, qui avait rétabli les dispositions du décret Crémieux, ils ne pouvaient s'opposer à sa politique. Cependant, leurs dirigeants recherchèrent des contacts avec l'O.A.S., à la base et au sommet. Ainsi, je fus reçu officiellement par les membres du consistoire d'Oran, en février 1962, pour un échange de vues, très cordial, et pour envisager les modalités d'action des commandos juifs, qui furent très entreprenants. Si l'on en doutait, il n'est que de se reporter à l'ouvrage[2] de Richard Ayoun et Bernard Cohen, qui ne débordent pourtant pas d'enthousiasme pour l'O.A.S., mais, constatent qu'en septembre 1961, pour Roch Hachana, les affrontements entre musulmans et juifs furent très vifs.

Puis, après avoir cité Eugène Mannoni qui, dans *Le Monde* du 14 octobre 1961, remarquait que « les jeunes israélites, partie intégrante de la jeunesse européenne, n'ont pas différemment réagi, à Oran, que les garçons de leur âge », les auteurs concluent qu'effectivement les juifs d'Oranie se sont engagés comme nulle part ailleurs dans les réseaux de l'O.A.S., qu'ils qualifient de terroristes. Ils le confirment en citant R. Goutalier qui, reprenant les archives de la Cour de sûreté de l'Etat, écrit que les juifs « porteraient la responsabilité des attentats les plus importants ». Les catholiques et les israélites ont donc fait bon ménage au sein de l'O.A.S.

L'action de l'O.A.S., incomprise par l'opinion métropolitaine, était unanimement réprouvée en France. « L'O.A.S., écrivait Guy Mollet, doit savoir que la France, toute la France, est dressée contre elle[3]. » Nous étions, dit encore le leader socialiste, des « néo-nazis ». J'ai rappelé les états de service de ces néo-nazis dans la Résistance. Je voudrais ajouter que ces néo-nazis n'avaient cessé de se battre, sur tous les champs de bataille, pour l'honneur du drapeau. Je passe sur

1. *Sur une route nouvelle,* Jacques Soustelle (Editions du Fuseau).
2. *Les Juifs d'Oranie,* Richard Ayoun et Bernard Cohen (J.-C. Lattès).
3. *Op. cit.*

les états de service des généraux et colonels pour ne mentionner que ceux de quelques officiers, servant en Algérie :

— Chef de bataillon Julien Camelin :
officier de la Légion d'honneur. 11 citations dont 3 palmes, 2 blessures.

— Capitaine Guy Branca :
officier de la Légion d'honneur. 11 citations dont 6 palmes, 6 blessures.

— Capitaine Pierre Montagnon :
chevalier de la Légion d'honneur. 10 citations dont 4 palmes, 2 blessures.

— Capitaine Philippe Le Pivain :
chevalier de la Légion d'honneur. 6 citations dont 2 palmes.

— Lieutenant de vaisseau Pierre Guillaume :
officier de la Légion d'honneur. 8 citations dont 2 palmes.

— Capitaine Picot d'Aligny d'Assignies :
chevalier de la Légion d'honneur. 5 citations, 4 blessures.

— Lieutenant Roger Degueldre :
chevalier de la Légion d'honneur. Médaille militaire. 10 citations dont 4 palmes, 3 blessures.

— Lieutenant Pierre Delhomme :
médaille militaire. 4 citations.

— Lieutenant Michel Alibert [1] :
croix de la Valeur militaire. 3 citations.

Nous nous sommes, certes, insurgés et nous avons été contraints d'employer la violence. Notre révolte aurait été illégitime, tandis que, prétendront certains, celle des rebelles ne l'était pas. Ainsi, *Témoignage chrétien* pouvait se permettre d'écrire : « Si la cause du F.L.N. était juste, celle de l'O.A.S. ne l'était pas. Le F.L.N. et l'O.A.S. ont, l'un comme l'autre, employé des moyens parfois criminels pour défendre, le premier une cause juste, le second une cause injuste... La différence est de taille... » L'action de l'O.A.S. aurait été injusticiable car elle s'opposait à la négociation, qui devait conduire « par l'arrêt des combats, à un lâche soulagement » ?

Lorsque l'on se penchera, sans excessive passion, sur ce drame de notre histoire, peut-être s'apercevra-t-on que l'O.A.S., par son action, même critiquable parfois, a sauvé la vie de nombreux Français d'Algérie. Ces derniers en auront conscience après les incidents

1. Promotion de Saint-Cyr *1954-1956.*

sanglants qui suivirent la proclamation de l'indépendance. Ils sont reconnaissants à l'O.A.S. de les avoir protégés durant toute la période où les pouvoirs publics s'acharneront sur eux, avec le concours des rebelles[1].

Ce que j'écris peut sembler paradoxal. Pourtant les autorités militaires faisaient preuve d'un laxisme discutable à l'égard du F.L.N., depuis que le général Gambiez avait qualifié la regrettable trêve unilatérale « d'offensive de la fraternité ». Offensive de la fraternité qui se transformait en un déchaînement de violence de la part du F.L.N., assuré que « l'Armée ne devait pas continuer sa guerre ». La masse musulmane, persuadée de la victoire du F.L.N., la France paraissant acquise à l'abandon, basculait vers les rebelles. Chacun, en commettant un attentat, ou en le favorisant, tenait à pouvoir en faire état le jour où le F.L.N. enquêterait sur son comportement pendant la guerre. Le même phénomène s'est bien produit en France en 1944 où la poignée de véritables Résistants s'est vue submergée par un flot d'attentistes convertis.

L'O.A.S. a sauvé des hommes. Elle était devenue le recours contre l'exil.

A ce sujet, un étudiant de vingt ans (aujourd'hui enseignant) qui a participé activement à notre combat, a pu, dans un livre émouvant [2], exprimer les sentiments que partagent beaucoup de nos compatriotes. Il a rédigé cet ouvrage, car « si le sang des trottoirs se lave à l'eau claire, c'est autre chose que celui des souvenirs ». Souvenirs d'un adolescent, qui a vu trop de crimes impunis perpétrés par le F.L.N., qui, pendant les mois qui précédèrent la naissance de l'O.A.S. à Oran « va frapper où il veut, quand il veut ». Aussi, à partir de novembre 1961 jusqu'en juin 1962, « l'O.A.S., écrit-il, rendra aux principaux quartiers pieds-noirs une sécurité réelle. Ce simple mot sécurité signifie qu'environ 1 500 Oranais ne sont pas morts, par la simple existence des Deltas et de leur détermination face au F.L.N. Mille cinq cents vies épargnées par la crainte salutaire que nous inspirons

1. Le commandant Azzedine précise dans son livre : *On nous appelait fellaghas,* que M. Vitalis-Cros, préfet de police d'Alger, avait reçu trois responsables du F.L.N. Tous quatre décident de coordonner leurs activités dans tous les domaines par des échanges de renseignements afin de neutraliser l'O.A.S. Azzedine souligne qu'il travaillait avec la mission « C » du capitaine de gendarmerie Lacoste, qui fit arrêter le général Salan. M. Farès nous apprend que ce capitaine l'avait averti, la veille du jour où le général Salan tomba dans un piège. Sans commentaires...

2. *Et qu'ils m'accueillent avec des cris de haine,* Henri Martinez (Robert Laffont).

aux tueurs, devenus soudain nettement moins acharnés quand ils se mirent à rencontrer autre chose que des victimes faciles... »

Henri Martinez reconnaît avec beaucoup d'objectivité l'atmosphère d'apocalypse qui régnait dans les dernières semaines à Oran, renvoyant dos à dos, dans une même réprobation, les fanatisés des deux camps. Il s'indigne cependant : « Dans certaines histoires encyclopédiques sur la guerre d'Algérie, les massacres de civils pieds-noirs, toujours minimisés en nombre et par l'absence de détails surtout, se voient justifiés du fait qu'ils répondaient seulement et chaque fois aux innombrables atrocités émanant des Pieds-noirs, O.A.S.-assassins, et, alors, complaisamment décrites. Le F.L.N. devenant sans doute, quant à lui, une association de pacifistes persécutés. »

C'est une des raisons pour lesquelles Martinez a écrit ce livre, « un cri contre l'injustice », car les Rapatriés restent toujours pour les métropolitains « des Pieds-noirs racistes, tous riches, méprisants, dotés de nombreux domestiques arabes, et vendant 1 franc le litre d'eau aux appelés de France [1] ». Indignation, car « la marque d'infamie, ajoute-t-il, qui couvre à présent ce nom générique (O.A.S.), l'ignorance absolue de sa réalité pied-noir, remarquablement et machiavéliquement entretenue par les gouvernements de l'époque, ignorance toujours actuelle, tout cela empêchera à jamais le fossé de se combler entre Pieds-noirs expatriés et Français ».

Tout le contentieux moral entre nous, Français d'Algérie et métropolitains, se situe dans cette dernière phrase. Me dédicaçant son ouvrage, mon compatriote, Henri Martinez écrivait : « L'Histoire a transformé en maudits ceux dont la soif de justice ne s'est toujours pas apaisée. »

1. A ce sujet, Jacques Perret rappelle, dans la revue *Itinéraires* de juin 1972, qu'à l'occasion de l'anniversaire des « accords d'Evian » une rapatriée d'Algérie, Mme Brisset, évoquant ses souvenirs, révélait qu'en 1962, débarquant à Marseille, ses premiers mots furent pour demander un verre d'eau, et que celui-ci lui fut refusé. La délicate personne qui se distinguait ainsi se référait au slogan calomnieux et plein de haine de l'appelé payant chaque verre d'eau.

9.

Vers le drame

Le général de Gaulle veut en finir avec la guerre d'Algérie. Sa politique se trouve, pour l'heure, dans une impasse. D'une part, il aura contraint les Français d'Algérie à la révolte, d'autre part, il se heurte à l'intransigeance du F.L.N., qui entrevoit que, par lassitude, la France va abandonner l'Algérie. Pourtant, comment sortir de cette situation apparemment sans issue ? Négligeant l'avenir des Français, Européens ou Musulmans fidèles, il va traiter avec le F.L.N., quelles que soient les exigences de ce dernier. La France s'efforcera d'obtenir que soient reconnues pour elle les possibilités de poursuivre ses expériences nucléaires au Sahara, de bénéficier à terme du complexe stratégique oranais, comprenant les aérodromes de La Sénia, de Valmy, de Bou-Sfer, ainsi que la base atomique de Mers el-Kébir, et de tirer profit de l'exploitation du pétrole et du gaz sahariens. Ces propositions ne seront qu'en partie acceptées par les insurgés algériens.

Les négociations avec les représentants du F.L.N. seront concrétisées, après les rencontres de Melun et de Lucerne, par les accords conclus à Evian, le 19 mars 1962[1]. Ils constituaient pour le F.L.N., battu sur le terrain, une victoire diplomatique sans précédent. Ses objectifs fixés au congrès de la Soummam, en août 1956, étaient tous atteints : reconnaissance de l'indépendance de l'Algérie, libération de tous les Algériens emprisonnés en raison de leur activité politique,

1. Du côté français, les plénipotentiaires étaient Louis Joxe, Robert Buron, Jean de Broglie, le général de Camas. La délégation algérienne était conduite par Krim Belkacem.

reconnaissance du F.L.N. comme seule organisation représentant le peuple algérien.

La France venait de capituler. Le qualificatif de capitulation sera employé par Christian Pineau, tout comme par un autre socialiste, Marcel-Edmond Naegelen, qui stigmatisait ces accords : « L'une des capitulations les plus néfastes, et comme la plus injusticiable, de celles qu'a consenties notre patrie. » Certains rappelleront le traité de Troyes qui, en 1420, vit la reine Isabeau de Bavière et le roi Charles VI, renier leur fils le dauphin Charles, et livrer le royaume aux Anglais. Charles VI avait toutefois l'excuse de la folie.

Le F.L.N. triomphe. Le chef du G.P.R.A., Ben Khedda, exulte : « Si l'on considère les positions françaises qui subordonnaient toute négociation au cessez-le-feu, c'est une grande victoire du peuple algérien. Cette victoire se traduit sur le plan politique par l'indépendance de notre pays... »

« Fallait-il vraiment sacrifier pendant plus de sept ans des centaines de vies humaines et des milliers de milliards pour franchir enfin ce seuil ? », écrira Sirius dans *Le Monde.*

Nous n'avons pas l'intention de faire une analyse approfondie de ces accords qui portaient sur trois notions :
— indépendance,
— sort des Français d'Algérie,
— coopération entre la France et l'Algérie.

Nous allons simplement tenter d'exposer les raisons qui ont rendu sceptiques les Français d'Algérie sur le contenu des accords et réfuter la responsabilité de l'O.A.S., en ce qui concerne leur non-observation par l'Algérie.

Ces accords ont paru avoir été « bâclés » aux Français d'Algérie. D'ordinaire, les actes analogues, les traités ou conventions diplomatiques, sont préparés, discutés par des hommes, qui rédigent avec soin et compétence pour éviter toute contestation ultérieure. Il n'en avait pas été ainsi à Evian, vraisemblablement par la hâte qu'avait de Gaulle de conclure à tout prix. Aussi, n'a-t-on pu qu'être surpris du caractère flou, imprécis, des formules ou des termes employés. N'en est-il pas ainsi de la « juste et authentique participation aux affaires publiques », de « l'équitable participation dans la fonction publique » à reconnaître aux citoyens français et algériens, de statut civil de droit commun[1] ?

De même, l'emploi fréquent de l'adverbe « notamment » laisse à entendre que, contrairement à toute bonne convention, tout n'a pas été prévu — lacune qui ne peut être qu'une source de discussions, de désaccords futurs. Il en va de même des qualifications utilisées pour désigner le travail établi. Il s'agit non pas des termes classiques de la diplomatie, mais d'accords, de déclarations gouvernementales, les unes générales, les autres jointes, de déclarations de garanties, de déclarations de principe.

Mais l'originalité la plus manifeste de ces conventions est qu'elles n'ont comporté, de la part du G.P.R.A., *aucune signature.* Les documents établis ne pouvaient donc être appelés des « accords ». Ils furent désignés, du côté français, par le terme officiel de « Déclarations gouvernementales du 19 mars 1962 », qui n'engageaient en rien le futur gouvernement algérien.

On s'en rendra compte par la suite.

Ces accords faisaient-ils l'unanimité au sein du F.L.N. ? Les Français d'Algérie, par intuition, en doutaient. Le gouvernement français aurait dû être informé des vives réticences qui se manifestaient parmi les dirigeants rebelles, sur l'opportunité des négociations à Evian, car Krim Belkacem, qui avait dirigé la délégation du F.L.N., était en proie à de vives attaques de la part de ses collègues. Il attirera sur lui les foudres de Ben Bella, libéré, qui aspire à prendre le pouvoir. Boumediene menace de s'en prendre aux maquisards de Krim, dès l'indépendance proclamée.

A défaut de renseignements précis sur les rivalités qui opposaient les membres du F.L.N., les Français d'Algérie ne pouvaient être étonnés en apprenant que M. Belhocine, porte-parole du G.P.R.A. en Amérique latine, estimait que « les concessions du F.L.N. étaient provisoires, tandis que celles de la France étaient définitives », et, par ailleurs, que le F.L.N., face à une France « prisonnière des accords », pourrait revenir sensiblement sur ses promesses. De son côté, M. Chanderli, accrédité auprès de l'O.N.U., déclarait que « les accords d'Evian pouvaient être dénoncés, si tel était l'intérêt de l'Algérie ». Plus tard, les dirigeants du F.L.N. avoueront, sans vergogne, le peu de cas qu'ils faisaient des accords. Ainsi, le commandant Azzedine donnera son opinion dans *La Croix,* parlant

1. D'après une analyse de M. Thomas-Richard.

« des accords mort-nés... improvisation politique pour permettre à l'Algérie d'acquérir son indépendance et à la France de trouver une porte de sortie sur le plan politique ».

Cependant, le grief principal concernant la non-observation des accords d'Evian serait imputable à l'action de l'O.A.S. C'est ce que prétendent le chef de la délégation française, Louis Joxe, pour justifier son action diplomatique, et les responsables du F.L.N., pour expliquer la prétendue impossibilité pour eux de tenir leurs engagements.

Louis Joxe est catégorique : « Il a fallu l'O.A.S., a-t-il déclaré à l'A.F.P., pour que tout ce que nous avions minutieusement construit soit détruit. » Sur quelles bases sérieuses s'appuie cette grave accusation ?

Louis Joxe, tout d'abord, impute à l'O.A.S. le départ massif des Français d'Algérie, l'indépendance accordée. Il prétend qu'ils auraient pu rester sur place et bénéficier des avantages consentis par les accords. « Nous n'avons jamais pensé, a-t-il écrit, que les Français d'Algérie puissent partir. Jamais l'hypothèse d'un départ des Français n'a été évoqué d'un côté ou de l'autre au cours de la conférence [1]. »

Etonnante certitude pour aborder les négociations. Un ministre d'Etat aurait dû être informé des échanges de vues antérieurs qui aboutissaient à une conclusion différente. Déjà, en août 1960, Bernard Tricot s'était entretenu d'un éventuel retour de mes compatriotes en France avec Paul Delouvrier, délégué général, Pierre Racine, directeur du cabinet de Michel Debré, Roger Moris, secrétaire général pour les Affaires algériennes [2]. Ils avaient estimé qu'une solution de large autonomie « impliquait le retour des Européens ». « Et même, avait ajouté Paul Delouvrier, dans l'hypothèse d'une politique d'intégration. »

La question est reprise à partir de février 1961, par MM. Delouvrier, Moulins et le général Gambiez, commandant en chef. Ils établissent comme hypothèse la plus probable : cinq cent mille retours dans les six mois et la totalité dans les neuf mois. Jacques Coup de Fréjac « s'efforce de faire partager cette conception, dont l'avenir démontrera la lucidité à ceux qui, à Paris, ont en charge la question algérienne ». Ses notes, adressées dès juillet 1961 à G. de Courcel, Bernard Tricot, Louis Joxe, Michel Debré ne rencontrent aucun écho. De Gaulle est averti de la situation qui résultera de l'indépendance. Il

1. *Le Figaro*, 19 mars 1982.
2. *La Guerre d'Algérie ou le Temps des méprises*.

en est irrité, car elle compromet sa politique. Aussi, son entourage reste-t-il, par prudence, très discret à ce sujet.

En se refusant à écouter les avertissements des responsables locaux, comment Louis Joxe a-t-il pu poursuivre la chimère d'imaginer le maintien massif des Français d'Algérie sur leur sol natal ? N'aurait-il pas dû faire étudier un plan de détresse si son hypothèse était mise en défaut ? Bernard Tricot avouera qu'il était difficile, en même temps que l'on incitait les Européens à rester en Algérie et que l'on obtenait du F.L.N. des « garanties » pour eux, d'organiser le retour. Peut-être Louis Joxe estimait-il que les « avantages » consentis inciteraient les Européens à rester en Algérie. Quels avantages ?

Notons tout d'abord que les accords établissaient la distinction entre les citoyens français de statut civil de droit commun, c'est-à-dire les Européens, et les citoyens algériens de statut civil de droit commun, c'est-à-dire les Musulmans. La situation légale des citoyens français se situait « dans le cadre de la législation algérienne sur la nationalité ». Qu'était cette législation ? Personne n'en savait rien, à commencer par Louis Joxe, étant donné qu'elle serait définie après la proclamation de l'indépendance. Par ailleurs, pendant une période de trois ans, à compter de l'autodétermination, ces citoyens français bénéficieraient de plein droit des droits civiques algériens, sans toutefois exercer les droits civiques français, ce qui les excluait de participer au sort de la métropole. Ensuite, et c'est le point capital, passé le délai de trois ans, les citoyens français de statut civil de droit commun devaient opter, soit pour la nationalité algérienne, soit pour la condition d'étranger. Quant aux assurances énoncées par les accords : association de sauvegarde, Cour des garanties..., elles n'eurent qu'une existence théorique.

Comment ces dispositions furent-elles accueillies par les Français d'Algérie ? C'est sans enthousiasme, à n'en pas douter, qu'ils envisageaient la généreuse proposition de perdre, un jour prochain, la nationalité française, eux qui avaient, vingt ans auparavant, sauvé l'honneur du drapeau. On leur conseillait de s'intégrer dans une démocratie populaire, alors qu'ils ignoraient ce que seraient les futures institutions politiques, judiciaires, économiques d'un régime de tendance marxiste. Ils perdraient tout contact avec les groupements professionnels métropolitains correspondant à leurs spécialités. Ils trouveraient en face d'eux de nouveaux dirigeants, grisés par leur triomphe, enclins à abuser de leur jeune et inespérée puissance, remarque que justifieront les actes commis dans les jours suivant l'indépendance.

En outre, comment ne pas s'étonner de la légèreté des négociateurs français à Evian ? Avaient-ils pensé aux fonctionnaires, relevés par les nouveaux cadres algériens, aux colons expropriés, aux petits employés, aux salariés sans qualification du commerce et de l'industrie qui, risquant de ne plus avoir de travail, seraient contraints à l'exil ? Par contrecoup, ne devrait-on pas enregistrer le départ des groupes professionnels, dont l'activité dépendait de la présence d'une clientèle européenne (commerce de détail, professions libérales...) ? Louis Joxe aurait dû savoir que, pendant un certain temps, la jeune République algérienne n'aurait à souhaiter que la présence d'ingénieurs, d'enseignants, de médecins. Quant aux autres, les Algériens ne pourraient qu'exiger leur départ.

D'ailleurs, la cohabitation serait-elle possible dans une Algérie à la tête de laquelle se trouveraient des dirigeants fanatisés ? A ce sujet, Ben Bella déclarera : « Non, jamais. Nous ne pouvions pas vivre ensemble. Et s'il n'y avait pas eu l'O.A.S., il serait arrivé la même chose. » Quant à M. Masmoudi, n'avait-il pas déclaré, dès le 29 mars 1962 : « Il faut déporter ces ramassis de petits Blancs d'Algérie [1] » ?

Les dispositions qui garantissaient l'existence des Français restant en Algérie avaient fait l'objet de tracts distribués à profusion par les autorités françaises. Que disaient-ils ? « Si vous désirez rentrer en France, vous pourrez y emporter vos biens, meubles et capitaux. »

Si ces assurances, résultant des accords, n'ont jamais été respectées, est-ce vraiment imputable à l'O.A.S. ? Cette accusation est pour le moins dénuée de toute bonne foi, étant donné que se pose encore aujourd'hui le problème des fonds bloqués, c'est-à-dire celui des comptes détenus par les établissements bancaires en Algérie. Les Français, qui avaient placé leurs avoirs, et souvent de très modestes économies, dans une banque n'ont pu, à leur départ, les retirer. Ils n'en ont toujours pas la possibilité, car, établis en France, il leur est interdit de les faire transférer [2]. Seuls, ceux d'entre eux, c'est-à-dire l'extrême minorité, qui ont choisi de continuer à vivre en Algérie, ont pu retirer librement leur argent, avec toutefois l'interdiction de transférer des fonds en France. Ils ne peuvent, s'ils désirent rentrer

1. Journal *Jeune Afrique* du 29 mars 1962. M. Masmoudi était membre du gouvernement tunisien.

2. Cette question aurait reçu une solution, lors du voyage du président Chadli en novembre 1983, ce qui ne change rien aux réticences, sinon au refus de l'Algérie de respecter les accords d'Evian.

définitivement en métropole, emporter une somme supérieure à celle qui est autorisée aux touristes, c'est-à-dire minime. Ce qui reste de leurs économies est bloqué. Qui peut penser que cette mesure, toujours en vigueur depuis vingt ans, malgré les interventions du gouvernement français, a un point commun avec l'action de l'O.A.S. ?

« *Dans la vie économique,* lisait-on... *vous pourrez acheter, gérer et céder librement tous vos biens.* »

En ce qui concerne les biens, il fut possible de les vendre avant ou après l'exode, à vil prix bien entendu. Après la mise en place du gouvernement algérien, les fonds résultant des tractations furent, il faut le rappeler, bloqués sur place. Encore ces opérations ont-elles rapidement été impossibles. Les appartements, par exemple, dont les propriétaires étaient partis pour la France, parfois avant l'exode, la durée de leur séjour pouvant être estimée limitée, auraient dû rester libres, car un retour en Algérie, après la fièvre de l'indépendance, n'était pas à exclure. Or, des squatters s'y installèrent dès le départ de leurs propriétaires, expropriations irrégulières, organisées avec méthode par les autorités officieuses du F.L.N. Ainsi, Azzedine faisait occuper les logements vacants de la périphérie d'Alger par des familles indigènes, pour resserrer l'étau autour de la ville européenne.

Ces spoliations illégales avaient lieu avant la proclamation de l'indépendance, c'est-à-dire à une époque où la France exerçait encore sa souveraineté en Algérie. Qui donc a protesté contre la violation délibérée des accords, et comment ne pas comprendre l'état d'esprit de mes compatriotes, persuadés que si les accords n'étaient pas respectés sous l'autorité de la France, ils n'avaient aucune chance de l'être dès lors que le G.P.R.A. aurait le pouvoir ?

« Vos biens fonciers ne pourront être expropriés qu'après une indemnité préalable garantie avec l'aide de la France », était-il précisé dans les tracts.

Maître Ribs, dans une analyse remarquable de ces problèmes[1], rappelle que, se basant sur des décrets sans justification juridique, l'administration algérienne occupa, l'indépendance tout juste proclamée, des propriétés parmi les mieux gérées, et même s'empara de stocks de vin s'élevant à 475 000 hectolitres, les commercialisa en France au seul profit du gouvernement algérien. Quant au gouverne-

1. *Plaidoyer pour un million de victimes,* Me Jacques Ribs (Robert Laffont).

ment français, qui aurait dû interdire leur entrée en métropole, il ne fit aucune objection à leur arrivée illicite sur le marché et resta, par prudence diplomatique, muet sur cette affaire, qui confinait à l'escroquerie. Est-ce à cause de l'O.A.S., si de telles dérogations aux accords ont eu lieu ?

Pour en terminer avec les propriétés, Ahmed Ben Bella faisait paraître le 1er octobre 1963 un décret spécifiant : « Sont déclarées biens d'Etat les exploitations agricoles appartenant aux personnes physiques et morales qui, à la date du présent décret, ne jouissaient pas de la nationalité algérienne, ou ne justifiaient pas avoir accompli les formalités légales en vue de l'acquisition de cette nationalité. » Maître Ribs, rappelant ce décret, pouvait écrire que « la contradiction avec les accords d'Evian était hurlante ». En effet, ces accords prévoyaient bien que, pendant trois ans, les Français restant en Algérie jouiraient des droits civiques algériens. Les domaines appartenant à des propriétaires non musulmans, bénéficiant des droits algériens, ne pouvaient de ce fait être légalement déclarés « biens d'Etat », sans que fussent violés les accords Joxe-Krim Belkacem. Or, les biens furent appréhendés et leurs propriétaires français expulsés sur-le-champ, sans aucun ménagement. Aucune indemnité ne fut versée. C'était l'arbitraire total. Le général de Gaulle, si sourcilleux lorsque l'autorité de la France était en jeu, a-t-il protesté ? Nous n'en avons aucun souvenir.

Ces spoliations étaient inadmissibles. Constituaient-elles des représailles consécutives à l'action de l'O.A.S. ? Je présume que M. Joxe n'oserait le soutenir, car en définitive, Ben Bella n'avait pris ces décisions qu'en application des conclusions élaborées en juin 1962 à Tripoli, où un programme d'action révolutionnaire avait été défini. De surcroît, M. Ben Bella, ayant accédé au pouvoir dès novembre 1962, n'avait-il pas déclaré que la solution des problèmes agraires exigeait, non une réforme, mais une révolution consistant « à transférer 2 700 000 hectares à un million de familles, en commençant... avant 1963 par les biens vacants »[1] ? Furent ainsi déclarés « biens vacants » ceux qui appartenaient à des agriculteurs français, cultivant toujours leurs champs, ou à d'autres, que l'insécurité dans les campagnes avait conduits à abandonner leur domaine, en attendant que l'ordre fût rétabli. Tous ces biens furent transférés « définitivement et sans recours » aux comités de gestion. Il est bon d'ajouter que le gouvernement algérien s'abstint, comme le prévoyaient les

1. Etienne Mallarde, dans *L'Algérie depuis,* ajoute que les 2 700 000 hectares étaient constitués par des terres de colonisation et par un certain nombre de grosses propriétés appartenant à des Musulmans.

accords, de racheter les terres et que le problème d'indemnisation est toujours en suspens en 1983[1].

La France ne se permettait pas de réagir aux violations successives des accords d'Evian. La psychologie musulmane lui échappait. Le colonel Boumediene lui rappelait, le 20 mars 1963, le respect dû au plus fort : « Qu'a fait la France quand elle était victorieuse ? Elle a fait payer les vaincus, occupé leur territoire. Pourquoi la France serait-elle surprise ? Elle a perdu la guerre. Il est normal qu'elle paie. *C'est la loi imposée aux vaincus.* »

C'était en effet la loi effectivement imposée à une nation vaincue par une politique aberrante. *Vae victis.*

Un article de Louis Joxe, relatif aux accords d'Evian, paru le 19 mars 1982 dans *Le Figaro,* était intitulé : « Nous n'avons cessé de penser aux Français d'Algérie. » L'intention était normale, on ne pouvait abandonner des compatriotes. Mais en a-t-il toujours été ainsi ? Une question se pose en effet : les harkis, ces anciens combattants de l'armée française, étaient-ils français ? Sans nul doute, répondra-t-on. Pourtant, peut-on demander à Louis Joxe s'il s'est préoccupé de leur sort ? Sort qui était prévisible si ces soldats n'étaient pas rapatriés en métropole. Déjà, en janvier 1962, de passage à Saïda où cantonnait le commando Georges, Robert Buron notait : « Les harkis du commando Georges sont tous d'anciens F.L.N. qui ont rallié l'armée française pour des raisons diverses... Que deviendront ces garçons, sur lesquels ma sécurité repose aujourd'hui, si les choses tournent mal, comme il *faut le prévoir ?* La question ne paraît pas encore se poser, mais la formuler suffit à me mettre mal à l'aise...[2]. »

Cette question allait bientôt se poser pour tous les harkis, moghaznis, G.M.S., hommes des groupes d'autodéfense. Les accords signés, des officiers, conscients de leurs responsabilités et prévoyant le drame qui devait effectivement se produire, prirent l'initiative d'embarquer vers la métropole des supplétifs musulmans. Louis Joxe s'en émut et, avec une inconscience coupable, adressait le 23 mai 1962 à M. le haut-commissaire la directive suivante :

1. La brochure, *Les Déclarations d'Evian et les droits et garanties des Européens,* rédigée et diffusée par le haut-commissariat de la République en Algérie spécifiait : « L'Algérie assurera, sans aucune discrimination, une libre et paisible *jouissance des droits patrimoniaux.* Nul ne sera privé de ses droits sans indemnité équitable préalablement fixée.

« ... La France apportera à l'Algérie une aide particulière en vue du rachat éventuel, pour tout ou partie, des droits de propriété détenus par des ressortissants français ; les autorités algériennes établiront *un plan de rachat* et les modalités de l'aide française seront fixées par un accord entre les deux pays. »

2. *Op. cit.*

« Les supplétifs débarqués en métropole, en dehors du plan général de rapatriement, devront rejoindre, avant qu'il ne soit statué sur leur destination définitive, le personnel regroupé suivant les directives des 7 et 11 avril. Je n'ignore pas que ce renvoi [1] peut être interprété par les propagandistes de la sédition comme un refus d'assurer l'avenir de ceux qui nous sont restés fidèles. *Il conviendra donc d'éviter de donner la moindre publicité à cette mesure.* Mais ce qu'il faut surtout obtenir, c'est que le gouvernement ne soit plus amené à prendre une telle décision. »

Comment un ministre, comme l'était Louis Joxe, a-t-il pu douter du sort qui allait être réservé aux harkis par les autorités algériennes ? Ne seraient-ils pas considérés comme des « collaborateurs » frappés d'indignité ? La rigueur s'appliquerait à eux. Elle le fut, et avec férocité. Certains harkis perdront la vie dans des bagnes, attachés comme des esclaves, maltraités et insultés à longueur de journée ; d'autres connaîtront le supplice d'être traînés de village en village, les yeux crevés, d'être lapidés par les enfants, pour terminer leur vie entre deux planches dans une scierie ou dans une cuve remplie d'huile bouillante !

Les harkis ne seront pas les seuls à être suppliciés. Combien de Musulmans, que l'autorité française avait sollicités d'être conseillers municipaux, généraux, maires de leur village, porte-drapeau de leur ancien régiment, furent massacrés au cours de représailles ? Le général Jacquin, particulièrement bien informé, en évalue le nombre à *cent cinquante mille.* Quel drame de conscience pour beaucoup d'officiers ! « Le 3 juillet 1962, écrira dans *Le Monde* le général Cazenave, tout ce que j'avais dit ou promis s'est trouvé définitivement bafoué ou renié. Il m'en reste une blessure qui m'a enlevé le repos [2]. »

Louis Joxe estima-t-il que l'on avait vraiment pris soin d'éviter une mort horrible à ces hommes qui avaient accordé leur confiance à la France ? Les protéger, comme l'a écrit Charles Carcopino, était « une affaire qui engageait l'honneur même de la France ». L'abandon délibéré de ces Musulmans restera, pour le pouvoir de l'époque, après toutes ses promesses solennelles, une criminelle déloyauté. Nous, Français d'Algérie, ne pourrons oublier le martyre de ces Musulmans, avec lesquels s'étaient noués tant de liens d'amitié et souvent de camaraderie de combat, durant les guerres mondiales.

1. Renvoi en Algérie, bien entendu.
2. Les habitants d'un village ravivèrent, avant le départ de l'armée, les inscriptions du premier référendum de 1958 : « La France ne vous abandonnera jamais. L'armée française vous en donne sa parole d'honneur. »

« *Vous pourrez à tout moment entrer et sortir d'Algérie librement* », était-il spécifié.

Est-ce par réaction contre l'action de l'O.A.S. que, vingt et un ans après l'indépendance, les Français, je dis bien Français, de confession musulmane, les harkis, ne peuvent retourner en Algérie ?

Est-il normal que les Français, qui ont subi la rigueur des tribunaux, ne puissent de même se rendre en Algérie, alors que les chefs rebelles peuvent séjourner, sinon s'établir en France [1] ?

Les accords d'Evian avaient défini « les droits et garanties des Européens d'Algérie. » Ils étaient renforcés par la « garantie des garanties », savoir la présence d'une partie de l'armée française pendant trois ans. C'est ce que confirmaient les haut-parleurs de véhicules militaires parcourant, le lundi 25 juin 1962, les rues d'Oran : « Ne suivez pas les menteurs qui vous mènent au désordre. L'armée française protégera sur place, pendant trois ans, vos personnes et vos biens. » Faisant, une fois encore, confiance aux chefs militaires, de nombreux Oranais décidaient d'attendre sur place, sous la protection qu'on leur assurait, l'évolution de la situation. Tout semblait normal.

Le 3 juillet, le général Katz et le capitaine Bakhti, représentant Boumediene, se congratulent autour d'un buffet et manifestent leur satisfaction de voir la guerre terminée au mieux. Pourtant, le 5 juillet, éclatera la tragédie encore présente à l'esprit. Dès 11 heures du matin, des Européens et des Musulmans fidèles sont abattus en pleine rue, ou, s'ils sont arrêtés, subissent d'affreux supplices. Ils seront torturés, étouffés dans des fours, émasculés ou auront les yeux crevés. Certains seront décapités à la hache et les enfants musulmans joueront avec leurs têtes... L'armée française assiste sans réaction à ce massacre, le général Katz décidant de ne pas intervenir. Lorsque, vers 17 heures, il en prendra l'initiative ou plutôt en recevra l'ordre, venant de Paris, ce sera trop tard.

« L'Histoire, a écrit Me Ribs, jugera ce massacre de onze cents Français en six heures d'horloge. »

Etait-ce un fait divers ? On pourrait le penser, étant donné qu'aucune enquête ne fut ouverte. Il est vrai qu'il ne concernait que

1. Dans une interview, M. Chadli a indiqué que si les Français ayant subi une condamnation, venaient en Algérie, leur sécurité ne pourrait être assurée.

des Musulamns et des Pieds-noirs. Aussi, Geneviève de Ternant a-t-elle pu écrire dans *L'Echo de l'Oranie* de mars-avril 1983 :

« Tous les beaux esprits se sont félicités de la nomination d'une commission d'enquête concernant les massacres perpétrés par les milices chrétiennes dans les camps palestiniens de Sabra et de Chatila, tandis que l'armée israélienne demeurait passive. Les mêmes beaux esprits n'avaient pas cru devoir élever le moindre murmure lorsque ces mêmes chrétiens étaient massacrés par ces mêmes Palestiniens à Dhamour, la responsabilité d'Arafat y étant entière, passons. Donc il est admis qu'Israël s'est honoré d'avoir fait éclater la vérité sur cette histoire. La France qui applaudit n'a pourtant jamais cru devoir faire nommer une commission d'enquête sur les massacres du 5 juillet 1962 à Oran, massacres perpétrés par les Arabes sur les Européens, tandis que l'armée française demeurait l'arme au pied, passive absolument pendant plus de cinq heures. Le général Katz commandait cette armée française à Oran et sa responsabilité est entière dans la tuerie de milliers d'Européens. Le président de la République française était le général de Gaulle. Il a été avisé de ce qui se passait, les témoins l'ont prouvé, il a refusé d'intervenir et sa responsabilité est formellement engagée, bien plus encore que celle de M. Begin dont on n'a jamais dit qu'il était au courant de ce qui se passait à Sabra et Chatila... »

Geneviève de Ternant pose ensuite la question suivante :

« Qui sera enfin notre Soljenitsyne ? Qui arrivera à être cru ? »

Je crains malheureusement que personne n'aboutisse à être cru, étant donné l'état d'esprit qui prévaut depuis quelques années en métropole.

Le général Katz recevait la juste récompense de son action humaine et généreuse à Oran. Celui que la population avait surnommé le « boucher d'Oran » sera gratifié d'une étoile supplémentaire et sera cité à l'ordre de l'Armée. Le général Katz était, selon cette citation, « pénétré de l'aspect humain de sa mission ». Personne ne s'en était aperçu à Oran, tandis qu'à Paris, Bernard Tricot parlait d'un homme « brusque et bourru quand il le fallait, plein de finesse et de bonté le reste du temps [1] ». On peut à juste titre s'étonner en lisant cette appréciation et on mesure le degré d'incompréhension qui a pu exister entre les métropolitains et les Français d'Algérie, incompréhension qui persiste toujours.

1. *Op. cit.*

Les accords prévoyaient en outre une amnistie totale qui aurait dû s'appliquer normalement tant aux Européens qu'aux Musulmans. Il n'en a pas été ainsi et nous avons analysé cette question, qui apparaît d'une particulière importance, dans l'annexe I de cet ouvrage.

Les accords étaient avalisés par le gouvernement français. Qui se trouvait à sa tête pour accepter cette capitulation, sinon Michel Debré ? Encore aurait-on pu excuser son comportement si, comme l'écrivait Jean Cocteau : « Il importe peu que les mains du semeur soient sales, si la graine est bonne. » Les mois, les années qui suivront montreront la duperie des accords.

Un délégué français qui ne se fit aucune illusion fut Robert Buron qui, dans ses *Cahiers politiques,* relève : « La présence française, pour laquelle j'ai tant lutté, risque de devenir pour longtemps un leurre. » Dix ans plus tard, il reconnaîtra avec franchise que, dès le début des discussions à Evian, il se rendit compte de la non-représentativité de Krim Belkacem et de ses collègues, désavoués au congrès de Tripoli par la nouvelle équipe, de tendance nettement progressiste, qui aspirait au pouvoir. Dès lors, les discussions devenaient d'un intérêt douteux. Cependant, il fallait en finir, car le Général « s'exaspérait et s'impatientait des lenteurs », déclarait Robert Buron au journal *Le Monde*[1]. De Gaulle pressait la délégation française de signer, arrivant même à traiter de « lâchards » les négociateurs. M. Buron reconnaissait que « la France aurait pu tempérer la réforme agraire algérienne de 1963 et favoriser l'indemnisation des colons si elle n'avait pas refusé de verser les crédits prévus dans le cadre des accords. Elle n'a pas non plus tenu ses engagements à propos des importations de vin... Les Algériens... ont évidemment largement violé les accords en versant aux Pieds-noirs des indemnités dérisoires et, de plus, bloquées en Algérie ».

Bien d'autres problèmes se posaient. Qui, au gouvernement, s'en préoccupait ? Comment, dès lors, ne pas s'indigner d'avoir, au cours d'une conférence de presse tenue le 3 octobre 1969, à Alger, entendu Maurice Schumann, alors ministre des Affaires étrangères, s'adresser en ces termes à son « ami et collègue Bouteflika » :

« J'ai dit à Bouteflika : on est obligé de se creuser la cervelle pour trouver les problèmes sur lesquels l'Algérie et la France ont une optique différente. »

1. *Le Monde,* 17 mars 1972.

Pourtant, monsieur le Ministre, des problèmes existaient toujours. Nous venons de les évoquer. De plus, étiez-vous au courant des personnes disparues dans des circonstances tragiques ? Y avait-il à l'époque, et peut-être encore aujourd'hui, des personnes détenues dans les bagnes ou d'autres lieux en Algérie ? Ce problème était et reste toujours une plaie ouverte au secret du cœur de milliers de familles. La vérité ne pouvait-elle et ne pourrait-elle pas être recherchée ? Sous prétexte de ne pas raviver de douloureux problèmes, devait-on ou doit-on encore courir « le risque de sacrifier, de propos délibéré, la seule chance de sauver des enterrés vivants », comme l'a écrit le colonel Hervé de Blignères, président de l'Association pour la sauvegarde des familles et enfants de disparus ?

Le nombre de disparus signalés à M. Jean de Broglie, secrétaire d'Etat aux Affaires étrangères, se montait à 3080 à la date du 19 mars 1962. Il ne pourra malheureusement que s'élever par la suite pour être estimé finalement à 6080. Si l'on remarque la concordance entre les chiffres de la population européenne de l'Algérie et celle de Marseille, par exemple, on peut se demander quelle aurait été la réaction de l'opinion métropolitaine si pareil drame s'était déroulé dans cette grande ville de France. Enlèvements d'hommes, de jeunes femmes et de jeunes filles, dont on hésite à imaginer le sort !

N'aviez-vous pas, monsieur le Ministre, à évoquer la situation des cimetières ? Ignoriez-vous l'état d'abandon dans lesquels ils se trouvaient ? Tout Français d'Algérie ne peut supporter l'idée que les tombes de ses êtres chers ne soient pas l'objet d'un minimum de respect. Déjà, dans la prison d'Etat de Tulle, j'osais m'adresser en juillet 1964 au cardinal Feltin :

« Eminence,

« Que le culte des morts soit le fait de toute civilisation, que ce lien sacré entre le monde visible et invisible soit enraciné au plus profond de chacun de nous, est d'une telle évidence qu'il peut paraître puéril de le rappeler.

« Et pourtant, les dernières demeures des êtres qui nous sont chers entre tous sont journellement violées en Algérie sans qu'une voix ne s'élève contre de telles profanations. Les déracinés n'auront-ils donc pas le droit de savoir que leurs morts dorment en paix dans cette terre où se déroula leur vie d'homme ? Leur sera-t-il interdit d'avoir une Toussaint ?

« Les souffrances ressenties par tant de mes compatriotes sont plus vives chez ceux dont la douleur est enfermée entre les murs d'une prison. Leur condition les rend peut-être plus perméables aux données du cœur, leur sensibilité exacerbée devient un singulier écho des drames extérieurs.

« C'est parce qu'il me semble qu'une telle détresse peut être évitée que je prends la liberté, Eminence, dans l'audace du cœur, de faire appel à Votre Haute Autorité religieuse pour qu'Elle intervienne en faveur du respect des morts et des tombes... »

Quelques jours plus tard, le 24 juillet 1964, le cardinal Feltin daignait me répondre, m'assurant qu'il soumettait cette question à la prochaine Assemblée épiscopale et qu'il en informerait sans doute également l'archevêque d'Alger, qui « peut-être, vis-à-vis du gouvernement d'Algérie, pourrait exercer une heureuse influence en faveur de ceux qui reposent sur son territoire... ».

Qu'avez-vous fait, monsieur le Ministre, à l'époque ? Qu'a-t-on fait depuis ? L'enquête demandée récemment par le président de la République, François Mitterrand, si elle a donné des assurances pour certains cimetières, laisse un doute poignant sur l'état de nombreux autres.

Le 19 mars 1962 marquait la date de la capitulation. L'indépendance interviendra le 3 juillet suivant. C'était pour le F.L.N. un succès éclatant. C'était pour les Français, selon Christian Fouchet, une grande victoire sur eux-mêmes. La France avait connu depuis 1939 trop de défaites pour que l'on néglige de souligner cette victoire française en Algérie.

L'Algérie connaîtra, entre mars et juillet, de douloureuses et tragiques heures. La révolte des Pieds-noirs, devant l'inéluctable, deviendra plus vive. Ils se défendront avec une énergie farouche, face à un service d'ordre dont l'importance ne cessait de grandir [1] et qui, en outre, collaborait parfois en pleine harmonie avec les hommes du F.L.N. Il est impossible de ne pas évoquer la cruauté du siège de Bab

1. Pour donner l'importance du service d'ordre, voici les chiffres suivants qui s'appliquaient à la seule ville d'Oran et à son voisinage immédiat :
— 8 compagnies républicaines de sécurité (C.R.S.),
— 13 escadrons de gendarmerie mobile,
— 8 bataillons (dont 6 stationnés dans la ville).
En renfort, en cas d'alerte :
— 9 bataillons d'infanterie,
— 2 régiments d'A.B.C.,
— 1 groupe d'artillerie.
A ces chiffres doit être ajouté l'aviation basée à La Sénia : avions de chasse, T.6 et hélicoptères.

el-Oued. Certes, il faut objectivement rappeler que les mesures draconiennes prises par les autorités civiles et militaires faisaient suite à un grave et pénible drame : par suite de la tension d'esprit qui régnait à l'époque, plusieurs jeunes appelés avaient trouvé la mort au cours d'une mise en demeure de rendre leurs armes, exprimée par des hommes d'un commando O.A.S. Le feu fut ouvert. Je ne crois pas du reste que l'on ait jamais enregistré pareil incident. L'émotion fut grande dans les milieux militaires, tout comme elle était vive chez les Français d'Algérie lorsque le service d'ordre tirait sur des innocents.

La réaction militaire dépassa pourtant les bornes de la mesure. Laissons la parole à Me Ribs, actuellement conseiller à l'Elysée et qui fut témoin des faits : « Le quartier [Bab el-Oued] fut cerné ; tout ravitaillement fut interdit. Les magasins : épiceries, boulangeries, boucheries, furent éventrés par la troupe pour affamer la population comprenant évidemment des femmes, des enfants et des vieillards. Les blindés parcoururent les rues du quartier, tirant à la mitrailleuse sur les fenêtres, tandis que les habitants étaient réduits à se tenir à plat ventre derrière les volets clos. On fit également donner l'aviation qui, plongeant en piqué, mitrailla les toits et les rues. On avait voulu faire un exemple sur la responsabilité par l'expiation collective. La réussite était totale. »

La répression avait été sauvage. Yves Courrière, dont les sentiments sont loin d'être favorables à l'O.A.S. et aux Pieds-noirs, rapporte la réflexion suivante de De Gaulle :

« Le Général précisa sa pensée : Alger est en proie à la subversion ? Bab el-Oued se révolte ? Tous les moyens seront réunis. *Il ne faut pas lésiner. Il ne faut rien ménager.* »

Ce n'est pas le langage qu'il tiendra en mai 1968, lors des émeutes au Quartier latin. Il est vrai que les révoltés n'étaient pas des Pieds-noirs. Le bouclage qui enserrait Bab el-Oued était infranchissable. Les médecins sans frontières d'aujourd'hui n'auraient pu pénétrer dans le quartier assiégé. La situation sanitaire devenait inquiétante. Plus de vivres, plus de lait pour les enfants, plus de docteurs pour les blessés et les malades. Pour tenter de fléchir une autorité inhumaine, un cortège fut organisé, en signe de protestation. Cortège pacifique s'il en fut ! L'affaire est trop connue pour que l'on revienne sur le carnage que connut la rue d'Isly, le 26 mars 1962. Rappelons simplement que, pour assurer l'ordre, on avait mis en place un régiment de tirailleurs musulmans, composé d'appelés qui arrivaient des djebels. Ces tirailleurs savaient que demain le F.L.N. serait au pouvoir. Ils risquaient donc d'avoir à rendre des comptes aux rebelles et pourraient être victimes de représailles, si leur attitude pro-F.L.N.

était discutée. Aussi, pour se réhabiliter, ne seraient-ils pas tentés de se montrer intraitables avec les Européens ?

L'affrontement était inévitable. Les tirailleurs engagèrent le feu. Selon les déclarations du chef de corps du régiment, le colonel Goubard, le nombre de cartouches tirées était le suivant : 1 135 de pistolet-mitrailleur, 427 de fusil, 420 de fusil-mitrailleur. 1982 cartouches de guerre sur une foule pacifique ! Le nombre des victimes s'établissait à 80 morts et 200 blessés [1]. Rapidement le silence s'établit en France sur ce carnage. Aussi, aucune municipalité, à ma connaissance, n'a perpétué le souvenir de cette douloureuse journée en baptisant une rue de la date du « 26 mars » où tant de sang innocent coula sur la chaussée d'Alger. En revanche, il n'en sera pas de même pour celle de la honte, celle du « 19 mars » qui commémore une défaite.

Peut-on reprocher aux Français d'Algérie de clamer leur indignation au rappel indécent du 19 mars, qui marquait la fin de leurs espoirs ?

Le 5 juillet, avait lieu à Oran l'horrible massacre, que l'on a déjà évoqué. Ceux qui auraient hésité à partir choisirent de s'enfuir au plus tôt. Ce fut l'exode. Les Français d'Algérie abandonnaient leur sol natal, leurs maisons, leurs champs, leurs souvenirs avec l'émotion de ceux qui partent vers l'inconnu, pour ne jamais revenir sur les lieux de leur enfance. Ils partaient le cœur gros de l'ingratitude de la France, leur patrie, pour laquelle beaucoup d'entre eux avaient versé leur sang. Rien ne leur fut épargné pour rendre l'exode encore plus pénible. Ils attendront des heures, des jours entiers, sur un aérodrome ou un port, avant de prendre place dans un avion ou un bateau. Un bateau ! Souvent, à défaut de navires que le gouvernement se refusait à mettre en ligne, pour sauver des hommes en détresse, ce seront des chalutiers, des lamparos qui les transporteront. Ils partaient la plupart du temps dans le dénuement le plus total, n'emportant pour tout bien que les affaires que l'on avait pu loger dans des valises en carton achetées à prix d'or, ou des paniers, des sacs.

Ils partaient aussi, le cœur rempli d'une profonde amertume. Ils n'oubliaient pas qu'ils avaient été abusés et trahis. Abusés par des politiciens qui, avec cynisme, avaient appliqué une politique, autrefois

1. Ces chiffres sont extraits d'un Livre blanc, publié sous le patronage du « Groupe Unité de la République », dont le gouvernement a rapidement interdit la publication. Ce livre relatait les événements en faisant uniquement état des déclarations faites sur l'honneur par des témoins.

solennellement condamnée par eux. Trahis par le développement d'une campagne insidieuse, dont le but était de mettre fin aux combats, en cédant aux exigences du F.L.N. ; campagne alimentée par l'intelligentsia française et parfois soutenue par des membres du gouvernement. Ne pouvaient-ils pas, les Français d'Algérie, trouver déplacée, sinon intolérable, la sympathie manifestée aux rebelles ? N'étaient-ils pas en droit de s'estimer trahis par des hommes qui avaient soutenu moralement et souvent matériellement les rebelles, qu'ils soient « porteurs de valises », chrétiens progressistes ou communistes ? Pouvaient-ils admettre l'agressivité manifestée à leur égard par l'opinion métropolitaine, stigmatisant avec véhémence la violence, à laquelle une politique aberrante les avait conduits, alors que celle pratiquée par le F.L.N. était curieusement passée sous silence ? Ils avaient aussi été indignés par les attaques sournoises, parfois excessives et souvent non fondées, dont l'armée, qui les avait protégés du terrorisme, était l'objet.

Les Français d'Algérie ressentaient toujours douloureusement ces trahisons qui les avaient meurtris, révoltés. Au déchirement de la terre abandonnée, à l'angoisse de refaire leur existence, s'ajoutait dans leur infortune, l'obsession de l'accueil fraternel ou hostile, que la France allait leur réserver. Ils s'apercevront qu'à de rares exceptions près, les métropolitains étaient devenus indifférents à leur malheur. On semblait ignorer les attentats, souvent quotidiens, dont ils avaient été victimes. De la guerre d'Algérie, on ne retenait que les campagnes contre la torture. Plutôt que d'être confrontés au sentiment de culpabilité qui aurait pu troubler leur conscience, les métropolitains préféraient accuser les Pieds-noirs, leur reprochant d'être les artisans de leur malheur. Ce déphasage entre l'état d'esprit qui régnait en France et en Algérie était trop flagrant pour que, aujourd'hui encore, on ne soit obligé de rappeler tout ce contentieux où s'inscrivent les problèmes de subversion, de soutien à l'ennemi, de terrorisme aveugle. Ils éclairent, expliquent, justifient le comportement si discuté, critiqué, parfois vilipendé de mes compatriotes, durant toute cette guerre. Tous ces éléments font partie de l'Histoire. Ils ne sauraient tomber dans l'oubli. C'est pourquoi je vais en faire état.

10.

La subversion
Les porteurs de valises

Quand une nation est en guerre et que le gouvernement envoie ses soldats combattre et risquer leur vie, n'a-t-il pas le devoir de s'opposer à l'aide morale et souvent matérielle apportée à l'ennemi par des citoyens de son pays ? Ces citoyens ont-ils le droit par idéologie de prolonger la lutte et ne se sentent-ils pas responsables de la mort de nombreux soldats, tombés au champ d'honneur ou de civils abattus par le terrorisme ? C'est pourtant ce qui advint en France, où des réseaux d'aide au F.L.N. se constituèrent, sans que l'Etat manifestât pleinement sa volonté d'interdire ces complicités criminelles avec une énergie vivement souhaitée par ceux qui combattaient les fellaghas, les armes à la main.

L'aide morale apportée au F.L.N. fut le plus souvent le fait d'intellectuels, s'appuyant sur la fatalité historique de l'indépendance. La justification, à leurs yeux, de l'action menée par les rebelles, la sympathie qu'ils manifestaient à ceux qu'ils considéraient comme opprimés par la France, les conduisaient à estimer comme inéluctable l'indépendance de l'Algérie.

Pour ces intellectuels, comme pour une partie de la gauche française, « la guerre d'Algérie, nous dit Michel Crouzet [1], fut une bataille de " l'écrit ", qui fut menée dès le début et gagnée [2] ». Bataille de « l'écrit », doit-on ajouter, qui présentait moins de

1. Michel Crouzet est un enseignant communiste, qui, lors de la disparition de Maurice Audin, assistant à la faculté des sciences d'Alger, lancera une pétition connue sous le nom de « Pétition des assistants ».
2. *La Nef,* octobre 1962-janvier 1963 (Julliard).

dangers que dans les djebels. Cependant, précisait Crouzet, cette bataille de « l'impression ne réussit pas à pénétrer vraiment les appareils politiques et syndicaux... Le résultat, c'est que le public qui lit fut plus au courant et plus lucide que le public qui milite... » La presse « fut, dès le début, la hantise des chefs militaires et des ultras », et toujours selon Crouzet : « Il s'agissait des *Temps modernes,* d'*Esprit,* de *France-Observateur,* de *L'Express* et même du *Monde...* L'influence de Sartre, de Mauriac, des chrétiens de gauche, d'*Esprit,* fut considérable sur l'opinion cultivée[1]... », influence qui a de toute évidence marqué la jeunesse et dont les effets subsistent toujours.

Cependant, on peut se demander si, pour certains extrémistes, le soutien apporté au F.L.N. était le seul fait d'une idéologie se réclamant de la justice, de la liberté et de la dignité refusées selon eux aux Français de confession musulmane. Pour ces hommes, malheureusement trop nombreux, animés par la perspective de voir la France s'incliner devant les rebelles, la victoire du F.L.N. sonnerait le glas d'une bourgeoisie décadente. Cette victoire servirait de façon inattendue les objectifs d'une certaine gauche française. « Le F.L.N., porteur du " vrai socialisme ", ajoute Crouzet, était défendu, non pour ce qu'il était, mais pour ce qu'il deviendrait. On n'était pas solidaire du F.L.N., mais d'une de ses fractions considérée comme révolutionnaire. »

Si le F.L.N. triomphait, l'insurrection n'aurait été qu'une étape de la révolution en France. Aussi certains extrémistes de gauche redoutaient-ils que le F.L.N. n'acceptât une paix de compromis, qui serait une trahison de la révolution. L'aide apportée au F.L.N. avait pour eux un but politique : la poursuite de la guerre, rendue par la presse de plus en plus impopulaire, rassemblerait contre le pouvoir une partie chaque jour plus grande de la population. De troubles, que l'on pourrait télécommander, résulterait la grande révolution, tandis que la paix permettrait à l'impérialisme français de se tirer d'une mauvaise passe.

Ainsi aurait servi le soutien actif apporté au F.L.N. par ces Français qui n'avaient en vue que leur idéologie révolutionnaire. Peu leur importait le destin réservé au peuple algérien, dont le sort était rendu cruel par les souffrances dues à la poursuite de la guerre.

1. *La Nef, op. cit.*

La nécessité de rétablir l'ordre en Algérie a montré combien la notion de civisme en France s'était dégradée. On ne saurait nier que le rappel de certains contingents, en 1955, ait donné lieu à des actes d'insoumission : désordres, au départ des trains, dans les casernes. Ces mouvements de révolte étaient-ils spontanés ou fomentés par des meneurs ? C'est la question que l'on peut se poser, car, curieusement, des agitateurs se trouvaient sur place pour manifester contre l'envoi de soldats en Algérie. On mobilisa des ouvriers à la sortie des ateliers et l'on vit, rappelle *Le Monde,* le maire communiste du Petit-Quevilly, commune située près de Rouen, où avaient lieu des incidents, haranguer les soldats dans le sens que l'on devine. On doit reconnaître que l'autorité militaire ne comprit pas le désarroi de jeunes hommes rappelés au service, sans être informés de la nécessité dans laquelle s'était trouvé le gouvernement de prendre cette mesure.

Ces troubles conduisirent de nombreuses organisations de gauche à se rassembler dans un « Comité contre l'envoi du contingent en Algérie ». Si Guy Mollet interdit aux Jeunesses socialistes d'y adhérer, on remarquera parmi les étudiants socialistes, favorables à l'action menée contre la guerre d'Algérie, un animateur de grande classe, encore étudiant, en la personne de Michel Rocard qui fera son chemin en politique.

D'autres manifestations auront lieu avec l'arrivée au pouvoir, en 1956, de la gauche qui dut diriger sur l'Algérie de nouveaux jeunes mobilisés. Pourtant, au cours de la campagne électorale qui vit le succès du Front républicain, *Le Populaire,* journal de la S.F.I.O., fustigeait « l'aveuglement et l'égoïsme colonialistes ». Il condamnait le gouvernement Edgar Faure de s'être laissé enfermer « dans le cycle infernal de la violence répliquant à la violence, du maintien du contingent sous les drapeaux ». Il s'élevait contre ces mesures particulièrement condamnables : « D'un point de vue moral, car les consciences des jeunes mobilisés se soulèvent devant les atrocités qui peuvent leur être ordonnées dans le cadre des opérations dites de " répression ", de " nettoyage " ou de " ratissage "... Les jeunes Français, ajoutait l'éditorialiste, ne veulent être ni complices d'assassinats prémédités, ni victimes expiatoires des erreurs commises par ceux qui n'ont pas voulu en temps utile rechercher en Afrique du Nord les interlocuteurs valables et négocier avec eux. Pour la paix outre-mer, contre la guerre fratricide, ils [les électeurs] voteront socialiste. »

Une telle profession de foi alarmera à juste titre les Français d'Algérie qui, en février 1956, réserveront à Guy Mollet un accueil plutôt chaud. Soulignons toutefois que ce dernier verra mieux la situation à Alger que dans les couloirs du Parlement et prendra la décision de nommer ministre résident Robert Lacoste, dont on connaît l'action contre le F.L.N.

Pour assurer la victoire du F.L.N. de nombreux intellectuels et artistes engagés s'efforceront de démoraliser l'armée, en prêchant l'insoumission. Ils rédigent le 4 septembre 1960 un manifeste connu sous le nom de « déclaration des 121 ». La date du 4 septembre, bien choisie, rappelait la proclamation de la IIIe République et le nombre de 121, auquel on s'était arrêté, faute d'avoir recueilli beaucoup plus de signatures, pouvait évoquer l'adresse, respectueuse mais ferme, de 221 députés, qui, en 1830, exprimant l'inquiétude de la nation à Charles X, détermina le roi à dissoudre la Chambre, à promulguer les ordonnances qui se traduisirent par des troubles et la révolution.

Est-ce la révolution à laquelle pensaient les signataires du manifeste en 1960 ? Ce manifeste, « Déclaration sur le droit à l'insoumission dans la guerre d'Algérie », rappelait d'abord que jamais le territoire de la France n'avait été menacé, délicate pensée qui ne pouvait qu'aller droit au cœur des Français d'Algérie, pays qui ne faisait pas, pour ces intellectuels, partie du territoire national.

L'attaque contre l'armée était vive :

« C'est, aujourd'hui, principalement la volonté de l'armée qui entretient ce combat criminel et absurde, et cette armée, par le rôle politique que plusieurs de ses hauts représentants lui font jouer, agissant parfois ouvertement et violemment en dehors de toute légalité, trahissant les fins que l'ensemble du pays lui confie, compromet et risque de pervertir la nation même, en forçant les citoyens sous ses ordres à se faire les complices d'une action factieuse et avilissante. Faut-il rappeler que, quinze ans après la destruction de l'ordre hitlérien, le militarisme français, par suite des exigences d'une telle guerre, est parvenu à restaurer la torture et à en faire à nouveau comme une institution en Europe ?

« ... Qu'est-ce que le civisme, lorsque, dans certaines circonstances, il devient soumission honteuse ? N'y a-t-il pas des cas où *le refus de servir est un devoir sacré ; où la* " *trahison* " *signifie le respect courageux du vrai ?* Et lorsque, par la volonté de ceux qui l'utilisent comme instrument de domination raciste ou idéologique, l'armée s'affirme en état de révolte ouverte ou latente contre les institutions démocratiques, la révolte contre l'armée ne prend-elle pas un sens nouveau ?

« ... Les soussignés... déclarent :

« — Nous respectons et jugeons justifié le refus de prendre les armes contre le peuple algérien.

« — Nous respectons et jugeons justifiée la conduite des Français qui estiment de leur devoir d'apporter aide et protection aux Algériens opprimés au nom du peuple français.

« — La cause du peuple algérien, qui contribue de façon décisive à ruiner le système colonial, est la cause de tous les hommes libres. »

Cette magnifique déclaration justifiant l'insurrection qui était très loin de représenter les aspirations de l'ensemble des Musulmans en Algérie, et le droit à l'insoumission, était signée par des intellectuels tels que : Robert Barrat, Simone de Beauvoir, Claude Roy, Florence Malraux, André Mandouze, François Maspero, Théodore Monod, Vercors, Françoise Sagan, Jean-Paul Sartre..., par des artistes : Danièle Delorme, Catherine Sauvage, Simone Signoret... et par d'autres personnages moins connus, parmi lesquels on remarquait toutefois le nom de Jean Pouillon.

Les Français d'Algérie ne peuvent-ils pas avoir été scandalisés par un tel pamphlet contre eux et contre l'armée ? Leur révolte, dès lors, n'était-elle pas légitime, à son tour ?

Presque en même temps paraissait un manifeste du Mouvement anticolonialiste français (M.A.F.) animé par Henri Curiel, un Egyptien exilé, sur qui nous reviendrons. On rappelait d'abord que sont membres du M.A.F. tous ceux qui ont participé, et ceux qui sont prêts à participer, à une action anticolonialiste, « en acceptant les risques de l'illégalité et la discipline de la clandestinité ». Dans quel but ? « Le M.A.F. se propose *de soutenir et d'intensifier toutes les actions de masse* qui pourraient être décidées contre la guerre d'Algérie par les partis, les syndicats, les groupes et organisations quelconques et de les provoquer toutes les fois que ce sera possible. » Dès lors, quelles consignes donner ?

« Travailleurs, fonctionnaires, intellectuels, enseignants, étudiants, *constituez partout des comités locaux du M.A.F. ! Pas une usine, pas une faculté, pas un lycée, pas une entreprise, pas une unité, pas une caserne sans un comité de lutte anticolonialiste.*

« *Le refus n'est pas un acte de lâcheté, mais de suprême courage.* »

Paroles, écrits encourageants pour les « dix millions de Français à part entière » et pour « l'armée, l'armée française, selon de Gaulle, cohérente, ardente, disciplinée, sous les ordres de ses chefs, l'armée tant éprouvée en certaines circonstances... » et à laquelle le Général avait, en un certain temps, rendu un hommage éclatant, la considérant « avec sa loyauté, son honnêteté » comme la garante que la parole de la France serait tenue. Quelle parole ? Celle qui affirmait solennellement que l'Algérie était « organiquement une terre française aujourd'hui et pour toujours » ?

Cependant, les partisans de l'indépendance de l'Algérie n'étaient pas tous des intellectuels, aidant le F.L.N. par leurs articles, rédigés dans le calme de leurs bureaux ou dans les brasseries de Saint-Germain-des-Prés, et incitant à l'insoumission des garçons qui risquaient, eux, les rigueurs de la loi.

Il est des Français qui ont apporté une aide matérielle au F.L.N. et qui s'en vantent aujourd'hui. Ce sont les « porteurs de valises ». Ainsi furent appelés à un certain procès les accusés pour faits de soutien au F.L.N. [1].

Avant de poursuivre, une question se pose : la France était-elle bien contrainte d'assurer l'ordre en Algérie, gravement perturbé par les rebelles ? Qui pourrait mettre en doute ce devoir ? Des soldats français étaient engagés contre les fellaghas, c'étaient souvent des appelés. Ils risquaient leur vie et le premier souci du gouvernement était, ou aurait dû être, de s'opposer de la façon la plus nette à toute subversion. Chaque citoyen avait le droit d'avoir une opinion sur la guerre d'Algérie. On pouvait l'exprimer, en expliquant la nécessité d'un accord avec le F.L.N., ce que fera, du reste, Guy Mollet avec son triptyque : « Cessez-le-feu — Elections — Négociations ». Avait-on le droit de prendre parti pour la cause du F.L.N., l'encourager à poursuivre la lutte, alors que des hommes se battaient sur ordre du gouvernement de la France ? Cependant, absolument scandaleux sera l'appui matériel apporté au F.L.N., pour lui permettre d'intensifier son effort de guerre, ce qui revenait à combattre dans les rangs de

1. Avoir été porteur de valises n'empêche pas d'accéder à de hautes fonctions. Ainsi Hervé Bourges vient d'être nommé au poste de président de T.F. 1. Fonctions hautement importantes puisque l'on dispose de la possibilité d'orienter l'information. Or, M. Bourges a été, nous dit *Le Figaro* des 16-17 juillet 1983, un supporter du réseau Jeanson. En 1962, il devient chef de cabinet de Ben Bella. Il choisit la double nationalité française et algérienne, bien que n'ayant pas droit à cette dernière. Souhaitons que le président de T.F. 1 oublie sa nationalité algérienne pour présenter aussi objectivement que possible les événements passés d'Algérie.

l'ennemi. Ce jugement peut paraître excessif à certains intellectuels, mais il ne l'était pas pour ceux qui luttaient, dans les djebels, ou étaient exposés aux actions terroristes.

Dans cette aide à l'ennemi, deux noms se détachent : Francis Jeanson et Henri Curiel.

Francis Jeanson est un philosophe, intime de la pensée sartrienne. Il a pris contact avec l'Algérie, lors de la Deuxième Guerre mondiale. Il se scandalise de voir qu'en Algérie les Européens sont vichystes. Il aurait pu les excuser, sachant que, en 1942, tous les hommes en état de porter les armes étaient mobilisés et allaient se couvrir de gloire en Italie, en Provence, en Alsace et jusqu'au Danube. Des Français, ces hommes que la Résistance en France inquiétait, dans la mesure, dira-t-il, « où ils pressentaient une tendance révolutionnaire susceptible de s'opposer à l'exploitation coloniale [1] » ?

Il ne fait aucun doute que ce philosophe engagé n'a pas une sympathie excessive pour les Français d'Algérie. Désireux de publier un livre, il envoie, en 1955, son épouse, Colette, en Algérie pour s'entretenir avec les chefs de la rébellion. Colette Jeanson rencontrera Boumendjel et le docteur Francis, très réservés à l'égard de l'insurrection. Pour contacter d'autres dirigeants, elle fait appel au professeur Mandouze, de la faculté des lettres d'Alger, qui la met en relation avec le docteur Pierre Chaulet, qui effectue pour elle une enquête dans le maquis. Elle rencontre aussi Salah Louanchi, qui se cachait chez l'abbé Scotto.

Mandouze, Chaulet, Scotto, trois noms dont on reparlera. Francis Jeanson publie un livre, dont l'orientation politique est nette : « Je ne prétends pas me pencher sur le problème algérien, écrira-t-il, on ne se penche pas sur ses propres problèmes. Je ne m'efforcerai pas d'être impartial : je ne vois pas comment un citoyen français pourrait l'être quand les jeunes recrues du Berry, de l'Ile-de-France ou de l'Artois sont envoyées là-bas pour mitrailler en son nom les populations civiles de quatre départements français [2]. » Jeanson oublie de dire, évidemment, que les rebelles n'ont, quant à eux, aucun souci des populations européenne et musulmane. Il ne saurait en être autrement puisqu'il déclare s'efforcer de ne pas être impartial.

D'autre part, Francis Jeanson se réclame d'une philosophie où

1. *Les Porteurs de valises*, Hervé Hamon et Patrick Rotman (Albin Michel).
2. *Op. cit.*

l'intention n'est rien sans l'action. Aussi, contrairement aux penseurs qui préfèrent se livrer à des spéculations, qu'ils disent lucides et réfléchies, et souvent à des divagations pseudo-intellectuelles, Jeanson va-t-il passer à l'action. On ne peut que s'indigner de son comportement, mais on ne saurait lui refuser un certain courage. C'est un idéaliste qui, suivant la définition philosophique, tend à ramener les choses à l'esprit. Il va, comme tant d'autres, être persuadé que le problème algérien, si complexe en lui-même, doit trouver sa solution selon une conception élaborée par des esprits purs, alors que le réalisme laissait penser à une issue du conflit, indépendante d'une idéologie, même marxiste. C'est du reste, j'en conviens, le reproche, parfois exact, que l'on nous fera, de l'autre bord, au sujet de notre conception de l'Algérie française. L'essentielle différence est que nous étions animés par le désir de conserver à la France une province française, alors que les « porteurs de valises » avaient un but diamétralement opposé.

Le livre publié par les Jeanson est intitulé : *L'Algérie hors la loi.* C'est un programme et une justification de la lutte du F.L.N. Cet ouvrage ne sera pas accueilli, même à gauche, avec enthousiasme. Jean Daniel hésite, dans *L'Express,* entre « le chagrin et le haussement d'épaules », et reproche aux auteurs, « de s'égarer dans une surenchère masochiste qui le conduit à des dénonciations gratuites et à des amertumes infantiles[1] ». Devant de telles réactions, car Jean Daniel n'était pas le seul à gauche à être réservé, on peut s'étonner du succès que remportera Jeanson pour discréditer l'armée et les Français d'Algérie. Son réquisitoire aura un impact profond chez les rebelles. Jean Daniel, le temps passant, écrira : « Le livre de Jeanson a été le bréviaire des révolutionnaires, l'acte de naissance en même temps de la révolution algérienne et de l'Etat algérien. » Effectivement, c'est pour le F.L.N. une révélation et un encouragement. Le sens de son combat lui apparaît clairement et, en outre, il considère comme certain l'appui total des gens qui défendent de telles idées. Comment n'aideraient-ils pas matériellement la « lutte de libération du peuple algérien » ?

C'est ce que va faire Jeanson. Pour lui, toute la question était de savoir si l'on aidait les Algériens par sentiment de culpabilité, par romantisme et goût de l'aventure, par désespoir ou par esprit de sérieux pour des raisons d'ordre politique. Jeanson aidera les Algé-

1. *L'Express,* 13 janvier 1956.

riens pour des motifs qui lui sont propres, et il estime que l'anticolonialisme « ne se pratique pas en restant sur la touche ». Jeanson va former un réseau, qui rendra aux rebelles, au début, de menus services. La question de l'hébergement des hommes du F.L.N. se pose d'abord. Ce n'est pas une trahison de soustraire un homme à l'arrestation et peut-être à la torture, prétend-il. Cependant, ces clandestins doivent se déplacer. Jeanson dispose de militants auxquels il donne lui-même les consignes du trajet. Bientôt des tâches plus sérieuses attendront le réseau : les responsables du F.L.N. doivent, pour prendre les ordres et pour des contacts avec leurs homologues, se rendre en Espagne, Allemagne, Belgique, Suisse...

On organise, comme au temps de la Résistance, des filières qui n'utilisent que les voitures automobiles. Ces filières servent aussi, en sens inverse, pour faire entrer en France des chefs rebelles. De plus, le F.L.N., éliminant progressivement le M.N.A., impose sévèrement les quatre cent mille Algériens vivant en France. La cotisation se monte à vingt francs pour les salariés et à une somme forfaitaire, basée sur le chiffre d'affaires, pour les commerçants. Les fonds ainsi collectés sont importants, s'élevant en moyenne à plus de quatre cents millions anciens par mois.

Pour les transmettre à l'étranger, on utilise la valise diplomatique de Tunisie. Mais, un jour, une somme importante disparaît. Le F.L.N. demande aux « porteurs de valises » de s'en charger, ordre qu'ils exécutent sans discuter et non sans succès.

Le F.L.N. trouve aussi des complicités pour faire paraître sa presse. Les adhérents de la IVe Internationale, qui se disent trotskistes, publient des tracts, puis un bulletin : *Résistance algérienne.* Ce sera ensuite un journal : *El Moudjahid,* distribué, de gré ou de force, par les commerçants musulmans. A Alger, ils trouvent le secours de la presse avec le journal *Alger républicain* dirigé par Henri Alleg. Toutes ces occupations du réseau Jeanson conduisent à des frais importants : salaires des permanents, frais d'hôtel, souvent de luxe pour ne pas alerter la police, achat de voitures... Le F.L.N. attribuera au réseau une somme d'environ trois millions de francs de l'époque, par mois.

Le réseau prendra plus d'ampleur et d'efficacité avec l'arrivée d'Henri Curiel. Ce dernier, né en Egypte, est issu d'une famille juive de nationalité italienne. Après de brillantes études, il opte pour la nationalité égyptienne. Chassé de son pays pour raisons politiques, il se réfugie en France, où l'on accepte sa présence.

C'est donc un étranger, exilé, bénéficiant du droit d'asile en France, qui va conspirer contre notre pays. Belle illustration du laxisme qui nous conduit à donner refuge à certains étrangers, qui, insensibles au régime libéral qui est le nôtre, et sans reconnaissance pour l'accueil qui leur est réservé, complotent sans scrupules, contre la France.

A l'automne 1957, Curiel entre dans le réseau, présenté à Jeanson par Robert Barrat, un journaliste qui avait déjà fait l'objet d'une enquête, pour avoir, en 1955, publié un reportage sur l'Algérie, après être entré en contact avec des chefs rebelles. Ils conviennent d'un soutien matériel au F.L.N. et Curiel accepte volontiers l'aide de Didar Fawzy, une Egyptienne, communiste. Le réseau s'étoffe, grâce au recrutement qu'effectue un comédien, Jacques Charby, aidé dans cette tâche par son épouse. Des complicités dans le milieu artistique permettent d'héberger les clandestins dans des appartements bourgeois. On cite les noms de propriétaires, souvent très connus : Vercors, Olivier Todd, Catherine Sauvage... Que de personnalités pour soutenir le F.L.N. !

Curiel a adhéré au réseau. Peut-être moins par sympathie que pour essayer de rallier au Parti communiste français le F.L.N., car Curiel est avant tout un communiste convaincu.

L'arrivée au pouvoir de De Gaulle avait inquiété le P.C.F., persuadé de se trouver confronté à une tentative factieuse. Il n'est pas le seul alarmé car les éditoriaux de *France-Observateur* et de *France nouvelle* s'alignent dans le même sens que lui. On est affolé dans les hautes sphères communistes. Aragon couche à l'ambassade soviétique ! Comment l'ambassadeur aurait-il pu refuser de recevoir un tel homme, un très grand écrivain certes, qui avait pu s'écrier : « Vive le guépéou, figure dialectique de l'héroïsme », et qui prétendait que « l'annonce du pacte germano-soviétique a fait reculer la guerre » ? Mais que dirait toute la presse gauchiste si, un jour, un homme politique français demandait refuge à l'ambassade du Chili ou d'Argentine ? Je ne pense pas qu'elle laisserait passer un tel incident.

Curiel estime la situation favorable à un rapprochement entre le P.C.F. et le F.L.N. Hervé Hamon et Patrick Rotman, auteurs du livre : *Les Porteurs de valises,* bénéficiant de la documentation prêtée par Jeanson ont, avec précision, rapporté les relations entre le P.C.F. et le F.L.N.

Pour organiser des contacts entre communistes et rebelles, Curiel fait appel à Jeanson, qui est bien placé. Il vient d'assister, en mai 1958, à une réunion au sommet des chefs de wilaya, en territoire espagnol. Boumediene assiste à cette réunion. Curieuse présence d'un Français à ce séminaire et preuve indiscutable de la confiance manifestée par les rebelles à celui-ci. La discussion porte sur l'inquiétude du F.L.N., qui craint l'arrivée au pouvoir de De Gaulle. Il semble pouvoir accepter l'aide d'un parti français et, dans ce but, de discuter avec les communistes. Ces derniers sont en train d'évoluer et se posent la question « de savoir si le peuple algérien accédera à l'indépendance avec l'aide de la France ou sans elle ». Cette prise de position idéologique est secondaire par rapport à l'appoint du F.L.N. en France, si le fascisme s'y instaurait. Le P.C.F. pourrait utiliser l'énorme potentiel représenté par les centaines de milliers de travailleurs algériens en métropole pour s'opposer efficacement à la dictature gaulliste qu'il pressent.

Jeanson va rencontrer le communiste Laurent Casanova. Jeanson plaide pour que l'action du F.L.N. « soit coordonnée avec celle du peuple français ». Ce sera ensuite le tour de Waldeck Rochet, qui marque une certaine réserve, mais que le P.C.F. désigne pour rencontrer, en Suisse, Omar Boudaoud, qui dirige la Fédération F.L.N. de France. Ce contact sera décommandé, à la dernière minute, de Gaulle ne donnant pas l'impression de gérer les affaires de façon dictatoriale. Peu importe que la rencontre n'ait pas eu lieu. Ce qui est à noter, c'est que des Français aient pu songer à faire intervenir des travailleurs algériens dans une optique révolutionnaire, et qu'un parti, qui avait déjà eu des ministres dans un gouvernement — sous de Gaulle du reste — ait accepté, clandestinement, de discuter de modes d'action avec des rebelles en lutte contre leur pays.

En 1959, le réseau tourne à sa vitesse de croisière. Un professeur de lettres, Hélène Cuénat, contrôle la collecte des fonds livrés à Curiel. Jacques Vignes, journaliste, s'occupe des passages, avec l'aide d'une comédienne, Cécile Marion et de Jean-Louis Hurst, instituteur communiste, qui avait déserté. Ce dernier, sur les conseils de son parti, avait suivi les cours d'officier de réserve, devenant ainsi sous-lieutenant. S'étant mis en rapport avec André Mandouze, qui avait alerté aussitôt Jeanson, Hurst va constituer une filière sur l'Allemagne. Ainsi, un officier français transportait des rebelles, que d'autres officiers français et des appelés du contingent, au péril de leur vie, traquaient dans les djebels. Voilà où en étaient arrivés des Français ! On a honte de rapporter de pareilles félonies.

Les activités du réseau vont se développer. On ne saurait qualifier leur action que de trahison.

Un jeune appelé remet à Curiel des cartes d'état-major. Photographiées, elles lui sont rendues et remises à leur place. A qui pourraient-elles être destinées, sinon au F.L.N. ? Les valises, transportant habituellement des fonds, contiennent maintenant des armes. Le 10 mai 1960, la D.S.T. découvrira ainsi cent vingt-sept mitraillettes dans neuf valises. On peut faire mieux encore pour fournir de l'armement au F.L.N. Deux machines-outils, fraiseuses, presses, sont achetées pour équiper deux usines, dont l'une se cachera dans la banlieue même de Casablanca. Ainsi, seront fabriqués pistolets-mitrailleurs, mortiers d'infanterie et grenades offensives[1].

Des membres du réseau sont arrêtés. Pour les défendre se constitue un « collectif des avocats », composé de Français de confession musulmane et d'avocats du barreau de Paris, Mes Vergès, Beauvillers, Courrégé... A ces avocats va se joindre un maître du barreau, qui organisera des rendez-vous d'affaires avec Jeanson, ce qui lui permettra de dire : « Au fur et à mesure que l'instruction se développait, j'en avisais Jeanson afin qu'il cloisonne en conséquence. L'intérêt de la D.S.T. se concentrait sur ses proches. Je suis parvenu à l'informer pas à pas de l'évolution du dossier. D'autre part, pour les détenus, il était très important de constater que, dehors, l'action continuait. » Cet avocat est Roland Dumas, député apparenté à l'U.D.S.R. de François Mitterrand. Il serait un homme courageux, qui, « obéissant à une impulsion de sympathie et à un élan d'humanité, a pris parti jusqu'à se ranger dans le camp des victimes ». On peut ne pas partager les sympathies témoignées à Roland Dumas.

Des intellectuels de gauche viendront témoigner en faveur des « porteurs de valises ». Ainsi, pour ne citer qu'un cas, au procès qui vit six Français musulmans et dix-huit métropolitains s'entasser dans un box, Roland Dumas pourra lire une lettre de Sartre, disant en particulier :

« ... Les Français qui aident le F.L.N. ne sont pas seulement poussés par des sentiments généreux à l'égard d'un peuple opprimé et ils ne se mettent pas non plus au service d'une cause étrangère : ils travaillent pour eux-mêmes, pour leur liberté et pour leur avenir, ils travaillent pour l'instauration en France d'une vraie démocratie... ils ont été à l'avant-garde d'un mouvement qui aura peut-être réveillé la gauche, enlisée dans une misérable prudence, et l'aura mieux préparée à l'inévitable épreuve de force avec l'armée, ajournée depuis mai 1958... Les professeurs de la Sorbonne, pendant la Résistance, n'hésitaient pas à transmettre des plis et à faire des liaisons. Si Jeanson m'avait demandé de porter des valises ou d'héberger des militants

1. *Op. cit.*

algériens, et que j'aie pu le faire sans risque pour eux, je l'aurais fait sans hésitation… J'ose dire qu'ils [les accusés] sont dans le box comme nos délégués. Ce qu'ils représentent, c'est l'avenir de la France. Et le pouvoir éphémère qui s'apprête à les juger ne réprésente déjà plus rien. »

Ecrits inadmissibles, outrageants, que fustigeait Thierry Maulnier dans *Le Figaro :* « En demandant à la gauche française, et plus particulièrement à la jeunesse, de collaborer avec le parti terroriste, totalitaire, qui veut imposer aux Algériens la loi des égorgeurs, et qu'il présente comme le vrai défenseur des libertés et de la démocratie, il encourage les rebelles à poursuivre la lutte… Il semble que M. Jean-Paul Sartre lui-même n'ait plus rien d'autre à faire qu'à tirer la conclusion logique de la position qu'il vient de prendre publiquement et qu'à la défendre, le fusil ou la bombe à la main, dans les rangs du F.L.N. »

M. Jean-Paul Sartre avait trop le souci de sa personne pour donner l'exemple à ceux qu'il incitait à s'engager dans le combat mené par les rebelles.

Quelle fut l'influence du réseau Jeanson ? Haddad Hamada, coordonnateur de la Fédération du F.L.N. en France, pourra reconnaître : « *Je peux dire que l'apport des réseaux a été pour nous vital.* »

11.

Les chrétiens progressistes

Quelle fut, durant la guerre d'Algérie, l'attitude de certains chrétiens français ? On peut penser que les prises de position du Vatican les ont influencés. Quelles étaient-elles ?

Dès 1954, Pie XII évoquait « le processus d'évolution vers l'autonomie politique des peuples considérés jusqu'à présent comme coloniaux, que l'Europe aurait dû guider avec prévoyance et attention ». Son message de Noël 1955 reprend ce thème. Craignant l'emprise du communisme dans ce contexte colonial, il demande « qu'une liberté politique juste et progressive ne soit pas refusée à ces peuples et qu'on n'y mette pas d'obstacle ». Jean XXIII, quant à lui, faisant allusion aux populations algériennes, souhaitait « de tout cœur la réalisation de leurs légitimes aspirations dans la justice et la liberté. Fidèles à notre devoir, poursuivait-il, nous continuerons pour notre part à employer toutes nos forces en faveur de la paix véritable qui ne s'obtient pas par la violence, mais qui résume l'accord loyalement stipulé dans le respect des droits de l'individu... [1] ». On remarquera que le mot « indépendance » n'est pas prononcé dans ces messages. Peut-être, diront certains, était-il sous-entendu ? D'autres récuseront la position de Leurs Saintetés, qui n'aurait reposé que sur de très hauts critères moraux, excluant la réalité des choses. Il a été écrit dans *Le Fil de l'épée :* « La perfection chrétienne n'a jamais fait la grandeur des Empires. »

On ne saurait contester les intentions de Rome. Une note pour le ministre résident en Algérie, du 10 avril 1957, et émanant des Affaires

1. *La Nef, revue citée.*

étrangères, précise que le Vatican ne souhaite nullement que la France abandonne l'Algérie. Quelle était la teneur de cette note ?

« Notre ambassadeur au Vatican me signale qu'il a eu l'occasion de s'entretenir à plusieurs reprises, ces temps derniers, avec les représentants de la Secrétairerie d'Etat des problèmes que pose aux autorités françaises en Algérie le comportement de certains ecclésiastiques qui sont en difficulté avec l'administration. »

M. de Margerie a pu constater que ses interlocuteurs étaient eux-mêmes assez préoccupés et qu'ils étudiaient, de concert avec la Nonciature à Paris, les moyens de faire prévaloir sur place les conseils de prudence que la Secrétairerie d'Etat ne cesse de prodiguer.

« On sait que le Vatican se préoccupe fort de l'évolution du problème algérien. Le Saint-Père lui-même, lorsqu'il a reçu notre ambassadeur pour la première fois au mois de novembre, lui avait dit combien *il souhaitait que la France maintienne sa présence en Algérie.* Il n'a pas caché ses appréhensions devant les activités de ceux, Français ou étrangers, qui font campagne ouvertement ou de façon déguisée pour que la France abandonne ses positions traditionnelles en Afrique du Nord. *Il estime que notre départ serait catastrophique pour la paix du Monde*[1]. »

Cette note diplomatique souligne bien que, si certains ecclésiastiques ont pris fait et cause pour les rebelles, leur attitude a fini par paraître suspecte au Vatican.

On sait, effectivement, que de nombreux chrétiens, inspirés par des sentiments élevés, se penchèrent avec compassion sur le sort de certains Musulmans, sur leur droit au travail, leur dignité, leur égalité avec les Européens dans la vie courante. Ces principes ne sauraient être contestés, bien au contraire, et nous les approuvons entièrement, tandis que seront hautement condamnables la défense systématique des rebelles et très souvent l'aide matérielle qui leur était apportée.

Les conclusions d'une session d'études, consacrée à l'Algérie, par les prêtres de la Mission de France me paraissent traduire la position de certains ecclésiastiques dans la guerre d'Algérie. Qu'étaient ces conclusions ?

« 1. Le drame algérien, dans ses aspects multiples, est aujourd'hui l'un des secteurs humains où nous constatons que le salut des hommes qui nous sont confiés est en jeu...

« 2. Comme le manifeste son enseignement traditionnel, l'Eglise

1. *L'Eglise et l'Algérie,* Jean Boisson (Pradier).

respecte dans son ordre le rôle de l'Etat. Le chrétien fait partie d'une nation vis-à-vis de laquelle *il a des devoirs et il est soumis aux autorités constituées de ce pays.* Mais dans l'exercice de cette obéissance, comme dans l'accomplissement de ces devoirs, le chrétien reste également *soumis à l'enseignement de l'Eglise qui lui fait une obligation :*

« — de refuser tout égoïsme individuel ou collectif ;

« — de reconnaître l'existence et les droits de ses frères qui n'appartiennent pas à la même race que lui.

« Il n'est pas traître à sa patrie le chrétien qui exige le respect des droits des autres. Il ne démoralise ni l'Armée, ni la Nation, le chrétien qui condamne certaines méthodes inhumaines. Il est au contraire fidèle à sa patrie en essayant de promouvoir sa vraie grandeur, qui n'est pas que de puissance et de force matérielle, mais de maintien et d'accroissement de son authentique patrimoine spirituel.

« 3. Prêtres de l'Eglise catholique fondée par le Christ pour toutes les races, et toutes les civilisations de la Terre, nous n'avons pas le droit de nous enfermer dans des vues étroitement nationales. Nous devons témoigner que l'Eglise ne se confond avec aucune nation déjà existante. *Elle considère comme un bien la formation de nations nouvelles.*

« Les déclarations de la hiérarchie en font foi.

« S'il est révélé qu'en Algérie un peuple existe et veut exister comme distinct du peuple français, nous pouvons donc nettement déclarer que l'Eglise n'est pas davantage opposée là qu'ailleurs *à l'accession de ce peuple à l'indépendance.*

« L'évangélisation ne peut être un prétexte à la *domination d'un peuple sur un autre.*

« 4. L'Eglise, par la voie de la hiérarchie, a maintes fois demandé que les conflits d'intérêts ou de droits soient réglés par la voie de *la négociation plutôt que par le recours à la force.* Des moyens légaux ayant été utilisés du côté algérien pour faire valoir leurs aspirations à une indépendance, il serait injuste de faire une coupure dans l'Histoire pour rejeter sur les Algériens toute la responsabilité du conflit.

« Nous devons comprendre que le recours à la violence s'enracine dans les événements antérieurs, sans justifier pour autant le terrorisme et ses méthodes...

« 5. La reconnaissance des droits de la Communauté musulmane n'est pas séparable de la reconnaissance des droits de la Communauté européenne en Algérie...

« 6. Des informations dignes de foi que nous donnent des soldats de nos secteurs, revenus d'Algérie, et confirmées par des témoignages nombreux et autorisés, font apparaître en Algérie l'emploi d'un ensemble de méthodes inhumaines : arrestations arbitraires, tortures physiques et tortures psychiques, exécutions sans jugement, massacres de populations civiles, ratissages, exécutions de prisonniers, achèvement des blessés.

« La morale chrétienne réprouve formellement ces méthodes.

« Des arguments fallacieux ont été avancés pour justifier l'utilisation de pareilles méthodes en Algérie : d'abord leur efficacité, ensuite la recherche de renseignements pour protéger des innocents, enfin la réponse au terrorisme de l'adversaire.

« ... Bien qu'on ait parlé beaucoup plus dans la presse du terrorisme que des tortures, il ne faudrait pas que la dénonciation des tortures soit à son tour une façon de masquer le terrorisme. L'un et l'autre sont également injusticiables.

« 7. Dans nos différents secteurs, de nombreux jeunes partent en Algérie ou en reviennent. Nos diverses constatations se rejoignent sur des faits précis : des dégradations trop fréquentes de la conscience morale dues à la participation à des actes de violence ou à l'influence des justifications qui en sont données... »

Ces déclarations sont habilement exposées. Il ne saurait en être autrement, car les Pères de l'Eglise savent nuancer leurs propos et donner l'impression d'une objectivité totale.

Si l'Eglise « respecte dans son ordre le rôle propre de l'Etat » et si « le chrétien... a des devoirs » et s'il est « soumis aux autorités constituées de son pays », il « reste également soumis à l'enseignement de l'Eglise ». Ce chrétien n'est pas traître à sa patrie et ne démoralise pas l'armée ni la nation s'il condamne certaines méthodes inhumaines.

On ne saurait critiquer ces lignes si la question de la torture n'était pas sous-entendue. On évite trop souvent d'évoquer le terrorisme que faisaient régner les rebelles, ce qui n'est certes pas une raison pour excuser la torture, mais il eût été normal, comme on le constatera, que les attentats des fellaghas eussent été marqués par les chrétiens progressistes avec autant de netteté que les tortures, dont ils avaient fait le leitmotiv de leurs campagnes anticolonialistes. Les Pères de la Mission ne pouvaient ignorer le terrorisme, car ils avaient certainement tous béni des tombes d'innocents abattus par les insurgés. Par ailleurs, l'énumération des sévices, qui semblent être infligés de façon normale, paraît quelque peu excessive, ne serait-ce que par le rappel de massacres des populations et d'achèvement des blessés, qui furent en réalité le fait du F.L.N., ce que les Pères semblent ignorer.

Ajoutons que les excès, si regrettables qu'ils fussent, étaient moins généralisés qu'on ne l'affirme aujourd'hui, ce qui ressort de témoignages d'officiers responsables de secteurs.

La Mission se dit, par ailleurs, non opposée à l'indépendance de l'Algérie, s'il est révélé qu'un peuple existe et veut exister comme distinct du peuple français. Cette déclaration date de janvier 1958. Les manifestations du 13 mai 1958 montreront aux plus aveugles que les Musulmans continuaient à manifester leur confiance à la France, ce qui ne modifiera pas l'opinion des chrétiens engagés ni même celle de prêtres, comme Mgr Duval, qui mettra en doute la fraternisation du 13 mai. L'évêque d'Alger protestera même lorsque, selon lui, on aura « contraint des femmes de la Casbah, sans respect pour leur dignité, à brûler leur voile sur le Forum [1] ».

On ne saurait être plus mal informé ou, ce qui serait plus grave, tendancieux, pour affirmer de pareilles contrevérités. Fort heureusement les deux autres hauts prélats d'Algérie montreront plus d'objectivité. Mgr Pinier, à Constantine, « dans la clameur des foules, découvre un mouvement authentique de fraternisation, point de départ pour une plus grande justice [1] ». A Oran, Mgr Lacaste célèbre une messe « aux intentions de l'armée, après s'être félicité de l'espoir que faisait naître le 13 mai ». Montant en chaire, l'évêque rend hommage aux mérites de l'armée qui a « pu triompher de cette guerre étrange, malgré des colères compréhensibles et des faux pas inévitables, qui savait rester humaine et patiente dans une lutte où le silence complice des uns, la peur des autres et les accusations faciles, désintéressées ou non, de beaucoup favorisaient à souhait la manœuvre d'un adversaire possible partout et présent nulle part [2] ».

Mgr Lacaste, lui, n'oubliera pas non plus « la subversion qui, née de la haine aveugle et sauvage aboutissait, si son action était couronnée de succès, à livrer les deux communautés entre les mains d'une tyrannie implacable ». La suite des événements, avec les dictatures de Ben Bella et de Boumediene, donnera raison à ce haut dignitaire.

Indépendance de l'Algérie ? N'est-ce pas la souhaiter implicitement qu'écrire que l'Eglise « considère comme un bien la formation de nations nouvelles » ? Les positions prises par la Mission de France et les interventions de certains ecclésiastiques ont-elles influencé l'atti-

1. Témoignage de Mgr Duval en 1970, *Les Chrétiens dans la guerre,* André Nozière (Cana).
2. *L'Echo d'Oran,* 30 mai 1958.

tude de nombreux prêtres ? Peut-être, car il est regrettable de constater combien fut importante l'aide apportée aux rebelles par une partie du clergé.

Les chrétiens progressistes incitèrent-ils les jeunes recrues à faire leur devoir, à combattre ?

Une question se pose sur les qualités de combattant d'un homme. Son attitude au feu dépend de son éducation civique, de son courage et de son patriotisme. Il sera un piètre guerrier s'il a été nourri d'antimilitarisme, et ainsi abaissé dans son âme, comme l'écrivait Jean Jaurès dans *L'Armée nouvelle.* Dès lors que l'on entend, aujourd'hui, déclarer par de jeunes hommes que l'on peut refuser de participer à une guerre qui ne vous concerne pas, on ne peut rien augurer de bon d'un conflit où notre pays serait engagé. A l'égard de la guerre d'Algérie, le comportement de certains chrétiens n'a pas été exemplaire.

Pour de nombreux chrétiens, le patriotisme, « la plus puissante manifestation de l'âme », selon Gustave Le Bon, n'est-il pas devenu une vertu désuète ? On peut malheureusement le penser : « Le patriotisme convient-il au chrétien ? écrit un professeur dans les *Cahiers universitaires catholiques...* Le patriotisme est-il une vertu ? On pourrait en douter. Le suffixe en -isme est un mauvais signe... En réalité, le patriotisme n'a jamais été qu'un *sentiment suspect* dans le monde chrétien jusqu'au premier tiers du XIXe siècle. C'est alors qu'à la faveur de confusions qu'il faudra bien un jour démêler, on a découvert en France que le patriotisme, réinventé par les sans-culottes, était une vertu chrétienne... La patrie n'est [pour le chrétien] que le lieu contingent et provisoire de sa vocation. Le missionnaire qui part pour une nouvelle patrie ne doit rien à celle qu'il quitte... “ *Il peut avoir à haïr sa patrie* comme il est recommandé au disciple de haïr ses parents. ” (Luc, 14,16)... *Nous serons toujours de mauvais patriotes.* Je ne trouve pas que ce soit un déshonneur. »

Toujours sur le même sujet : « Certes je n'ai pas à être objecteur de conscience a priori : il peut y avoir des guerres justes, et il m'est souvent difficile, à moi, individu, de juger si la guerre est juste ou injuste : je la subis, mais je sais bien que... dans tel cas particulier, je dois dire “ non ”, donc désobéir... *Le chrétien restera toujours un objecteur de conscience a posteriori,* ou il n'est pas chrétien. *Le patriotisme... engendre une morale et une moralité* qui sont ce qu'elles sont, mais qui *ne sont pas nécessairement acceptables pour une conscience chrétienne*[1]. »

Aucun commentaire ne s'impose sur ces professions de foi antinationales, qui marqueront cependant nombre de jeunes soldats chrétiens. Cependant, des scrupules, discutables, servant souvent de prétexte à la lâcheté, l'emporteront parfois sur le devoir.

Qu'accepterait la conscience chrétienne, si un conflit s'engageait ? Edmond Michelet n'avait-il pas raison d'écrire, en 1955 dans *La Croix,* que « ce qui se passe dans l'Occident d'aujourd'hui est comparable à ce qui se fût passé dans les dernières années du monde romain, s'il y avait eu alors convergence voulue, synchronisme prémédité, entre le refus d'obéissance chrétien et les poussées successives des Barbares » ? Les Barbares ! Nous savons où ils se trouvent actuellement.

Le clergé ne fut certes pas unanime, et nous le constatons avec satisfaction, dans la condamnation de la volonté des Français d'Algérie de se maintenir dans leur pays natal. Les prêtres qui officiaient en Algérie, à quelques exceptions près, se refusèrent à prendre parti pour le F.L.N., bien au contraire. Mais de combien de critiques odieusement basses furent-ils l'objet ! Il est vrai, selon Georges Hourdin, et nous lui laissons la responsabilité de ses propos, que le clergé se divisait en deux tendances bien différentes : « le clergé établi et le clergé missionnaire ». Ce clergé établi avait de la peine à se recruter, ce qui ne nous étonne guère, car, il n'y a pas encore très longtemps, un séjour prolongé en Algérie apparaissait comme une aventure que l'on hésitait à tenter, l'outre-mer semblant réservé aux fortes têtes. « Les prêtres métropolitains, ajoute Hourdin, qui étaient envoyés par les diocèses français, qui souffraient également d'une crise de vocation, n'étaient pas forcément les meilleurs. Ces prêtres de paroisse n'avaient pu apporter à leurs fidèles ce qui leur manquait. Une partie d'entre eux étaient, en effet, marqués par la terre algérienne et l'influence du milieu social dont ils étaient issus... » Cette appréciation sur le clergé d'Algérie sera partagée en métropole et l'on s'en rendra compte par le manque de fraternité avec laquelle les prêtres de « chez nous » seront accueillis sur la terre de France en 1962.

Pourtant, selon les progressistes chrétiens, ils pouvaient présenter l'excuse d'avoir comme fidèles une population « à laquelle il aurait

1. *Le Vatican contre la France d'outre-mer,* François Méjan (Fischbader)

fallu de l'héroïsme pour s'engager, sans hésitation, dans la voie du dépassement fraternel ». Car, toujours selon Hourdin, « elle avait été, en effet, beaucoup moins touchée que ne l'avait été la population métropolitaine par *la rénovation du sens chrétien.* Elle n'était pas en état de dépasser dans la lumière de la charité une situation de haine et d'incompréhension raciste ». Cette incompréhension, nous aurons, nous, Français d'Algérie, à la constater de la part de trop nombreux métropolitains, lorsque le malheur s'abattra sur nous, et elle se manifeste encore aujourd'hui.

Rénovation du sens chrétien ! Pouvait-on l'espérer des hommes et des femmes « violents, superstitieux, à la fois tenaces et versatiles » qu'étaient les Français d'Algérie ? Peut-être, mais ils avaient d'autres qualités, de travail, d'initiative, de générosité, de courage, de patriotisme que l'on ne devrait pas passer sous silence par sectarisme. Les chrétiens progressistes devraient les reconnaître, sinon les louer.

Des prêtres, et de leurs fidèles, acceptaient d'aider les rebelles dans la lutte qu'ils menaient contre la France. Ils s'engageaient, selon Pierre Houart[1], « pour faire cesser ces combats indignes, ces tortures innommables et ce mépris de la vie actuellement répandus partout... Il faut donc protester, ajoutait-il, ce qui étymologiquement signifie " témoigner en faveur ", tester pour nos amis algériens ».

Témoigner en faveur de leurs amis algériens ! Et aux Français d'Algérie, ces bonnes consciences y pensaient-elles ? Il est vrai que les partisans de l'Algérie française se voyaient assimilés « à une triste cohorte composée d'un gros d'officiers et de quelques francs-tireurs, prêtres et laïcs, tous d'une rare ignorance religieuse (quoique non démunis de prétention) ». Cette appréciation, si flatteuse pour les Français d'Algérie et leurs amis, et que rapporte Pierre Debray, est de la plume de J. M. Paupert qui, de surcroît affirme que « la conscience chrétienne devait refuser la continuation de la guerre d'Algérie », parce que cette guerre était injuste « en tant que guerre elle-même » et qu'en outre « il n'est pas indifférent à la réalisation de l'Evangile que des chrétiens se soucient de la liberté des autres et de la cessation de la contrainte ».

Pierre Debray relève ces assertions tendancieuses : « Est-il certain, écrit-il, que la guerre d'Algérie était injuste ? Que l'indépendance ait restauré la liberté et aboli la contrainte ? C'est possible, encore faudrait-il le prouver à partir de raisons politiques et non pas

1. *L'Attitude de l'Eglise dans la guerre d'Algérie,* Pierre Houart (Le Livre Africain).

religieuses. D'autant que les raisons religieuses, en l'occurrence, se ploient dans tous les sens et qu'un partisan de l'Algérie française aurait aussi bien le droit de soutenir qu'il n'est pas indifférent à la réalisation de l'Evangile que des chrétiens tiennent la parole qu'ils ont donnée à des Musulmans [1]. »

Le clergé d'Algérie partagea, dans sa très grande majorité, l'inquiétude, transformée peu à peu en angoisse, de ses fidèles. Ce ne fut pas le cas, en particulier, de l'évêque d'Alger, Mgr Duval, qui ne voyait de solution que dans l'indépendance de l'Algérie. Nous avons rappelé que la fraternisation, retrouvée au mois de mai 1958, année de « l'espérance trahie », le laissait sceptique. Lorsqu'il vint rendre visite au général Salan, le 16 mai 1958, accompagné de son coadjuteur, la conversation s'engagea sur le grand espoir que le destin offrait à l'Algérie. J'assistais au dialogue, faisant ainsi connaissance, bien que présent à Alger depuis un an, avec cet homme, ascétique, la figure ridée, les yeux fuyants, qui ne forçait guère la sympathie [2]. Le général Salan espérait de lui un minimum de compréhension, la simple honnêteté de dire ce qui se passait et de faire part à M. Pflimlin, démocrate-chrétien, de ses impressions. Mgr Duval se retrancha derrière les devoirs de sa charge, devant rester un arbitre et ne pas transgresser son domaine purement spirituel.

Rien ne put ébranler sa détermination de rester muet, ni la sauvegarde des populations, ni la fraternisation éclatante, ni la nécessité de mettre fin à l'imposture des rebelles, qui, malgré leurs déclarations et l'audience que leur réservait la presse, tant métropolitaine qu'internationale, ne représentaient pas les sentiments de la population musulmane. Ecœurés par la spéciosité de ses propos, nous le vîmes se retirer dans un silence glacial. L'homme attendait, pour pouvoir témoigner, devant l'Histoire, de son admiration pour les rebelles, que l'indépendance qu'il souhaitait fût proclamée. Il opta aussitôt d'ailleurs pour la nationalité algérienne.

Si d'aucuns peuvent penser à une exagération sur les sentiments pro-F.L.N. de Mgr Duval, je leur livre l'extrait d'un entrefilet paru le 2 février 1965 dans le journal *Alger républicain :*

1. *Dossier des nouveaux prêtres,* Pierre Debray (La Table Ronde).
2. Il était d'usage, à Alger, de ne pas faire de visite protocolaire à Mgr Duval, étant donné ses sentiments pro-F.L.N.

« La liberté religieuse qui fait partie de l'éthique algérienne vient d'être couronnée par la dignité cardinalice de son Eminence Léon-Etienne Duval, le noble ami du peuple algérien.

« Pendant la longue guerre de libération nationale, les militants du F.L.N. ont trouvé auprès de l'archevêque d'Alger, de ses plus proches collaborateurs et de ses paroissiens fidèles, le soutien actif dans notre *djihad*[1] pour conquérir la liberté de notre Patrie et notre dignité. »

Mgr Duval prétendait, lors de sa visite au général Salan, désirer ne pas s'immiscer dans les affaires politiques. Pourtant n'agissait-il pas comme Mauriac, qui déclarait : « Le chrétien que je suis... n'a jamais séparé la politique de la loi morale. » Effectivement, dans une circulaire du 3 novembre 1955, l'évêque n'avait-il pas estimé ne pouvoir rester silencieux « dans la mesure où la morale est engagée » ? Aussi considérait-il que l'Eglise pouvait prendre parti sur les questions d'ordre économique ou politique, si l'intérêt des âmes est en cause. Cet intérêt des âmes n'était-il pas en cause le 13 mai ? N'était-ce pas un geste politique que de refuser l'autorisation de célébrer une messe aux Barricades, « les conditions canoniques requises pour la célébration d'une messe en plein air n'étant pas réalisées[2] » ?

Un prêtre d'origine kabyle, par charité chrétienne, passera outre à cette interdiction. N'était-ce pas de même un geste engagé que de prendre parti contre le putsch, condamnant l'action des généraux ? A ce sujet, il écrira : « De faux prophètes viendront à vous et vous proposeront non la vérité mais des flatteries et des illusions. » Citation du prophète Isaïe, qui soulèvera l'indignation des catholiques en Algérie. Aussi les lettres pastorales de l'évêque ne pourront-elles plus être lues, les fidèles se mettant à prier à haute voix dans les églises.

Il y eut des prêtres engagés, dont l'action la moins répréhensible fut d'abriter des fellaghas recherchés par la police. Les églises chrétiennes ayant longtemps été considérées comme des asiles sacrés, les prêtres avaient-ils le droit d'abriter, plusieurs nuits de suite, dans leur presbytère, des dirigeants du F.L.N. ou des criminels ? C'est bien chez l'abbé Scotto, comme nous l'avons dit, que Colette Jeanson retrouva le dirigeant rebelle Louanchi, par l'intermédiaire du jeune

1. *Djihad :* pour les Musulmans, guerre sainte contre les non-croyants.
2. *Les Chrétiens et la guerre d'Algérie, op. cit.*

médecin catholique, que l'on disait progressiste, Pierre Chaulet[1].

Il n'est pas question de dresser une liste exhaustive des prêtres qui ont apporté une aide matérielle au F.L.N. Mentionnons toutefois l'abbé Béranguer, curé de Montagnac, près de Tlemcen, à qui une activité inlassable au profit du F.L.N. valut, après avoir été un des premiers à demander la citoyenneté algérienne, de siéger, en tant que député, à l'Assemblée nationale algérienne[2]. L'abbé Kerlan, « boîte aux lettres du F.L.N. » à Alger, eut un rôle aussi nocif que les prêtres de la Mission de France, expulsés de Souk-Ahras...

En métropole, certains chrétiens, laïcs ou clercs, prirent aussi parti pour le F.L.N. Curieusement, Lyon, qui avait été élue « capitale de la Résistance », devint la « tête de pont du F.L.N. en France ». Les hommes de la rébellion avaient des alliés qui portaient la soutane. L'institution du Prado fut, en particulier, un centre actif de collusion avec le F.L.N. Endoctrinés par ce mouvement, les prêtres du Prado « en vinrent à éprouver une sympathie croissante pour le nationalisme algérien...[3] ». Dans ces conditions, on ne sera pas étonné de voir vingt-cinq prêtres assurer leur concours à une collecte organisée pour subvenir aux besoins des nationalistes algériens arrêtés à Lyon. Ils hébergeaient même des criminels. Ainsi, lorsque le sénateur Benhabyles tomba, en 1959, à Vichy, sous les balles d'un terroriste, à un colonel de l'état-major particulier du chef de l'Etat, chargé de l'enquête, le général Jacquin confiait : « Je vais vous faire une révélation. Allez à Lyon, demandez au cardinal primat des Gaules à perquisitionner chez les prêtres du Prado, vous y trouverez l'assassin[4]. » La filière se révéla exacte. Certains prêtres, impliqués dans « l'affaire du Prado », furent arrêtés. Parmi eux se trouvait l'abbé Boudouresque.

L'abbé Bernard Boudouresque, polytechnicien (promotion 43), travaillait, en qualité de chercheur, au commissariat à l'Energie atomique à Saclay. Il entra en relation avec un autre scientifique, l'abbé Davezies, employé dans les laboratoires de l'Ecole normale supérieure. Tous deux vont s'engager avec passion dans les rangs du F.L.N. Ce fut le cas de Davezies qui fit le plus de bruit. Ce dernier, après avoir milité avec ardeur et monté son propre réseau en faveur des rebelles, dut partir pour l'étranger. On le signala en Suisse, en

1. La sœur du docteur Pierre Chaulet, Anne-Marie, était du reste la « fiancée » de Salah Louanchi.
2. Signalons, quelque peu de sympathie que l'on ait pour lui, que l'abbé Béranguer fut un aumônier militaire, en 1942-1945, d'un courage exceptionnel.
3. *L'Eglise et l'Algérie, op. cit.*
4. La Guerre secrète en Algérie, *op. cit.*

Allemagne, en Tunisie. On l'arrêta le 30 janvier 1961 à Lyon, alors qu'il faisait une incursion en France sous un faux nom. Depuis, il était à Fresnes, en attendant d'être jugé.

Dans ses écrits ou au cours de son procès, ce prêtre ne restera pas muet sur ses sentiments ou sur son action. Il déteste certes « la bourgeoisie, parce qu'elle était suffisante, méprisante, fermée... Je la haïssais ». Jugement surprenant de la part d'un homme qui prétend savoir pardonner. Cependant la lecture d'ouvrages de tendance marxisante, *L'Etat du Parti communiste bolchevique de l'U.R.S.S.* en particulier, lui permet de « voir les choses telles qu'elles étaient ». Il découvre le visage de l'Algérie et l'horreur d'une guerre, obligeant les soldats du contingent à « maintenir les résultats acquis par la conquête ». Il accepte, à la demande du père Villars, de « travailler avec le Front ». Rien ne l'émeut : « Que de jeunes Algériens, dont j'ai été le passeur, aient tiré sur Soustelle, cela ne me concerne pas. Je ne suis pas algérien, je ne participe pas aux décisions politiques et militaires des Algériens, je suis français. » Il est français, mais il estime que « la victoire du F.L.N. est la condition nécessaire à la liberté du peuple français... C'est le mérite de Jeanson, selon lui, d'avoir inventé une situation révolutionnaire juste : la lutte des métropolitains au coude à coude avec le peuple colonisé contre l'impérialisme et de l'avoir vécue ». Quant à l'armée française, « c'était une armée de métier, qui revenait d'Indochine pour massacrer les Algériens et dévaster l'Algérie... ».

Au cours de son procès, ce prêtre reconnaît avoir aidé les hommes du F.L.N. à passer les Pyrénées, dans les deux sens.

Le président du tribunal : « Passe encore pour les agents du F.L.N., traqués par la police que vous faisiez filer en Espagne [1]. Mais que dire de ceux que vous avez fait transiter par l'Espagne en France et qui devaient, sur notre sol, rançonner, incendier, tuer ! » Devant cette apostrophe, rappelle Michel de Saint Pierre, *Paris-Presse,* du 11 janvier 1962, ajoute, en guise de conclusion : « Nous ne comprendrons jamais comment cet homme... en est venu à se faire le complice de tant de terroristes agissant pour le compte d'une armée en guerre avec la nôtre. »

Quelle fut la réaction de l'abbé ? Je l'ignore, mais elle ne devait pas être très loin de ce qu'il écrivait : « J'ai passé des semaines à la

1. A ce sujet, Michel de Saint Pierre, dans son émouvant *Plaidoyer pour l'Amnistie,* admire « cette largeur d'esprit » : « Les journaux depuis lors, écrit-il, nous ont conté l'histoire d'une jeune fille de dix-neuf ans qui a passé de longs mois en prison, sous l'inculpation de complicité avec l'O.A.S., alors qu'elle avait simplement donné asile à son propre frère. »

frontière d'Espagne pour conduire, de France en Espagne et d'Espagne en France, des Algériens que leurs responsables nous envoyaient. Je n'avais pas à savoir qui ils étaient, où ils allaient, ni d'où ils venaient. Je n'avais pas du moins à le leur demander. Je voulais que ce peuple soit libre, j'avais à mettre ma conduite en conformité avec mes idées. »

Michel de Saint Pierre fait aussi état de la déclaration du Commissaire du gouvernement[1] :

« J'aurais voulu citer à cette barre sept prêtres qui auraient dit ce qu'il faut penser du terrorisme F.L.N. Il s'agit de sept aumôniers d'Algérie. *Mais j'ai été dans l'impossibilité de le faire pour cette seule et bonne raison qu'ils ont été assassinés par le F.L.N. que vous* [*abbé Davezies*] *aidez.* »

Quelles furent les réactions de certaines personnalités à l'égard de ce prêtre ?

M. François Mauriac, dans son « Bloc-notes », écrira : « Non, je ne jugerai pas les amis de Robert Davezies, fût-ce pour les excuser. *Mais je sais qu'ils appartiennent à l'élite humaine.* »

Louis Aragon, futur chevalier de la Légion d'honneur, dont on se permet de rappeler les vers célèbres :

Les trois couleurs à la voirie
Le drapeau rouge est le meilleur
Leur France, jeune travailleur
N'est aucunement ta patrie.

restait dans sa ligne de pensée, en témoignant au procès du prêtre, par une lettre transmise à la défense : « Veuillez, je vous prie, transmettre à M. l'abbé Davezies, que je n'ai pas *l'honneur*[2] de connaître, l'expression de ma reconnaissance pour ce qu'il a fait... » Ce qu'avait fait ce prêtre ? Disons-le tout net : c'était d'avoir aidé indirectement les fellaghas à tirer dans le dos de soldats français, qui croyaient que la France était leur patrie.

Le cardinal Liénart, qui avait cru bon de rendre visite, à la prison de Fresnes, à l'abbé Davezies se justifiait : « Je suis persuadé que c'est dans un esprit de justice et de fraternité qu'il a voulu agir dans une situation complexe. » Ce qui conduisit un prêtre d'origine kabyle à protester : « Je viens de parcourir votre déclaration. Pour défendre un abbé Davezies, un prince de l'Eglise ne craint pas d'unir sa voix à

1. *Plaidoyer pour l'amnistie,* Michel de Saint Pierre (L'Esprit nouveau).
2. Souligné par Aragon.

celle d'un J.-P. Sartre. On aura épuisé décidément tous les genres de bouffonnerie dans ce scandaleux carnaval auquel nous nous accoutumons... Dieu soit loué, la France a enfin découvert l'esprit missionnaire... Le missionnaire par excellence est sans doute l'abbé Davezies, puisqu'il a compris les obligations de la loi d'amour ; il devrait également connaître les signes d'une authentique charité... Un apôtre, l'abbé Davezies ? Laissez-moi rire. Un apôtre qui s'engage dans une organisation clandestine d'assassins, un missionnaire qui se fait complice de bandits et de tueurs, comment faut-il donc qualifier une telle imposture ? »

Le mal était plus profond qu'on ne le pense. Après que l'indépendance fut proclamée, 731 prêtres et pasteurs signaient, le 14 avril 1963, un appel demandant la libération de détenus condamnés pour aide au F.L.N. Le 1er octobre 1964, le Cercle d'information civique et sociale reprenait ce texte, mais en faveur de détenus condamnés pour avoir défendu l'Algérie française. Il l'envoya à la signature des 731 prêtres et pasteurs qui avaient approuvé, dix-huit mois auparavant, le précédent.

Soixante-six prêtres et pasteurs seulement, soit 9 % de l'ensemble, signèrent la seconde motion. Parmi ceux qui refusèrent : un abbé de La Rochelle, qui souhaitait pour sa part « un texte qui s'inspire du même esprit évangélique que l'appel signé en avril 1963 ». Un pasteur était catégorique : « Votre pétition est intolérablement tendancieuse. »

Devant ces prises de position en faveur de la rébellion, de ses militants incarcérés, devant cette aide matérielle apportée au F.L.N., peut-on nier que nous avons été trahis par certains chrétiens progressistes ? Et comprend-on la réaction des Français d'Algérie à l'égard de ceux qui les ont conduits au plus pénible et injuste exil ?

Ce soutien aux rebelles a-t-il été si important qu'on le prétend et avait-il l'assentiment de tous les chrétiens ? Tous les évêques ne partageaient pas les opinions exprimées par Mgr Duval et le cardinal Liénart. D'autres, peu nombreux en vérité, comprirent le malheur des Français d'Algérie. C'est avec une profonde reconnaissance que je cite le nom de S. E. le cardinal Saliège, archevêque de Toulouse, qui sut défendre, par ses nombreux écrits, ses compatriotes, musulmans et chrétiens, contre la tyrannie sanguinaire, tout comme ceux de Mgr Pinier, évêque de Constantine, et de Mgr Lacaste, évêque d'Oran, qui, aujourd'hui, le jour de l'Ascension à Nîmes, est entouré de la vénération de près de cent mille Oranais, que leur ferveur catholique a amenés à venir prier Notre-Dame-de-Santa-Cruz, avec « leur évêque ».

Un laïc, le ministre Robert Buron, dont on connaît les positions avancées, sera surpris par ce « curieux pays que le nôtre où les jeunes chrétiens transportent avec fanatisme les renseignements, les fonds et même les armes destinés aux terroristes qui massacrent leurs coreligionnaires en Algérie, voire à Paris ». Un journaliste, Georges Ras, correspondant à Alger de *La Voix du Nord,* a pu s'étonner de ce que « la véritable aide au F.L.N. n'a jamais été donnée par le parti communiste, mais par des chrétiens français [1] ».

Le plus bel hommage rendu aux Français catholiques, aux prêtres, inféodés au F.L.N., viendra d'un dirigeant de cette organisation, Amar Ouzegane, ex-secrétaire général du parti communiste algérien, qui écrit [2] :

« Tout le monde sait que les pères blancs, comme les sœurs missionnaires de Notre-Dame-d'Afrique, ont non seulement refusé d'abandonner leurs résidences, mais décliné la protection de l'armée française.

« Les sœurs blanches ont été les témoins muets, mais gênants, de la déchéance physique et morale de la soldatesque hystérique...

« Partout des prêtres nous ont secourus, hébergés, soignés. L'Eglise catholique a rompu avec le passé colonialiste. Elle refuse le compromettant rapprochement de la Croix avec les baïonnettes. On imagine avec quelle hargne — et quelle débauche d'imagination — la police militaire perquisitionnait dans toutes les maisons religieuses pour forcer les " fellaghas " introuvables, ou dénicher des tracts du F.L.N. entre les feuillets des missels.

« En s'affirmant pour le bon voisinage, la coexistence tolérante ou pour l'alliance anticolonialiste, ces chrétiens laïcs ou religieux n'ont pas été indifférents au caractère fondamental de la révolution algérienne. Cette amitié plus ou moins engagée, selon le cas, mais toujours loyale, est évidemment la consécration d'une bonne volonté des deux côtés. Solidarité discrète, décente, prudente, noble. »

Cette solidarité discrète, décente, prudente, noble, n'empêchera pas les rebelles, entre 1954 et 1962, d'assassiner ou d'enlever en Algérie :

le R.P. Jacq, aumônier militaire,

1. *La Guerre d'Algérie ou le Temps du mépris, op. cit.*
2. *Le Meilleur Combat,* Amar Ouzegane (Julliard).

le R.P. Euhart, des Pères Blancs,
le R.P. Brucher, des Pères Blancs,
l'abbé Jeurgens,
le R.P. Py, des Pères Blancs,
le R.P. Chassine, des Pères Blancs,
le frère Jean-Marie, des Spiritains,
l'abbé Therrer, curé des Sources,
l'abbé Santa Maria, vicaire à Boufarik,
l'abbé Cerda, curé de Sidi-Moussa,
l'abbé Montet, curé de Parmentier,
l'abbé Saillard, vicaire à Sidi-Bel-Abbès,
la sœur Marie-Madeleine Baudin,
l'abbé Navarro Michel, curé d'Aïn-Abessa,
l'abbé Périsi Michel, curé de Lambèse.

12.

Les communistes

Parmi les hommes qui aidèrent moralement et matériellement les rebelles pour que prenne fin la présence française en Algérie, figurent en bonne place les communistes, même si leur action fut moins spectaculaire que celle des chrétiens progressistes. La ligne de conduite du parti communiste français, relative au problème algérien, évolua en fonction de critères particuliers, dus à la présence au sein du parti communiste algérien d'autochtones de souche européenne et de confession islamique. Le comité central se trouvera partagé, comme nous allons le voir, entre le désir de se conformer à la ligne anticolonialiste définie par Moscou et les réserves émises par ses adhérents européens d'Algérie, hostiles à l'indépendance pure et simple, tandis que, la guerre se poursuivant, les Musulmans communistes, se refusant à laisser une place prépondérante au F.L.N., tenteront de se rapprocher des rebelles, pour être présents le jour de la victoire.

Finalement, le P.C.F. ne doutant plus de l'indépendance, après les dernières déclarations de De Gaulle, prendra parti pour le F.L.N., son comportement se concrétisant davantage par des protestations contre la poursuite de la guerre et par de virulentes campagnes de presse en faveur des rebelles, que par un soutien actif sur le terrain. L'habileté avec laquelle opéra le P.C.F., suivi comme à l'ordinaire sans discussion par la masse importante de ses adhérents, l'art avec lequel il a toujours su déformer la réalité, furent d'un grand poids dans le malheur qui s'abattit sur les Français d'Algérie, qui ne sauraient oublier son action subversive.

Un rappel de la position communiste en Algérie ne semble pas inutile pour éclairer le comportement du Parti dans cette province.

Les communistes français s'intéressèrent à la politique coloniale dès la création du Parti en 1920, après que le congrès de Tours eut enregistré la scission entre socialistes. Déjà, pendant la guerre de 1914-1918, les socialistes, à tendance communiste, avaient pris conscience de la force d'appoint constituée par les Algériens travaillant dans les usines d'armement, dans l'hypothèse d'une révolution en métropole. Les Musulmans, qui faisaient connaissance avec le monde du travail ouvrier en France, considérèrent rapidement avec un œil de plus en plus critique, leur situation morale et matérielle. Certains se laissèrent politiser comme, par exemple, un manœuvre de Renault, Messali Hadj, qui, après son passage dans les rangs communistes, s'en éloignera pour devenir un nationaliste des plus écoutés.

Le communisme international portait un grand intérêt aux colonies et protectorats, dont les richesses favorisaient le développement du « capitalisme » européen. Puisque les colonies constituaient dans l'optique léniniste, « comme une des principales sources des forces du capitalisme », comment mettre en difficulté ce dernier, sinon par une puissante agitation outre-mer, qui « sonnerait la délivrance pour les esclaves coloniaux » et favoriserait la dictature du prolétariat en Europe. C'est dans cette optique que les communistes s'efforceront de mobiliser leurs adhérents en Algérie, par une propagande soutenue. Paul Vaillant-Couturier, Ch.-A. Julien, prenaient la parole autant à Tlemcen qu'à Oran. Le P.C.F. soutenait aussi les Marocains en rébellion contre la France. C'était l'époque où Jacques Doriot, dont le rôle était important dans le Parti, engageait celui-ci dans la campagne en faveur d'Abd-el-Krim, qui avait soulevé le Rif. Position peu surprenante pour un Parti qui, par la voix de Maurice Thorez, la définissait ainsi : « La souveraineté française outre-mer constitue le principal obstacle au programme du P.C. dans ce pays. Il importe de l'anéantir ! »

En Algérie, les trois fédérations socialistes avaient adhéré à la IIIe Internationale communiste. En leur nom, Charles-André Julien [1] votait la motion Cachin-Frossard qui affirmait son accord (avec

1. Charles-André Julien était professeur d'histoire au lycée d'Oran durant la guerre de 1914-1918. Des idées trop avancées, au gré de ses collègues et de ses élèves, lui vaudront quelques ennuis. Il deviendra, après 1920, un communiste très actif en Oranie.

Moscou) « pour dénoncer l'impérialisme colonial et pour prendre activement le parti des populations subjuguées par le capitalisme européen dans leur lutte contre l'oppression sous toutes ses formes [1] », alors que la motion Blum-Bracke se refusait « à déchaîner une guerre de races contraire à ses principes de fraternité et de paix ».

Au Maghreb, les communistes français tendaient la main à leurs « frères musulmans », qui, toutefois, émettaient des réserves souvent violentes. Messali Hadj s'élevait contre « ces suppôts du diable, qui ignorent nos mœurs et nos valeurs spirituelles et propagent d'invraisemblables théories, avec lesquelles nous n'avons rien de commun. D'ailleurs, ces communistes ne sont pas vraiment des Algériens. Ils sont étrangers à notre cause et prêts à nous trahir à chaque instant, si leurs patrons, à Paris ou à Moscou, leur en donnent l'ordre ».

Les communistes d'Algérie, d'origine européenne, ne partageront pas les vues de leurs compatriotes, de confession islamique, lorsque ces derniers évoqueront leur aspiration à l'indépendance et préconiseront à cette fin l'insurrection. Vivant dans le pays, au contact des réalités, ils comprenaient les dangers que feraient courir des émeutes, dont ils seraient les principales victimes. Ch.-A. Julien menait une enquête à ce sujet. Il en ressortait l'inquiétude des communistes européens, rejetant un mouvement de rébellion dont les conséquences, en cas de réussite, risquaient d'être tragiques. Les Musulmans vainqueurs, selon eux, « n'hésiteraient pas à massacrer les hommes et à réduire à l'esclavage les femmes et les enfants, tandis que le pays ruiné reviendrait à l'état d'avant la conquête ».

Un instituteur musulman, Faci, secrétaire du syndicat des instituteurs et de la section oranaise de la Ligue des droits de l'homme, s'indignait contre ceux qui appuyaient la révolte des indigènes : « C'était à la fois criminel et lâche, car le remède serait mille fois pire que le mal. » Quant à la section de Blida, elle s'opposait résolument aux « tendances nationalistes de la minorité indigène cultivée ». « Le communisme ne peut exister que sur le cadavre du nationalisme », concluait la section d'El-Affroun. N'oublions pas que, déjà, lorsque Moscou eut lancé, le 20 mai 1922, l' « Appel de l'Internationale communiste pour la libération de l'Algérie et de la Tunisie », la section de Sidi-bel-Abbès, qui avait adhéré la première à la IIIe Internationale, dénonça le projet de soulèvement de la masse musulmane

1. *Politiques coloniales au Maghreb,* Charles-Robert Ageran (Presses universitaires de France).

algérienne comme « une folie dangereuse dont les fédérations algériennes du P.C., qui ont avant tout le sens marxiste des situations, ne veulent pas se rendre responsables devant le jugement de l'histoire communiste[1] ».

Ainsi, les idéologues métropolitains se trouvaient, en Algérie, en désaccord avec les communistes de souche européenne qui, s'ils acceptaient des ordres de grève, se refusaient à cautionner une politique d'où résulteraient « le massacre ou l'expulsion de tous les non-Musulmans... » Cette contradiction finira par ne pas échapper aux dirigeants communistes métropolitains, dont la propagande de lutte des classes était loin d'être adaptée aux exigences du milieu ouvrier d'Algérie.

Le parti communiste algérien (P.C.A.), implanté dans les débuts comme une section du parti communiste français (P.C.F.), ne deviendra autonome qu'en 1935. Le comité central du P.C.F. espérait, de la sorte, lui permettre d'agir avec plus de souplesse, donc plus efficacement. En fait, la ligne de conduite du P.C.A. manquera d'homogénéité, évoluant en fonction de la double influence de ses adhérents et de celle du P.C.F. L'importance du P.C.A. restera très limitée, tant que les communistes métropolitains, suivant les directives de l'Internationale, se déclareront favorables à l'indépendance. En revanche, en 1936, avec la victoire du Front populaire, les thèmes de propagande abandonnent cette notion, pour mettre l'accent sur la lutte contre le fascisme. Les travailleurs européens, tranquillisés par ailleurs par l'assurance que le sort des Algériens ne serait fixé que lors de la prise du pouvoir en France par le parti communiste — éventualité loin d'être immédiate —, se rallieront en nombre important aux candidatures communistes. Le Parti reprendra le mandat de conseiller général d'Oran aux socialistes. Aux élections législatives de 1936, les voix communistes se situeront à 5000, dont la moitié en Oranie.

Le P.C.F. confirmera le refus d'abandon de l'Algérie par la voix de Maurice Thorez, le 11 février 1939, à Alger :

« Quand je dis " Français d'Algérie ", je vous entends tous ici présents, vous les Français d'origine, les Français naturalisés, les Israélites et vous aussi les Musulmans arabes et berbères, tous les fils, sinon par le sang, du moins par le cœur, de la grande Révolution française, qui ne faisait aucune distinction entre les races et les

1. *L'Afrique du Nord en marche,* Ch.-A. Julien (Julliard).

religions, quand *elle affirmait que la République était une et indivisible*[1]. »

République une et indivisible ! Entre 1954 et 1962, Maurice Thorez aurait dû se souvenir de cette déclaration, tout comme les parlementaires de son groupe.

La guerre de 1940 vient de se terminer. La France a subi une défaite. Elle ne maintient son autorité que grâce au prestige du maréchal Pétain, auréolé par la victoire de 1918. Le débarquement de 1942 amène au pouvoir le général Giraud qui va ouvrir les portes du camp d'internement aux communistes, militants ou députés. Le général de Gaulle prendra dans son gouvernement des communistes dont il accentuera ainsi l'audience. La presse d'extrême-gauche reparaît[2]. Les communistes étaient prêts à se manifester politiquement. Durant leur internement, ils n'avaient cessé de se préparer intellectuellement et moralement aux luttes à venir dans ces séminaires de haute qualité que constituent les prisons. Ils feront sentir leur influence dans les syndicats et dans les organisations progressistes, sous l'impulsion en particulier de M. Pierre Fayet, futur député communiste du département d'Alger, et de M. Ouzegane. Contrairement à M. Ferhat Abbas, devenu fédéraliste, les communistes, se refusant à prôner un Etat algérien, se contentaient de porter leurs efforts sur les revendications sociales et politiques des indigènes, sans omettre d'attaquer les colons, « les cent seigneurs de la terre ».

Le 8 mai 1945, éclataient en Kabylie des troubles sanglants. Des émeutes faisaient, dès le premier jour, de très nombreuses victimes européennes : on enregistrait cent trois morts, des centaines de blessés, d'odieuses mutilations. Une répression sévère ramenait le calme. Quelle avait été la position des communistes dans ce drame ? Ils s'interrogeaient sur le comportement, que l'on disait équivoque, des Américains[3], et prenaient conscience des conséquences que l'on

1. *Œuvres de Maurice Thorez,* livre IV, tome 16, page 175.

2. Le journal communiste *Liberté* prit un rapide essor. Fondé en juin 1943, son tirage passa de 50 000 exemplaires à ses débuts, à 120 000 fin 1944.

3. Les Américains auraient laissé entendre, selon Robert Murphy, qu'ils apporteraient leur aide aux nationalistes algériens. Ces derniers étaient persuadés que les Américains allaient venir les appuyer et proclamer l'indépendance de l'Algérie. (*Paris-Match,* 15 avril 1972.)

attribuait au travail souterrain des nazis[1]. N'était-il pas étonnant de lire, le 8 mai 1945, sur les murs de la pharmacie de Ferhat Abbas, l'inscription : « Heil Abbas » ? Le gouverneur Chataigneau, très engagé à gauche, dénoncera les fauteurs de « troubles et de méthodes hitlériennes »[2]. Par ailleurs, le parti communiste devait tenir compte de l'émotion ressentie par ses adhérents européens qui avaient eu parfois à souffrir de la violence développée par les rebelles algériens.

Dans ce climat de démence, le P.C.F. publiait, dans *L'Humanité* du 12 mai 1945, donc au lendemain des émeutes, un appel : « Il faut tout de suite châtier rapidement et impitoyablement les instigateurs de la révolte et les hommes de main qui ont dirigé l'émeute. » Le même journal, le 31 mai 1945, se félicitait même de l'arrestation du leader nationaliste Ferhat Abbas.

Pierre Caballero, secrétaire du parti communiste algérien, déclarait au Xe Congrès du P.C.F., le 30 juin 1945 : « Ceux qui réclament l'indépendance de l'Algérie sont des agents conscients ou inconscients d'un autre impérialisme anglo-saxon. » Le Parti ne s'en tint pas aux seules condamnations verbales. De nombreux militants communistes n'hésitèrent pas à employer les armes contre les rebelles. Ainsi, Jacques C. Duchemin précise que : « Trois hommes procédèrent à des exécutions sommaires ou à du contre-terrorisme aveugle, l'ingénieur des Ponts et Chaussées Durieu, le contrôleur des P.T.T. Schneider et le linotypiste Palomba. Ils étaient *tous membres du parti communiste algérien* et organisèrent des milices pour exécuter des ratonnades[3]. »

Le gouvernement présidé par le général de Gaulle avait ordonné des mesures pour que cesse l'agitation. Le 11 mai, M. Chataigneau, gouverneur général, lisait devant les délégations financières, le télégramme suivant signé de Gaulle :

1. Les Allemands avaient formé des cadres destinés à évincer la France d'Afrique du Nord. La mise sur pied de la Brigade nord-africaine par les services allemands, en France occupée, aura préparé de nombreux nationalistes ou aventuriers à la lutte contre « l'impérialisme français ». Rappelons, par exemple, le cas, cité par Amar Hamdani, de Mohamedi Saïd, ancien soldat de la Wehrmacht et agent de l'Abwehr, qui devint, avec le grade de colonel, chef de la wilaya de Grande-Kabylie, avant qu'Amirouche ne prenne ses fonctions.

2. Yves Chataigneau, gouverneur général de l'Algérie, était un agrégé d'histoire. Intellectuel, peu porté à l'action, c'était un idéaliste qui rêvait « de voir un général musulman au commandement de la place de Poitiers ». (*La République des illusions*, Georgette Elgey.)

3. *L'Histoire du F.L.N.*, Jacques C. Duchemin (La Table Ronde).

« Veuillez transmettre aux familles des victimes de l'agression de Sétif la sympathie du général de Gaulle et du gouvernement tout entier. Veuillez affirmer publiquement la volonté de la France victorieuse de ne laisser porter *aucune atteinte à la souveraineté française sur l'Algérie.* Veuillez prendre toutes les mesures nécessaires pour réprimer tous agissements antifrançais d'une minorité d'agitateurs. Veuillez affirmer que la France garde sa confiance à la masse des Français musulmans d'Algérie. »

Soulignons, car c'est un point essentiel, l'affirmation solennelle qui sera reprise en 1958, *du maintien de la souveraineté française en Algérie.*

Par ailleurs, tous les membres du gouvernement approuvaient les mesures, que l'on a souvent critiquées comme trop rigoureuses, prises pour maintenir l'ordre. Il y eut, en particulier, le bombardement par avions B. 26 de quarante-quatre *mechtas,* groupes de maisons abritant de cinquante à mille personnes, ainsi que le mitraillage aérien des gorges de Kerrata. Quel était le ministre de l'Air qui donna les ordres d'exécution ? Charles Tillon, communiste, ancien chef des F.T.P.

Albert Camus a écrit que « les massacres de Guelma et de Sétif ont provoqué chez les Français d'Algérie un ressentiment profond et indigné », tandis que « la répression, qui a suivi, a développé, dans les masses arabes, un sentiment de crainte et d'hostilité ». Les dirigeants du F.L.N. déclareront par la suite, que, devant la sévérité de la répression, ils prirent la décision de fomenter une nouvelle insurrection. Elle éclatera en 1954. Si les gouvernements français de l'époque peuvent avoir une part de responsabilité dans cette affaire, ils la partagent avec les communistes pour la vigueur qui fut la leur dans l'écrasement de la révolte. Dans ces conditions, le P.C.F. pourrait avoir la pudeur de ne pas prétendre avoir soutenu de tout temps les revendications des nationalistes et leurs réactions violentes pour obtenir l'indépendance.

Le P.C.F. n'oubliera pas que si, sur les murs de Djelfa ou de Sétif, on pouvait lire : « Tuez les Français et les juifs », dans les cortèges étaient déployées des banderoles : « A bas les communistes ! » Le Parti se rangera, par opportunisme, derrière ses militants européens, tout comme il le fera par la suite en 1954.

Le 1er novembre 1954, la rébellion éclate en Algérie. Maurice Thorez, secrétaire général du P.C.F., sous-estime la portée de l'insurrection. « A sa décharge, écrit Philippe Robrieux, notons que sa cécité politique est alors générale. Reste qu'elle surprend chez un homme qui bénéficie des informations de première main du P.C.A. C'est que tous deux sont coupés de la réalité algérienne. Et surtout qu'il n'y a pas de communistes à la tête de l'insurrection. » Aussi, le 9 novembre 1954, lisait-on dans *L'Humanité* que le Parti ne pouvait « approuver le recours à des actes individuels susceptibles de faire le jeu des pires colonialistes » ; assurant cependant « le peuple algérien de la solidarité de la classe ouvrière française dans sa lutte contre la répression et pour la défense de ses droits », tout en dénonçant « la politique férocement colonialiste pratiquée en Algérie et dans toute l'Afrique du Nord[1] ».

Dans les mois qui suivent, rappelle Philippe Robrieux, la question de l'Algérie sera passée sous silence et Maurice Thorez se contentera, en janvier 1955, d'évoquer la « politique de répression sanglante » de Mendès France[2]. Le temps passant, les communistes envisagent l'indépendance avec une restriction : « droit au divorce, mais non-obligation de divorce ». Philippe Robrieux, en historien objectif, souligne que le relatif intérêt pris par le P.C.F. à la guerre d'Algérie est la conséquence de l'importance du combat, essentiel pour lui, mené contre l'Alliance atlantique et le réarmement allemand. Le P.C.F. ne pouvait s'aligner, en toute priorité, que sur la politique extérieure des Soviets. La question algérienne passait au second plan.

La politique du P.C.F. sera longtemps ambiguë : double refus de la répression qui s'aggrave et de la lutte armée qui se développe. Quant au devenir de l'Algérie, on restera dans un flou théorique, que domineront les contradictions aussi longtemps que les communistes européens resteront fidèles au Parti.

Le P.C.A., selon les consignes du P.C.F., avait pris, au début de la rébellion, des positions nuancées, faisant référence en particulier à « une solution démocratique qui respecterait les intérêts de tous les habitants d'Algérie ». La prolongation de la lutte et les succès du terrorisme des rebelles inquiètent les Musulmans du P.C.A. qui se refusent à admettre l'outrecuidance du F.L.N., prétendant parler au nom de tous les Français musulmans. Selon la tactique chère aux

1. *Histoire du parti communiste*, Philippe Robrieux (Fayard).
2. Philippe Robrieux souligne que, dès 1953, « Maurice Thorez et derrière lui le Parti, s'étaient violemment opposés à Pierre Mendès France, le seul pourtant en mesure d'arrêter la guerre d'Indochine ».

communistes, il va s'efforcer de s'infiltrer dans les rangs du F.L.N. pour le noyauter.

Malgré l'hostilité de la majorité des communistes européens, leurs camarades musulmans tentent de se rapprocher du F.L.N. Dans les Aurès, Mohamed Guerroudj, membre du comité central du P.C.A., entrait en contact avec un chef insurgé, Berhaïl Hocine. Il agissait sur les directives du responsable communiste de Batna, Lamraní, qui de son côté entrait en relations avec Ben Boulaïd. Cependant, le P.C.A. agissait avec prudence sous le camouflage d'organisations satellites comme le « Secours rouge ».

Le ton montera à la suite de la collusion du F.L.N. et du P.C.A., lorsque ce dernier parti sera interdit en Algérie, le 13 septembre 1955. Le P.C.A. fonde dans la clandestinité une organisation militaire qui lui est propre : « les Combattants de la libération », dont la direction est composée de Hadj Ali Bachir, du docteur Hadjerès, de Camille Larribère et de Jacques Salord. Guerroudj était le responsable pour Alger, William Sportisse pour Constantine, et Boualem Khalfa pour Oran[1]. Cette organisation communiste sera intégrée dans l'A.L.N. « Ce que nous voulions, dira Ben Kedda, c'était empêcher l'existence de toute autre force militaire que la nôtre. » Le P.C.A. subit un échec politique, les Européens, à de rares exceptions près, le désertant. Son influence sur les syndicats s'affaiblit considérablement.

Pour les nationalistes du F.L.N., la révolution a sonné le glas du pluralisme. Aucun rival ne saurait interférer dans les buts poursuivis par eux. C'est dans cet esprit qu'au congrès de la Soummam, en août 1956, avaient été vertement critiquées les positions des communistes algériens :

« Le P.C.A., malgré son passage dans l'illégalité et la publicité tapageuse dont la presse colonialiste l'a gratifié pour justifier sa collusion imaginaire avec la Résistance algérienne, n'a pas réussi à jouer un rôle qui mériterait d'être signalé.

« La direction communiste, bureaucratique, sans aucun contact avec le peuple, n'a pas été capable d'analyser correctement la situation révolutionnaire. C'est pourquoi elle a condamné le " terrorisme " et ordonné, dès les premiers mois de l'insurrection, aux militants des Aurès, venus à Alger chercher des directives, de ne pas prendre les armes. La sujétion au P.C.F. a pris le caractère d'un béni-oui-ouisme avec le silence qui a suivi le vote des pouvoirs spéciaux...

« Le P.C.A. a disparu en tant qu'organisation sérieuse, à cause de la prépondérance en son sein d'éléments européens dont l'ébranle-

1. D'après *Le F.L.N., mirage et réalité, op. cit.*

ment des convictions nationales algériennes artificielles a fait éclater les contradictions face à la résistance armée...

« On a assisté cependant à certaines initiatives émanant, à titre individuel, de certains communistes s'efforçant de s'infiltrer dans les rangs du Front de libération nationale (F.L.N.) et de l'Armée de libération nationale (A.L.N.). Il est possible qu'il s'agisse là de sursauts individuels pour retourner à une saine conception de la libération nationale. Il est certain que le P.C.A. essaiera, dans l'avenir, d'exploiter ces " placements " dans le but de cacher son isolement total et son absence dans le combat historique de la révolution algérienne...[1] »

Effectivement, des communistes européens d'Algérie, peu nombreux il est vrai, apportèrent leur aide au F.L.N. Ce fut le cas du chimiste Giorgu, d'André Moine, de l'assistant à la faculté, Maurice Audin, de la responsable de l'attentat du « Milk-Bar », Danielle Mine, qui rejoindra un maquis, épousera un fellagha, puis, ayant été faite prisonnière, sera internée et, comme il se doit, relâchée le 8 mai 1962. Son amie, Raymonde Peschard, poseuse de bombes, fut tuée au combat[2]. Un militant communiste, Fernand Yveton, employé à l'E.G.A., chargé de placer une bombe à l'usine à gaz, qui devait « souffler » tout un quartier populaire, n'ira pas jusqu'au bout de sa mission. Il est arrêté presque sur-le-champ et l'on trouve dans sa poche un renseignement de première importance : une communiste, Jacqueline Guerroudj, doit déposer une bombe. Cette jeune femme, après avoir promené l'engin toute la journée dans une voiture d'enfant, le place dans une camionnette de C.R.S. Il est découvert à 22 heures : on évite ainsi une tuerie sanglante.

Il y eut bien d'autres cas, le plus caractéristique à signaler étant celui de l'aspirant Henri Maillot. Ce membre du parti communiste, affecté au 57e bataillon de tirailleurs à Miliana, fut chargé, malgré son dossier politique, de transporter à Alger du matériel de guerre. Le 4 avril 1956, il détournait, au profit du F.L.N., 74 revolvers, 10 pistolets, 121 pistolets-mitrailleurs, 63 fusils de chasse, et un lot important de munitions. Avant de rejoindre un « maquis rouge » dirigé par Gherroudj, il avait enfoui son butin dans un tombeau, au

1. Extrait de la plate-forme politique adoptée par le congrès de la Soummam *(Histoire du F.L.N., op. cit.)*.

2. Ces attentats firent de très nombreuses victimes. Voir à ce sujet le chapitre : « Terrorisme ».

cimetière du Clos-Salembier. Déterré par le F.L.N., il fut transporté à Palestro. Il servira aux rebelles pour monter l'embuscade où vingt et un rappelés, de braves petits Français, furent massacrés.

Quant à Maillot, il fut tué quelques jours après son arrivée au « maquis rouge », qui fut du reste démantelé, les communistes ne devant pas, selon la ligne politique du F.L.N., constituer une force aux côtés de l'A.L.N. Les membres de ce maquis furent répartis par Omar Oussédik dans les groupes de la wilaya. Telle était la confiance que les rebelles leur accordaient. Henri Maillot, traître sans conteste, mettait, non sans un courage qu'on ne saurait nier, ses actes en harmonie avec ses convictions, alors que de trop nombreux politiciens limitaient leur action à démoraliser la nation sans prendre de risque. Son cas fut évoqué au Parlement au cours de la séance du 7 novembre 1956, ce qui permit à un dirigeant du Parti de faire des déclarations pour le moins scandaleuses.

Au cours du débat, le communiste Arthur Ramette s'étant écrié : « Vive Maillot ! », dut s'expliquer[1] : « Mesdames, Messieurs, déclara-t-il, nous, communistes, nous considérons que Maillot a accompli son *devoir de patriote algérien* en se battant aux côtés des Musulmans, des Algériens luttant pour l'indépendance nationale. Le fait qu'il était un officier servant dans l'armée française... » — A ce moment, M. Robert Bruyneel (indépendant) l'interrompt : « Un officier félon ! » — M. Ramette poursuit : « ... n'enlève rien à la valeur de son geste. Nous avons déjà dit à cette tribune que le geste de Maillot nous permettrait, demain, lorsque le peuple algérien aura retrouvé son indépendance, de nous réclamer de son exemple pour nouer des liens d'amitié avec le peuple algérien. Une nation en formation, comme celle de l'Algérie, n'est pas forcément constituée par des éléments appartenant à une même origine ethnique. Elle est la fusion de populations d'origines les plus diverses, Berbères, Kabyles, Italiens, Français, Espagnols, qui vivent sur le sol de l'Algérie depuis plusieurs générations. Il se constitue ainsi une nation et nous devons souhaiter, dans l'intérêt de la France, que se réalise la fusion la plus complète de ces populations algériennes. »

Comme Ramette ajoutait, au cours de son intervention : « Maillot, c'est vrai, était d'origine française », un député M. Antoine Guitton, s'exclame : « C'était un traître ! », ce à quoi répondait Ramette : « Mais il était algérien par sa naissance et il avait la conviction que les intérêts de son pays devaient le conduire à associer ses efforts à ceux des peuples berbère, kabyle, arabe pour obtenir l'indépendance de

1. Compte rendu de la séance du 7 novembre 1956, *J. O.*, pages 4529-4530.

son pays soumis à la domination coloniale par l'impérialisme français. »

Si nous avons évoqué les déclarations d'Arthur Ramette, c'est pour permettre à des personnes mal informées de connaître l'état d'esprit du parti communiste, qui avait le front de glorifier des traîtres, dont l'action se traduisait par la mort de soldats français. Est-ce tellement anormal pour un parti, qui a compté parmi ses membres les plus éminents, André Marty, Charles Tillon, mutins de la mer Noire, Maurice Thorez, déchu de la nationalité française pour désertion en février 1940, en pleine guerre ? Quant à Georges Marchais, Philippe Robrieux a pu écrire, concernant les obscurités de la vie de ce dernier durant l'Occupation : « Comment comprendre enfin l'incapacité dans laquelle se trouve cet homme politique de premier ordre, dont l'honneur est aussi gravement mis en cause, de fournir la moindre précision quant à son séjour en France entre mai 1943 et mai 1945 [1] ? »

Combien aurions-nous désiré ne pas avoir à rapporter l'attitude d'un parti, dont les dirigeants portent une lourde responsabilité dans le drame de l'Algérie... Ils se glorifient des compliments que l'ennemi d'hier leur a adressés. D'autres ont pactisé aussi avec le F.L.N. Ils ont parfois la décence de ne pas s'en vanter.

Le parti communiste s'est manifestement engagé en faveur du F.L.N. Mais il ne saurait prétendre que ses positions n'ont pas varié à ce sujet tout au long de la guerre. Aux amnésiques, rappelons quelques prises de position :

En 1945, le parti communiste réprouve l'insurrection de Kabylie.

En 1946, le groupe communiste s'oppose au collège unique.

En 1947, Roger Garaudy s'élève contre la tentation de sortir de l'Union française.

En 1954, le P.C.F., désirant ne pas s'aliéner ses adhérents européens, prendra des positions nuancées lorsque la rébellion éclatera.

En 1955, volte-face, Marcel Servin, communiste chevronné, déclare : « Pour nous communistes, les choses sont claires. Nous sommes solidaires du peuple d'Algérie et du Maroc. Il appartient aux communistes de prendre la tête d'un vaste mouvement de protestation. »

1. *Op. cit.*

Le 18 septembre 1959, le bureau politique du P.C.F. prend parti contre l'autodétermination : « Une manœuvre politique dirigée contre ceux qui, en Algérie, luttent pour l'indépendance et destinée à duper l'opinion démocratique en France et dans le monde. » Cependant, Nikita Khrouchtchev déclare devant le Soviet suprême, le 31 octobre 1959 : « Les propositions récentes du président de Gaulle de résoudre le problème algérien en se basant sur l'autodétermination, par le moyen d'élections générales en Algérie, peuvent jouer un rôle important pour le règlement de la question algérienne. » Le journal socialiste *Le Populaire* est, dans ses commentaires, sans indulgence : « Bien entendu, les communistes français d'emboîter le pas aussitôt au " guide éclairé " du communisme international, sans se préoccuper un seul instant des précédentes déclarations et en abandonnant radicalement le mot d'indépendance... » *L'Humanité,* du 4 novembre 1959 publie, en effet, en sa quatrième page, selon la résolution du comité central à Choisy-le-Roi, cet interligne en très gros caractères :

« POUR LA NÉGOCIATION
SUR LA BASE
DE L'AUTODÉTERMINATION. »

Nous venons de rappeler l'attitude des « porteurs de valises », des chrétiens et des communistes dans la guerre d'Algérie[1]. Peu leur souciait le sort tragique réservé à mes compatriotes et aux Musulmans fidèles à notre drapeau. Se sont-ils, autant les uns que les autres, penchés sur le problème angoissant de l'exode inéluctable ? On aurait pu espérer des sentiments de charité de la part de chrétiens, même progressistes. Hélas !

Quant aux communistes, ne suivaient-ils pas la ligne de conduite définie par Florimond Bonte, ancien séminariste, devenu membre du comité central du P.C.F. : « La haine, disait-il, est un devoir national. » Pendant la période tragique de l'exode, les communistes ne se déjugeront pas. Aujourd'hui, vingt ans après le drame, nous,

1. Certains syndicats pactisèrent aussi avec le F.L.N. La C.G.T., sans conteste, car on connaît ses liens étroits avec le P.C.F. Cependant, Edmond Maire reconnaîtra aussi son soutien moral aux rebelles. Il déclarait le 19 juin 1982 : « Je demande aux camarades de la C.G.T. de nous rejoindre dans notre action en faveur des travailleurs polonais, comme nous avons été unis en faveur du F.L.N. pour l'indépendance de l'Algérie. »

Français d'Algérie, ne pouvons admettre que ces hommes nous rendent, avec des arguments spécieux, responsables du malheur qui s'est abattu sur notre terre natale. En nous insultant, peut-être pensent-ils justifier le pacte qu'ils avaient scellé avec l'ennemi ? Cet ennemi avait-il de l'admiration pour eux ? Un Oranais, Henri Mas, qui a vécu dans notre bonne ville jusqu'en 1968, rapporte cette remarque que s'attiraient parfois les Français qui avaient soutenu les Algériens [1] :

« Soit ! nous vous reconnaissons du courage et vous aurez droit éternellement à notre gratitude. Mais quelque chose nous gênera toujours un peu : comment vous, Français, avez-vous pu trahir la France, même pour nous ? »

1. *Couscous,* Henri Mas (Stock).

13.

Le terrorisme

On ne peut évoquer les douloureux événements d'Algérie durant lesquels les deux populations ont connu tant de souffrances, sans que ne vienne, à l'esprit de trop nombreux métropolitains, le slogan des « crimes de l'O.A.S. », organisation qui ne s'est du reste manifestée qu'après l'échec de la « Fronde des généraux » en avril 1961.

Tout le monde semble ignorer aujourd'hui ce que fut réellement l'action terroriste du F.L.N., du début jusqu'à la fin de la guerre d'Algérie. Certains ne conservent de cette période tragique que l'image de l'O.A.S., selon les services officiels d'information. D'autres, par idéologie, ne sauraient admettre le comportement terroriste du F.L.N., en raison de l'appui moral et souvent matériel qu'ils lui ont apporté. Enfin, les jeunes générations qui n'ont pas vécu cette période n'en connaissent que ce que leurs enseignants, trop souvent engagés aux côtés du F.L.N., leur apprennent, et ce ne sont pas les présentations tendancieuses de ce drame par une majeure partie de la presse, de la radio ou de la télévision, qui leur permettent de se faire une opinion non orientée sur la guerre d'Algérie. Pourtant, bien qu'il soit particulièrement pénible de revenir sur ces crimes, il est indispensable de les rappeler.

On sait généralement que, dans la nuit du 31 octobre au 1er novembre 1954, une poignée de rebelles, cinq cents hommes environ, lancent une action terroriste sur l'ensemble de l'Algérie, avec ces résultats : sept morts, dont un instituteur, vraisemblablement sympathisant communiste, Guy Monnerot. Les effectifs du F.L.N. grossissent cependant rapidement, sans jamais, au cours des sept ans de lutte, dépasser vingt mille combattants. L'armée française, mal préparée à cette guerre de guérilla, s'organise peu à peu et l'espoir d'un succès militaire finit par échapper aux plus lucides des dirigeants rebelles. La guérilla pouvait certes causer des pertes aux unités militaires françaises, mais si une embuscade réussie dans un djebel était estimable, quelle résonance pouvait-elle avoir sur l'opinion française et internationale ? Aussi, Abane Ramdane[1] pouvait-il noter : « Les frères savent que notre infériorité numérique et en matériel, en face de l'armée colonialiste, ne peut nous permettre d'obtenir de grandes et décisives victoires militaires. Etait-il préférable pour notre cause de tuer dix ennemis dans un oued de Telergma, ce dont nul ne parlera, ou bien un seul à Alger, ce que notera le lendemain la presse américaine ? Si nous prenons des risques, il faut que notre combat soit connu. Nous pourrons tuer des centaines de soldats colonialistes sans que ce ne soit jamais au communiqué. Réfléchissons aux conséquences de nos actes et veillons qu'ils soient payants, et attirent incontestablement l'attention sur le généreux combat de notre peuple et de son armée[2]. » Aussi, pour compléter l'action de la guérilla, le terrorisme fut-il considéré par le F.L.N. comme une arme complémentaire essentielle dans le combat mené.

Cette exploitation publicitaire de son action souterraine va permettre au F.L.N. de trouver des sympathies et souvent des appuis dans certains milieux français et chez les neutres, chez tous ceux qui seront en définitive acquis à son idéologie. Aide qui se manifestera principalement dans les pays arabes ou communisés. Ainsi, pour citer un exemple, en octobre 1959, à Bagdad, le général Kassem, président du Conseil irakien, déclarait au journal *Alzaman,* qu'il avait envoyé « 10 avions chargés d'armes modernes et 500 000 livres sterling aux rebelles algériens le 10 octobre, à la veille de l'attentat où il fut blessé ». L'Irak, ajoutait Kassem, « a déjà donné aux rebelles 18 500 000 livres et dans deux mois en donnera encore 500 000 ».

On ne saurait oublier non plus que le F.L.N. recevait, par voies diverses, un armement des plus moderne et des plus important.

1. Abane Ramdane, bachelier, ex-secrétaire de la commune mixte de Chateaudun-du-Rummel, était un homme très intelligent. Il avait été en prison un lecteur attentif de *Mein Kampf,* mais également de Marx et de Lénine. Autoritaire, il n'admettra pas que les militaires prennent le pas sur les civils, ce qui le conduira à s'opposer à Boussouf. Ce dernier, l'attirant dans un guet-apens, le fera assassiner au Maroc, le 27 décembre 1957. Les dirigeants militaires feront croire qu'Abane était mort au combat et le colonel Boumediene sera chargé d'annoncer la nouvelle à Krim Belkacem. Ils auront le cynisme de demander que soit délivré un permis d'inhumer pour un héros de l'indépendance.

2. *Le F.L.N., Mirage et Réalité,* Mohammed Harbi (Editions J. A.).

L'arraisonnement, en octobre 1956, de *l'Athos* qui transportait soixante-dix tonnes d'armes et de munitions destinées aux rebelles montre l'importance de l'effort consenti par certains pays au F.L.N.

Ce terrorisme, conjugué avec la guérilla, visera à briser la volonté de combattre de la France. « C'est l'application intégrale, nous dit le général Beaufre, d'une conception psychologique de la guerre : au lieu de briser la volonté adverse par des défaites militaires, il s'agit d'attaquer directement son moral ou sa capacité de réaction par des menaces, par une propagande dissolvante...[1]. »

Les porteurs de valises se feront un devoir de jeter le trouble dans les esprits par une propagande insidieuse. La presse participera à cette œuvre de démoralisation. Jacques Soustelle parle de « l'immense opération psychologique menée après 1954 par toute une partie de la presse ; par la presse communiste d'abord, bien entendu, mais aussi plus efficacement par les organes de la gauche laïque et de la gauche chrétienne (*Témoignage chrétien*), ou protestante (*Réforme*) ». N'oublions pas les juifs, ajoute Soustelle, « car les Israélites métropolitains, à peu d'exceptions près, ont complètement failli à observer un minimum de solidarité envers leurs cent trente mille coreligionnaires d'Algérie[2] ».

La répression terroriste du F.L.N. va s'abattre impitoyablement sur toute personne suspecte. La terreur fait régner l'unité, écrit Amar Hamdani. Ce terrorisme sera-t-il sélectif ou collectif ? Il sera sélectif à l'origine et prendra pour cible les Musulmans, fidèles à la France, car il s'agit, par la peur inspirée, de rendre « chaque conscience écartelée entre la loyauté et la peur ». Jean Daniel qui se rangera dans le clan favorable à l'indépendance de l'Algérie affirmait, parlant des rebelles : « Il leur fallait transformer en traîtres et en collaborateurs tous ceux qui n'étaient pas avec eux, *c'est-à-dire, au début, la majorité des Algériens.* »

Les élites musulmanes, sur lesquelles le gouvernement français aurait pu s'appuyer pour former une troisième force, ne seront pas épargnées. Ali Chekkal, mon condisciple au lycée d'Oran, ancien vice-président de l'Assemblée algérienne et membre de la délégation française à l'O.N.U., fut assassiné, au stade de Colombes, tout comme le sénateur Benhabylès, abattu à Vichy, tandis que le député Abdesselam, international de tennis, était grièvement blessé, ainsi

1. *La Guerre révolutionnaire,* général Beaufre (Fayard).
2. *Sur une route nouvelle,* Jacques Soustelle (Editions du Fuseau).

que le député Ahmed Djebbour, victime de graves attentats. Aussi, Ferhat Abbas, qui représentait un élément nationaliste convaincu certes, mais modérateur, n'aurait adhéré par crainte au F.L.N. que le jour où son neveu, Alloua, qu'il aimait beaucoup, fut abattu dans sa pharmacie, à Constantine, par les rebelles. Dès lors, rares furent les gens avec lesquels l'administration pouvait travailler et souvent, celle-ci hésitait à le faire pour éviter de les compromettre et de les exposer à la mort.

Le F.L.N. s'attaquera aussi à certaines personnalités françaises, qui, nous dit Philippe Tripier, « par l'esprit de justice ou les qualités de cœur qu'ils apportent dans leurs fonctions, sont des facteurs de bonne entente entre les communautés ». Car il importe, au premier chef, de briser l'unité réalisée par la France et de dresser l'une contre l'autre deux communautés, qui s'entendaient mieux que l'on ne le croit aujourd'hui en métropole.

Dans cette lutte, ne seront pas oubliés les adversaires politiques, les messalistes, pas plus que les Français d'Algérie et les métropolitains.

L'attentat va devenir institution d'Etat. M. Krim Belkacem était orfèvre en la matière. Son palmarès judiciaire comportait cinq condamnations à mort, deux condamnations aux travaux forcés à perpétuité. Courageux, rusé, il se distinguera dans la clandestinité. Devenu ministre des Affaires étrangères du G.P.R.A., il exposait dans un bimensuel, paraissant à Belgrade, la tactique des combattants et poursuivait :

« Les jeunes Algériens s'offrent en masse pour le recrutement auquel est portée une grande attention : il faut posséder les capacités nécessaires ; la santé doit être de fer. La conviction révolutionnaire et la moralité importent plus que la santé. Le troisième problème est celui de l'attentat ; *pour être admis dans les rangs de l'A.L.N., il faut abattre un colonialiste ou un traître notoire. L'attentat est le stage accompli par tout candidat à l'A.L.N.* »

Le terrorisme, comme nous venons de le dire, prit d'abord pour cible les Musulmans dont les sentiments à l'égard de la France ne faisaient aucun doute. « Tuez les caïds et les présidents de *djemaa*, disaient des instructions du F.L.N. Il faut prendre aussi leurs enfants et les tuer, tout comme ceux qui paient des impôts et ceux qui les ramassent. Il faut de même brûler les maisons des sous-officiers en service et il est interdit de répondre à l'appel pour le service militaire. »

Vaste programme qui sera exécuté au mieux. Ainsi, pour ne citer qu'un exemple : le bachaga Boualaem arrivait en France, en 1962, avec sa famille amputée de son fils Abdelkader et de dix-sept oncles, neveux, cousins assassinés par le F.L.N.

On s'attaquera aussi à de plus humbles : les gardes champêtres, agents communaux et même porte-drapeaux, qui avaient servi dans les rangs de notre armée, furent massacrés. Ceux qui réussirent à prendre la fuite trouvèrent le salut hors de leur douar.

La population musulmane fut tout simplement terrorisée. Le nez du contrevenant à l'interdiction de fumer était tranché ; c'était pour le coupable : « l'indignité nationale à vie par défiguration ». La mort commune était atroce — égorgement au couteau d'une oreille à l'autre — qui reçut le délicieux surnom de « grand sourire »[1]. Très souvent, la victime était horriblement mutilée : décapitée à la serpe, après avoir eu la verge sectionnée et enfoncée dans la bouche, et tout ce que l'on peut imaginer de la part de criminels sadiques. « Devant les cadavres égorgés et les visages grimaçants des mutilés, nous dit Jacques Soustelle, toute velléité de résistance s'effondre, le ressort est brisé. »

Le F.L.N. pouvait-il admettre qu'une autre force politique l'empêchât de se présenter comme seul interlocuteur devant le gouvernement français et l'opinion internationale ? Sa volonté d'éliminer tout concurrent explique la vigueur avec laquelle il va s'attaquer à ses principaux adversaires, les messalistes. Ces derniers étaient les partisans de Messali Hadj, ancien ouvrier de chez Renault, qui avait

1. Il était interdit, entre autres :
— de travailler chez les Européens, et dans l'administration,
— de fumer, de jouer, d'aller au cinéma,
— d'avoir des chiens,
— de s'habiller à sa convenance,
— de célébrer les fêtes religieuses musulmanes,
— de se marier,
— de se présenter à la justice française,
— de payer les impôts,
— d'envoyer les enfants dans les établissements français d'enseignement,
— de travailler les jours de grève.

En ce qui concerne l'interdiction d'avoir des chiens (qui pourraient donner l'alarme), le général Massu souligne que les propriétaires qui n'avaient pas suivi les prescriptions furent mis dans l'obligation d'abattre leurs bêtes sur-le-champ, de boire leur sang et même de les manger.

adhéré au parti communiste après la guerre de 1914-1918. Il fut un chef incontesté, figure légendaire du nationalisme, orientant son action sur l'indépendance de l'Algérie, l'unité arabe et le renouveau de l'Islam.

L'audience de Messali est grande et il attire de nombreux intellectuels et étudiants, séduits par son dynamisme. Mais Messali est bientôt considéré comme « une vieille barbe ». « Dans le parti, nous dit Ferhat Abbas, nul n'osait contredire le maître. Dépassé par les problèmes qui se posaient, il essaya de suppléer à son insuffisance révolutionnaire par un décor extérieur, qui relevait plus de la comédie que du militantisme authentique. » Dénonçant le culte de la personnalité, le parti connaîtra, avec une scission, la naissance d'un groupe activiste, le Comité révolutionnaire pour l'unité et l'action, le C.R.U.A. Ce dernier va déclencher l'insurrection et proclamer la naissance du Front de libération nationale, le F.L.N., qui se veut le seul mouvement représentatif. Dès lors, il s'en prend aux messalistes, dont l'ardeur révolutionnaire est jugée trop timorée. Il y réussira par la terreur. L'exemple le plus cruel se situe à Melouza.

Melouza, situé à l'est du département de Sétif, était convoité autant par le F.L.N. que par les messalistes. A la suite d'incidents où le F.L.N. se trouva en difficulté, le commandement rebelle décida d'une opération de représailles. Ce fut le douar de Beni-Illemane, à proximité de Melouza, qui fut la cible des terroristes.

A deux heures du matin, le 28 mai 1957, le douar est encerclé par les fellaghas. On fait sortir de leurs gourbis les hommes, les femmes, les enfants. Rassemblés, mains sur la tête, sur la place du village, ils sont battus sans ménagement et on les entraîne vers un petit hameau, à proximité, dit Mechta Kasba. Arrivés sur place, les hommes du F.L.N., au couteau, à coups de pioche, massacrent le triste troupeau humain. Les militaires français trouveront, au milieu d'une irrespirable puanteur, des cadavres horriblement mutilés.

Combien y avait-il eu de morts et de blessés, tous musulmans ? *Trois cent un morts — Quatorze blessés.* Maurice Duverger écrivait dans *Le Monde :* « Dans l'affreux palmarès des massacres collectifs, Melouza prend place dans les premiers rangs, à côté d'Oradour. » Mais comme c'était à prévoir, le F.L.N. imputera ce carnage à l'armée française, qui devait assumer la responsabilité de cette tuerie sauvage. Et le F.L.N. s'inclinait avec émotion devant la mémoire des martyrs de Melouza. Le procédé était si grossier que la presse française, même la plus gauchiste, ne se permit pas de tenir compte du communiqué du F.L.N.

Le commandant Azzedine relate aussi une opération menée contre des Kabyles messalistes. Par suite d'un différend entre un officier de l'A.L.N., ancien sergent de l'armée française, de tendance messaliste, et un aspirant, sous ses ordres, ce dernier n'hésitera pas à exploiter les erreurs psychologiques de son chef. Il réunit la population : « Les Kabyles se comportent comme s'ils étaient nos nouveaux maîtres. Quel homme du Sud, à part moi, a un grade important dans l'A.L.N. ? Pourquoi accepterions-nous d'être libérés par les Kabyles ? On ne se libère pas du colonialisme français par un autre colonialisme ! »

Cet aspirant, ajoute Azzedine, fit tuer plus de mille djounouds kabyles, et assassina, dans la foulée, le colonel Ali Mellah.

Le F.L.N. n'était donc pas la seule force en Algérie. Il y avait le M.N.A. et aussi les très nombreux Musulmans qui, rejetant l'idée d'indépendance, restaient toujours fidèles à la France. On ne tiendra guère compte des désirs de ces derniers, bien au contraire.

Les fellaghas étaient impitoyables, tant avec les Européens qu'avec leurs coreligionnaires. A ce sujet, malgré notre désir de tout oublier, rappelons quelques massacres des plus marquants, ne serait-ce que pour tenter de convaincre ceux qui doutent du caractère meurtrier du terrorisme.

Le 20 août 1955, Philippeville était le théâtre de troubles sanglants. Des rebelles avaient attaqué certains quartiers de la ville.

« Le spectacle n'était pas beau, écrira un témoin. Des enfants de quelques mois avaient été littéralement taillés en pièces et dans l'âcre odeur du sang chaud et des incendies, on rassemblait leurs membres épars. Des fillettes de cinq ou six ans, des garçonnets du même âge, avaient subi des traitements que la décence interdit de conter. Leur visage supplicié, leurs yeux fous en disaient plus que tous les récits. Des cadavres de jeunes filles et de femmes, lardés de coups de serpe, gisaient, le ventre ouvert, empalés sur des manches de pioche. Les hommes avaient été brûlés vifs, après avoir assisté au supplice de leurs épouses et de leurs gosses. D'autres avaient été abattus, égorgés comme des bestiaux, pour leur laisser le temps d'une abominable agonie. D'autres encore avaient été abattus dans le dos à coups de pioche ou de hache, alors qu'ils tentaient de s'enfuir. Çà et là une oreille ou des testicules traînaient. »

Peut-on reprocher aux témoins de telles atrocités d'avoir parfois perdu leur sang-froid ?

D'autres exemples illustrent la cruauté du F.L.N.

En août 1955, à Aïn-Abid, les rebelles pénètrent dans la maison de M. Mello, égorgent ce dernier, sa femme, sa belle-mère, une petite fille de quatre jours, un enfant de dix ans.

Le 20 août, le village d'El Halia est attaqué. Yves Courrière écrit à ce sujet : « Dans ce centre minier, complètement isolé, cinquante familles européennes vivent au milieu de 2000 Arabes. En parfaite entente. Car là, c'est l'exception... Les insurgés, armés de cartouches de dynamite, de bouteilles d'essence, de fusils, de haches, massacrent les hommes, contremaîtres, ingénieurs... tous européens. C'est en pataugeant dans des mares de sang que les militaires découvrent la tuerie. Les femmes ont été égorgées, puis éventrées à coups de serpe, des bébés également mutilés. Trente-sept Européens ont été ainsi suppliciés par les insurgés fanatisés[1]. »

Le 30 mai 1957, Wagram, non loin de Saïda, en Oranie, connaît les horreurs de cette lutte fratricide, la plus horrible qui soit. Une trentaine de hors-la-loi rassemblent quatre-vingts hommes valides des fractions Ouled Zerrouki et Ouled Beni Benkhoua, puis ouvrent le feu. Ils achèvent les blessés à coups de hache et de couteau. Trente hommes seulement réussissent à échapper aux bourreaux.

La violence atteint son paroxysme au cours de la « bataille d'Alger », dont le but était de terroriser les Français d'Algérie et, par voie de conséquence, de les amener à choisir la valise pour échapper au cercueil. Le F.L.N. disposait avec la Casbah, ses lacis de ruelles, ses maisons à plusieurs issues, ses terrasses communicantes, d'un repaire où il pouvait travailler en toute impunité pour organiser à Alger un terrorisme qui sera non sélectif, mais aveugle, et prendra pour cible le milieu européen. Le F.L.N. organisa, comme on le sait, un réseau de poseurs de bombes, comprenant des techniciens et des volontaires de la mort pour mettre en place des engins piégés. Le parti communiste français lui fournit, bien entendu, l'aide de ses spécialistes et son concours pour lui procurer, en particulier, du fulminate de mercure.

Les attentats commis en 1957, au « Milk Bar », à la « Cafétéria », au « Café du Progrès », au « Coq hardi », à « L'Automatique », firent dix-neuf morts et cent vingt-deux blessés.

1. *Le Temps des léopards,* Yves Courrière (Fayard).

D'autres seront ressentis plus cruellement encore par la population.

Le dimanche 10 février 1957, c'est au stade municipal de Belcourt et à celui d'El-Biar que se produisit un nouveau drame.

Le beau temps, les rencontres de football d'un niveau élevé, avaient amené une foule dense. Les deux stades étaient bondés. A 16 h 40, des bombes éclatent presque simultanément dans les tribunes de Belcourt et d'El-Biar. On ramassera des membres sectionnés, des chairs déchiquetées. C'est affreux ! On dénombre onze morts et cinquante-six blessés européens. Certaines familles ont été décimées. Ainsi, Antoine Casanova, sergent de ville, blessé, apprenait à l'hôpital la mort de son jeune fils, âgé de neuf ans, tandis que son second enfant était grièvement blessé, ainsi que sa belle-sœur et son neveu. Comment ne pas excuser ou comprendre des actes de vengeance de la foule sur le moment ?

Autre attentat, le 3 juin 1957 : trois bombes étaient dissimulées dans les lampadaires situés près de la Grande Poste, à la station du Moulin et au carrefour de l'Agha. Entre 18 h 25 et 18 h 30, les trois socles de fonte explosaient au milieu d'une foule de petits employés ou commerçants regagnant Bab el-Oued : huit morts, quatre-vingt-douze blessés.

Le 9 juin 1957, dimanche de la Pentecôte, une autre tragédie ensanglantait la ville. Au Casino de la Corniche avait lieu un bal, très animé. Beaucoup de monde. La jeunesse en particulier dansait avec entrain. Vers 16 heures, une explosion épouvantable se produisait dans la salle. On relevait huit morts et quatre-vingt-un blessés. C'était un serveur qui avait placé une *tcheftchafa*[1] très puissante dans l'estrade de l'orchestre.

Que de morts et de blessés ! L'opinion métropolitaine ne saisit pas l'importance du terrorisme en Algérie. Car autrement elle aurait réagi, comme elle vient de le faire récemment, avec juste raison pour les attentats du 3 octobre 1980, rue Copernic et du 9 août 1982, rue des Rosiers, où l'on enregistra respectivement quatre morts, vingt-cinq blessés et cinq morts, trente blessés. Il est vrai que les événements d'Algérie n'intéressaient la majorité de la population métropolitaine que dans les conséquences apportant une gêne dans sa vie courante.

1. *Tcheftchafa :* bombe.

Que cherchait donc le F.L.N., sinon à séparer par des haines réciproques Pieds-noirs et Musulmans ? Si les Européens souffraient du terrorisme aveugle, les Musulmans n'étaient pas épargnés par les contraintes de la recherche des suspects. Pour rétablir l'ordre, les forces de sécurité seront dans l'obligation d'effectuer de nombreux bouclages, interrogatoires, qui laisseront des traces souvent pénibles, dans l'esprit des Musulmans. Mais le succès couronnera les efforts des parachutistes qui réussiront à démanteler les réseaux de bombes et à arrêter de nombreux dirigeants. Leur action sera efficace car, alors qu'en décembre 1956, on dénombrait dans l'agglomération algéroise cent vingt-deux attentats commis par le F.L.N., en octobre 1957, on n'en enregistrait qu'un. C'est pourquoi les hautes consciences métropolitaines qui ont condamné à l'époque l'armée, agissant à défaut de la police dont c'était pourtant le rôle, devraient aujourd'hui cesser de jeter le discrédit sur la moralité des procédés employés pour que les innocents ne soient pas toujours les victimes. Nous en reparlerons.

Il faut, par ailleurs, remarquer, et s'en féliciter, que les opérations menées par la 10e division parachutiste ont permis à la population musulmane de retrouver une vie plus calme. Si l'on en doutait, les chiffres suivants, donnés par le colonel Godard [1], dissiperaient tout doute :

Le 1er février 1957, il y avait 70 enfants musulmans dans les écoles d'Alger. Le 15 février, ils étaient 8000 et le 1er avril 37500. On s'aperçut alors que les écoles étaient trop petites et qu'il n'y en avait pas assez. En outre, je signale qu'en octobre 1957, je faisais visiter *de nuit* la Casbah à M. Christiaens, secrétaire d'Etat à l'Air, sans protection apparente. Quelle haute autorité aurait pu en faire de même après l'arrivée de De Gaulle au pouvoir ?

A ceux qui, malgré tout, ne seraient pas convaincus, je rappellerai qu'en mai 1958, la Casbah se rendit dans l'allégresse, au Forum, se mélangeant sans aucun incident à la population européenne. Ce qui démontre que si les moyens employés par la 10e D.P. étaient parfois rudes, les Musulmans de la Casbah durent en apprécier les résultats puisqu'ils éliminaient les chefs rebelles qui les terrifiaient, les pressuraient, les exécutaient.

Sept années d'attentats, d'exactions... Dans un livre d'une remarquable documentation, René Rostagny a relevé tous les crimes du

1. *Les Paras dans la ville,* colonel Godard (Fayard).

F.L.N. du 1er novembre 1954 au 3 juillet 1962[1]. *Pas un jour* où ne soient signalés attentats, enlèvements, destructions. La menace qui pesait sur les habitants des campagnes était quotidienne. Des tracts vous avertissaient que vos jours étaient comptés. L'extrait suivant est explicite. Après avoir ironisé sur les vertus militaires des « soldats-femmes » français, et rappelé que le F.L.N. reprendrait les trois cents kilomètres carrés dont les limites en France étaient Poitiers, Saint-Etienne, Lyon, envahis autrefois par leurs ancêtres, les rédacteurs du tract poursuivaient :

« L'Algérie est en lutte contre le colonialisme. Malheur à tous, fils du diable. Toi, Monsieur, tu es son moteur, tu as facilité sa tâche, tu es donc vomi par l'humanité, excommunié. Le peuple te condamne, parce que tu as agi contre ses intérêts. Notre devoir est de t'abattre. Nous sommes fiers d'agir selon les consignes du Tribunal du peuple, qui est la volonté de Dieu. Indigne à la nation, on t'exécute. Une nation pure est une nation forte, c'est celle qui élimine les traîtres.

« Vive la Justice. Armée de la libération nationale. Même sort est réservé à tous ceux qui paient l'impôt. Justice est faite. »

Le dénouement ne tardait pas, car les rebelles étaient impitoyables. La sentence prononcée par un « Tribunal du peuple » était exécutée le jour même. Avec de tels procédés, on terrorise toute une population.

Souvent les familles entières étaient massacrées. Ainsi, une vieille dame écrivait au général Massu :

« ... J'ai soixante-quinze ans, mariée, mère de quatre enfants. J'ai pu, avec mon mari, faire fructifier un petit lopin de terre et bâtir une petite maison nous-mêmes.

« Je ne vous parle pas du mal que nous avons eu à faire rendre une terre pauvre, des maladies, paludisme, choléra, etc.

« Bref, nous nous en sortions bien difficilement, mais on arrivait à joindre les deux bouts.

« Mon fils aîné, marié, père d'un jeune garçon de cinq ans, était ouvrier à Alger.

« Mon mari a fait la guerre de 1914. Je suis restée seule à la ferme avec mes enfants en bas âge. A la dernière guerre, ce sont mes trois fils qui sont partis. J'en ai perdu un à cette guerre.

« Il y a quelque temps, mon mari me conseilla d'aller à Alger passer quelques jours. J'étais tellement déprimée que je suis venue chez mon fils à Alger.

« Je repars pour chez nous.

1. *La Grande Honte*, René Rostagny (publié en Espagne).

« Quel spectacle !

« Il ne restait plus rien de notre pauvre maison, incendiée, les bêtes égorgées. Au milieu des ruines, j'appelle mon mari, mes fils, mon chien. Rien, le silence le plus affreux, le plus lugubre. Je fais quelques pas et je trouve mon pauvre chien égorgé. Encore quelques pas et près du puits, mon mari, mes deux fils égorgés, émasculés. Ma belle-fille éventrée.

« Est-il possible de voir des choses pareilles. C'est affreux. Je n'ai plus rien.

« Je suis revenue à Alger chez mon fils.

« L'explosion du " Milk Bar " a blessé ma belle-fille et mon fils. Ils ont été amputés tous les deux, l'un de la jambe droite, l'autre de la jambe gauche.

« Et vous voulez que l'on ne se révolte pas, qu'on ne demande pas l'exécution de ces monstres... [1]. »

Ces monstres seront bientôt graciés par de Gaulle et les « porteurs de valises » continueront à apporter leur aide morale et matérielle à ceux qui massacraient des Français d'Algérie.

Le F.L.N. s'attaquait avec acharnement aux biens des particuliers et aux établissements publics. Citons cette statistique, qui porte sur la période du 1er novembre 1954 au 31 mai 1957 :

Incendies — Destructions	1 869
Têtes de bétail abattues ou volées	75 513
Destruction de machines agricoles	804
Destruction d'arbres fruitiers	565 700
Destruction de pieds de vigne	12 436 000
Destruction de paille, fourrage, grain (quintaux)	485 700
Hangars, magasins détruits	696
Récoltes sur pied incendiées ou volées	4 583

Mais penchons-nous sur les victimes du terrorisme. Les chiffres que l'on peut avancer sont parfois imprécis, car ils ont été établis officiellement à la date du 19 mars 1962. Or, le F.L.N. n'a pas arrêté son action, même au-delà de la date de l'indépendance, 3 juillet 1962. Nous donnerons deux chiffres : le premier faisant état des pertes en Algérie, le second correspondant à celui que l'on aurait enregistré

1. *La Vraie Bataille d'Alger*, Jacques Massu (Plon).

proportionnellement en métropole (1 million d'Européens en Algérie — 50 millions en France).

Ainsi, d'après les déclarations de M. Joxe, à la date du *19 mars 1962,* on relevait :

— Civils européens tués
en Algérie : 2 788
(correspondant en métropole à : 139 400).
— Civils européens blessés
en Algérie : 7 541
(correspondant en métropole à : 377 050).
— Civils européens disparus
en Algérie : 875
(correspondant en métropole à : 52 500).

En ce qui concerne les disparus, leur nombre après le 19 mars 1962 serait, selon les demandes de renseignements effectuées auprès de la Croix-Rouge, de 4 500 correspondant en métropole à 225 000.

Quant au nombre des Musulmans fidèles abattus, prenons les chiffres donnés par le général Jacquin et le colonel Le Mire. Ils ont été établis sur des statistiques officielles :

Soldats musulmans tués au combat	3 500
Civils disparus au 19 mars 1962	50 000
Abattus après le cessez-le-feu	150 000
Civils tués au 19 mars 1962	16 000
TOTAL :	219 500

Voilà ce que trop d'enseignants, trop de journalistes, trop de réalisateurs de films oublient de mentionner lorsqu'ils évoquent la guerre d'Algérie. Leurs élèves, leurs lecteurs, leurs auditeurs n'ont à connaître que « les crimes de l'O.A.S. ».

Sait-on, par ailleurs, que meurtres et enlèvements continuèrent après le 3 juillet 1962 ? Les semaines qui suivirent l'indépendance furent marquées par des attentats. Etienne Mallarde les a rappelés [1]. Je note simplement les crimes suivants :

— 13 septembre 1962 : 6 assassinats de colons européens dans la région d'Alger.

1. *L'Algérie depuis,* Etienne Mallarde (La Table Ronde).

— 21 septembre 1962 : la Croix-Rouge internationale annonce l'enlèvement de 1065 personnes.

— 26 septembre 1962 : 2 Européens abattus à Aïn-Témouchent. 150 personnes enlevées et exécutées dans la commune « depuis le début des nouveaux événements »[1].

— 6 octobre 1962 : 2 prêtres et 2 colons assassinés à Cyprien-lès-Attafs.

Inutile d'insister sur ce martyrologe. Les chiffres parlent d'eux-mêmes.

La métropole ne fut pas épargnée par le terrorisme, qui, toutefois, ne se manifesta pas de façon spectaculaire. En revanche, en furent les victimes la police et principalement les messalistes.

Le F.L.N. prit d'une part pour cible les policiers, gardiens de la paix, postes de police, et même des sentinelles... Le 26 octobre 1961, Roger Frey, ministre de l'Intérieur, exposait au Conseil des ministres que, « depuis 1958, la police avait perdu quarante-sept de ses membres à Paris et dix-neuf dans le reste de la métropole, assassinés par des membres du F.L.N.[2] ». Ce chiffre de soixante-six tués n'était que fragmentaire puisqu'il se situait sur moins de quatre ans.

Ce fut d'autre part contre les messalistes que de violents combats s'engagèrent. Messali conservait de puissants effectifs en France. Ses partisans trouvaient des appuis dans les milieux syndicaux ou progressistes. Cette masse de travailleurs cotisait au M.N.A., le parti de Messali. C'était une perte sèche que ne pouvait admettre le F.L.N. Attentats du F.L.N. et représailles du M.N.A. se succédèrent. De cette lutte, le F.L.N. devait sortir vainqueur, ses cadres étant clandestins, tandis que ceux du M.N.A., connus, devenaient des cibles faciles à atteindre.

La lutte était impitoyable. Ainsi, pour illustrer cette ardeur au carnage, rappelons ce que cite Roland Gaucher[3] :

« Le 18 août 1961, à Lyon, le dirigeant local du M.N.A., ancien des Brigades internationales, est abattu dans la rue. Déjà, au cours d'attentats précédents, les fellaghas avaient profité de son absence, pour mettre le feu à son appartement et brûler vive sa femme. Le même jour, le M.N.A. riposte : deux blessés. C'est le soir au tour du

1. « Depuis le début des événements » : c'est ainsi que la presse algérienne locale marquait le début de l'indépendance.

2. *L'Aurore* du 7-8 décembre 1974.

3. *Les Terroristes*, Roland Gaucher (Albin Michel).

F.L.N. de mitrailler la façade d'un café... et les tragiques représailles continuent. »

A une question posée, le 13 janvier 1962, par M. Ernest Denis au ministre d'Etat, chargé des questions algériennes, concernant le nombre de victimes du terrorisme algérien en métropole, la réponse suivante fut faite [1] :

	Tués	*Blessés*	*Total*
1956	76	510	586
1957	817	3088	3905
1958	902	1641	2543
1959	687	815	1502
1960	529	642	1171
1961	878	982	1860
Total au 31 décembre 1961 :	3889	7678	11567

(*Journal officiel,* Assemblée nationale, du 14 avril 1962.)

Ces chiffres sont-ils connus des diffamateurs de l'Algérie française ? Si oui, pourquoi n'en font-ils pas état lorsqu'ils évoquent la guerre d'Algérie ? S'ils les ignorent, qu'ils se renseignent !

Les dirigeants du F.L.N. se rendaient bien compte des difficultés que leur créerait le terrorisme en métropole. L'idée de ne pas épargner la population avait été évoquée dans les réunions de dirigeants du F.L.N. C'était pourtant une tentation que d'agir par le terrorisme sur deux fronts, en Algérie et en France. Les conseils des Oulémas, si écoutés dans le temps, les laissaient indifférents. Pourtant, Cheik Bachir el Ibrahim leur rappelait que « la torture, le meurtre des femmes, vieillards et enfants sont proscrits au même titre que l'incendie des récoltes et l'abattage d'animaux domestiques [2] ». Peu importe, on s'en prendra en métropole au service d'ordre et aux messalistes. La presse française, souvent indifférente aux événements d'Algérie, s'émeut lorsqu'une rixe éclate en métropole. Dans certaines villes, les Musulmans finissent par être isolés ; la population européenne ne pouvant plus sortir la nuit tombée émigre dans le centre des villes. Le parti communiste finit par s'émouvoir de la

1. *Wilaya Métro,* Robert Jasseron (La Presse du Mail).
2. *Cahiers de l'Afrique et de l'Asie,* n° 48.

terreur que font régner les rebelles, dont il appuyait pourtant l'action. Maurice Thorez déclarait en octobre 1958, dans un discours prononcé devant le comité central du parti communiste :

« Les méthodes employées par le F.L.N. en France n'ont pas servi, il faut le dire très nettement, la juste cause du peuple algérien, qui a toujours bénéficié de la compréhension et de l'appui politique des ouvriers révolutionnaires français.

« Si le F.L.N. se propose d'alerter l'opinion, il se trompe. Il dresse l'opinion contre lui. Loin de gagner des sympathies, il les perd. Ces méthodes donnent une prise trop facile contre les Algériens. Et, en plus, il faut bien dire ces choses au comité central, elles permettent toutes les provocations contre nous. »

Maurice Thorez s'indignait des méthodes employées par le F.L.N. en France. Il restait étrangement muet sur ce qui se passait en Algérie, où le parti communiste encourageait les rebelles à durcir leur action.

Le terrorisme exercé par le F.L.N. s'est trop souvent accompagné de sadisme. Je ne citerai qu'un attentat, car il me paraît des plus caractéristiques. Il a été relaté comme suit par *Le Monde,* du 3 mars 1962 :

« C'est vers 14 h 30, jeudi 1er mars, que des groupes de Musulmans ont fait irruption dans la conciergerie du stade de La Marsa à Mers el-Kébir, tout près de la base militaire. Au cours d'une véritable crise de folie meurtrière collective, ces hommes ont tué sauvagement la gardienne, une jeune Européenne de trente ans, Mme Rosette Ortéga et ses deux enfants, André, quatre ans, et Sylvette, cinq ans.

« La jeune femme fut massacrée à coups de hache, tandis que, dans un réflexe de mère affolée, elle tentait de s'interposer entre les Musulmans déchaînés et son petit garçon. Puis les déments brisèrent le crâne du petit André contre un mur.

« Alors qu'ils allaient partir, leur forfait accompli, ils aperçurent la petite fille qui rentrait du jardin, des fleurs dans les bras. Aussitôt, l'un des hommes la saisit par les pieds et lui écrasa la tête contre la muraille.

« Quand M. Jean Ortéga, employé à la direction des Constructions navales, rentra chez lui, les corps des malheureuses victimes baignaient dans des mares de sang ; Mme Ortéga gisait les bras en croix, à l'entrée de son appartement, le petit garçon à côté d'elle. Dans la cour, tenant dans sa main crispée des géraniums, gisait le corps de la petite fille[1]. »

Cet attentat bestial était révoltant. Si je l'ai noté, c'est également pour rappeler la manifestation d'indignation et de loyalisme d'une majeure partie de la population musulmane de Mers el-Kébir. Trois jours après les obsèques, marquées par la grande dignité d'une foule imposante, une sorte de miracle se produisait. Des délégations de confession musulmane, représentant les différents douars de la commune, se désolidarisant des tueurs, se présentaient à la mairie de Mers el-Kébir, exposant au magistrat municipal, M. Janvier Ferrara, leur désir de fraterniser avec leurs camarades et compatriotes français et de défiler dans les rues de la commune, drapeau français en tête. La manifestation eut lieu, groupant toute la population. Après M. Ferrara, le chef du douar du plateau Saint-Georges, M. Salah ben Mohammed s'adressait à ses coreligionnaires : « Nous avons été frères, disait-il. Il n'y a aucune raison que nous ne le restions pas toute la vie. Ceux qui ont poussé certains à faire ce qu'ils ont fait, Dieu les châtiera. Vive la France ! » Cela se passait le 7 mars 1962. M. Joxe mettait la dernière main à l'abandon de l'Algérie.

Le climat politique en Algérie était-il aussi dégradé que la presse métropolitaine se plaisait à le signaler ? Il était souvent difficile de discerner les sentiments de la majorité silencieuse de nos compatriotes musulmans, dont la conscience était « écartelée entre la loyauté et la peur ». Ce jour-là, à Mers el-Kébir, la loyauté avait pris le pas sur la peur. La fraternisation de mai 1958 était plus sincère que ne le prétendent les adversaires de l'Algérie française.

Je viens de faire état des actions terroristes du F.L.N. Pourtant, pourra-t-on me rétorquer, n'avez-vous pas employé des méthodes parfois analogues ? Il est évident que l'O.A.S. a utilisé le terrorisme pour se défendre, et l'opinion publique nous a condamnés sans nuance. Nous étions en guerre, et comme l'a dit Clausewitz, il n'y a pas alors « de limite à la manifestation de la violence ». Toutefois, des observateurs avertis ont parfois reconnu que certaines actions étaient admissibles. Ainsi Alexandre Sanguinetti, orfèvre en la matière,

1. *L'Humanité* du 3 mars 1962 fait simplement état d'un communiqué du G.P.R.A. rejetant la responsabilité de l'horrible massacre sur des tueurs à la solde de l'O.A.S. On ne saurait en être surpris.

adversaire impitoyable de l'O.A.S., a pu écrire : « Je comprends le meurtre prémédité, l'assassinat de responsables... Si les gens de l'O.A.S., au lieu de plastiquer les journalistes ou des enfants, avaient tué les responsables de la politique française, cela se serait compris...[1]. »

Je tiens à rappeler combien j'ai réprouvé le terrorisme aveugle. Je l'ai vigoureusement condamné et des tracts distribués à Oran en témoignent. Car indépendamment des cas de conscience que pose la responsabilité de la violence, l'Algérie, telle que nous la concevions, ne pouvait voir le jour qu'avec l'étroite coopération des Musulmans et des Européens. Mais les passions se déchaînèrent lorsque furent renvoyés en Algérie des milliers de fellaghas prisonniers — le chiffre de 15 000 fut avancé — relâchés conformément aux stipulations des accords d'Evian. C'est alors que le contre-terrorisme européen dut faire face à l'action conjuguée des rebelles et de certains services de police français. Nous l'avons dit, de nombreux compatriotes eurent la vie sauve, le F.L.N. modérant son action par crainte des représailles de notre contre-terrorisme.

Je voudrais que ma sincérité ne soit pas mise en doute en disant combien je regrette d'avoir eu à inclure le terrorisme dans cet ouvrage, car il est pénible de revenir sur des épisodes douloureux. Il est souhaitable que notre mémoire soit enfin délivrée des souvenirs de ce cauchemar que nous avons vécu. Si j'ai rappelé les horribles moments de cette période de notre histoire, si proche de nous et partant si obscure, c'est pour informer les jeunes générations — et rappeler à leurs aînés — que le F.L.N. s'est imposé comme interlocuteur valable par son terrorisme farouche qui, dès le 1er novembre 1954, a fait tant de victimes innocentes, femmes, enfants de souche européenne ou de confession musulmane. Ainsi pourront-elles mesurer le parti pris révoltant des moyens d'information qui s'étendent longuement sur le terrorisme de l'O.A.S., le seul qui semble avoir existé, tandis qu'un voile discret est jeté sur celui du F.L.N.

Nous souhaitons, nous, Français d'Algérie, que les rapports de la France avec notre pays natal redeviennent normaux, sinon cordiaux. Entre les deux populations, n'en déplaise aux gauchistes, il y avait souvent une sincère amitié et l'accueil réservé par le peuple aux Pieds-noirs en pèlerinage chez eux, « là-bas », en témoigne. Aussi demandons-nous aux médias et à la presse un minimum d'impartialité, sinon de compréhension. Nous sommes trop près des événements pour que

1. *Le Figaro,* 21-22 septembre 1974.

nous ne soyons pas meurtris par l'excessive sollicitude dont on fait preuve à l'égard du F.L.N., et l'impitoyable rigueur dès que l'O.A.S. est en cause. Sait-on que les plaies ne sont pas encore cicatrisées ? Que l'on comprenne, de grâce, et que l'on nous comprenne !

14.

La lutte contre le terrorisme

La répression du terrorisme est toujours difficile et délicate à mener à bien, puisque le but recherché est de neutraliser des hommes qui agissent dans l'ombre par groupes de faible importance ou même individuellement. L'essentiel, lorsque des tueurs ou des suspects sont arrêtés, est de remonter la filière pour démanteler les états-majors qui organisent l'action. Comment y parvenir, si ce n'est par le renseignement et comment l'obtenir ? Les spécialistes divergent sur les moyens et les méthodes parfois employés en Algérie, qui donnèrent lieu à de vives critiques. Le mot de « torture » devint un leitmotiv, se traduisant rapidement en une entreprise de dénigrement de l'armée et en une volonté délibérée de s'opposer au maintien de la France en Algérie. Des hommes qui politiquement ne prenaient pas de positions tranchées sur l'indépendance de l'Algérie se sont indignés à la lecture des témoignages qui dénonçaient les excès qu'auraient commis les forces françaises.

Je sais combien il est téméraire d'évoquer ce problème, principal thème utilisé par ceux qui soutenaient les rebelles algériens, la passion qu'a fait naître la guerre d'Algérie subsistant toujours. On est vite calomnié lorsqu'on donne sur ce sujet une opinion que certains contestent. De surcroît, je pourrais garder le silence, car je n'ai pas eu, dans l'exercice de mes responsabilités en Algérie, l'occasion d'avoir une connaissance précise des sévices rapportés et de les constater, l'armée de l'air, qui était sous mon autorité, n'ayant pas pour mission d'assurer le service d'ordre. Ce problème ayant ému certaines consciences est trop important pour qu'on se voile pudiquement les yeux. Les militaires et les Français d'Algérie ont trop souffert de ces attaques, souvent sournoises, pour qu'on n'essaie pas de comprendre le comportement de ceux que l'on accuse. J'ajoute que l'acte de torture m'indigne et me révolte. Mais je n'ai jamais eu à prendre, contre mes sentiments, la décision bien pénible de le faire exercer et je m'interroge sur ce qu'eût été ma réaction dans le feu de l'action. Je m'interroge, car les officiers que l'on dénonce comme coupables d'avoir appliqué de telles méthodes étaient des hommes que n'animait aucun sadisme. Pourquoi en sont-ils arrivés à ce stade que condamne l'humanité ? Telle est la question que l'on peut se poser.

Le problème fut évoqué, en tout particulier, par le directeur du journal *Alger républicain,* Henri Alleg, membre du parti communiste algérien. Arrêté et interrogé au centre de tri d'El Biar, il prétendit avoir été torturé. Il écrivit un livre *La Question* révélant, selon lui, les méthodes d'interrogatoire. Titre suggestif pour ceux qui avaient connaissance, dans le château de Vincennes, de la salle dite de la « Question », où l'on voyait encore en 1790 des anneaux de fer, un lit de charpente où le patient torturé pouvait reprendre haleine. En était-il de même en Algérie ?

Pourquoi aurait-on « torturé » dans cette province ? Pour obtenir sur-le-champ des renseignements permettant de neutraliser pendant la bataille d'Alger, en particulier, des réseaux de terrorisme. C'était donc pour une raison d'efficacité. Efficacité qui a été contestée par le colonel Godard, qui écrit : « Dans un conflit conventionnel, les prisonniers ont le droit de ne pas parler. Ils peuvent se limiter à indiquer leur identité et le numéro de leur régiment. Le haut commandement dispose d'autres données pour établir le plan de bataille.

« Dans la lutte contre la délinquance, la police se doit d'éclairer la justice en interrogeant, en confrontant et en reconstituant. Elle apprend à le faire, et en fait la spécialité de ses agents les mieux doués pour ce genre de travail.

« En combat révolutionnaire, la clandestinité est un atout maître pour l'adversaire. Les individus capturés s'en sont servis... comme les francs-tireurs que les lois de la guerre autorisaient jadis à passer par les armes pour ne pas porter d'uniforme. Alors, faut-il faire parler ou bien faut-il fusiller ? »

Le colonel poursuit en disant que « le poseur de bombe est un bras qui demain sera remplacé par un autre bras. Mais si nous savons qui a fourni l'engin et où est le dépôt, nous pourrons donc épargner des victimes ». Pour ne pas demeurer impuissant devant la violence aveugle, ne faut-il pas forcer les aveux ? Non, répond Godard, qui estime que la pratique de la « question » profite à l'adversaire en lui donnant des arguments pour émouvoir l'opinion. Elle aboutit bien souvent « à des confessions fantaisistes, car ceux qui n'ont rien à dire confessent n'importe quoi. Elle permet, d'autre part, à ceux qui ont parlé spontanément de se rétracter par la suite, en prétendant avoir cédé à la contrainte ». Et, de surcroît, l'honneur militaire, pour le colonel Godard, « interdit de faire souffrir le captif, même s'il appartient à la pire des catégories[1] ».

Le colonel Godard ajoute que s'il avait porté, « beaucoup d'étoiles », il aurait, après en avoir averti l'adversaire, fait passer par les armes, publiquement et avec cérémonial, tout assassin pris sans contestation en flagrant délit, si dans les quarante-huit heures il n'avait pas livré ses secrets de bonne grâce.

Cependant, aurait-on pu rétorquer au colonel, les aveux d'un terroriste après quarante-huit heures de détention n'ont qu'un intérêt très relatif, car le renseignement n'a de valeur que s'il est exploité dans les quelques heures qui suivent l'arrestation. Passé ce délai, les complices ont eu tout le temps nécessaire pour changer de lieu d'hébergement et déménager tout ce qui pourrait être compromettant. Aussi tous les responsables ne raisonneront pas comme Godard, car si l'emploi de la torture se situe sur le plan humain, certains donneront la priorité à l'efficacité. Ainsi, Philippe Tripier, dans son remarquable ouvrage : *Autopsie de la guerre d'Algérie,* raisonne selon une autre opitique. Il souligne l'importance primordiale du renseignement. Il évoque le cas « d'un chef terroriste fraîchement arrêté et immédiatement identifié grâce au fichier central. Sachant que cet homme connaissait dans le détail un fragment de son organisation, qu'il était probablement le seul ou l'un des deux seuls à le connaître et à être au fait des projets d'action actuels de son ressort, on savait aussi que si ces renseignements n'étaient pas obtenus et exploités dans un délai de deux ou trois heures, ils deviendraient caducs ; dans le meilleur des cas la nouvelle de son arrestation, aussitôt transmise, entraînerait un remaniement de l'organisation menacée, qui deviendrait de nouveau invulnérable ; dans le pire, c'est une ou plusieurs bombes qui, faute d'être interceptées à temps, provoqueraient le jour même une nouvelle tuerie. Dans ces conditions, fallait-il arracher l'information au prisonnier qui la détenait, ou bien respecter à tout prix sa liberté de la refuser ? »

Placé devant ce dilemme, obtenir le renseignement par l'aveu

1. *Les Paras dans la ville,* colonel Godard (Fayard).

arraché au prisonnier ou laisser massacrer des innocents, le général Massu, bien que n'ignorant rien des critiques véhémentes dont il serait l'objet, décida, non sans courage, de prendre la responsabilité des interrogatoires poussés. Encore faut-il ne pas confondre violence et torture. Massu avoue qu'il y a eu « torture », quoiqu'elle n'ait jamais été instituée, ni codifiée. Il déclare que « les questionneurs étaient conduits à faire subir aux prévenus des douleurs physiques, dont la violence était graduée pour aboutir à l'aveu... Mais ce n'était tout de même qu'une pression physique, même violente, utilisée pour le *renseignement immédiat* et ne dégradant pas l'individu [1] ». Il reconnaît qu'il y eut certes des accidents, mais se demande quelles furent les raisons qui conduisirent le gouvernement de l'époque à décharger la police du service du maintien de l'ordre, pour le confier à des militaires dont ce n'était pas la vocation. Ces derniers s'acquittèrent avec succès de la tâche qui leur était imposée. La ville d'Alger fut rapidement arrachée à la terreur.

Ce n'était certes pas à l'armée de rétablir l'ordre perturbé dans les villes par le F.L.N., qui avait fait du terrorisme son arme essentielle. Pourtant on allait lui confier une mission pour laquelle elle n'était pas préparée et qui lui répugnait profondément. Elle paraissait cependant, par la valeur de ses cadres, de ses hommes, la seule à même de rétablir l'ordre. Il appartiendra à un socialiste, Robert Lacoste, qui appartenait au gouvernement socialiste de Guy Mollet, de remettre au général Massu, commandant la 10e division parachutiste, tous les pouvoirs de police dans Alger et sa banlieue.

La recrudescence du terrorisme inquiétait les autorités. Ainsi, note le général Salan, du 1er novembre 1955 au 31 décembre 1956, donc sur une période de treize mois, indépendamment de 1 000 exploitations agricoles incendiées, de 40 000 têtes de bétail abattues ou volées, de 5 000 hectares de récoltes sur pied incendiées ou volées, de 300 écoles saccagées, on dénombrait, comme suite aux attentats contre les civils :

	Tués	*Blessés*	*Disparus*
Musulmans	3 030	1 652	952
Européens	366	981	47
Fonctionnaires	281	157	92
Total des pertes civiles	3 677	2 790	1 091 [2]

1. *La Vraie Bataille d'Alger,* Jacques Massu (Plon).
2. *Op. cit.*

Ce n'est pas avec satisfaction que le général Massu, un magnifique combattant, accepta la mission. Il confiait, dans son langage souvent brutal : « Nous allons avoir des tas d'emmerdements. » Il allait prendre la situation en main en militaire et non en fonctionnaire soucieux du respect des normes administratives d'un temps de paix où règne le calme.

On avait déjà constaté combien, au début des opérations, le souci de s'en tenir à des règles légales avait pu permettre au F.L.N. d'opérer souvent en toute impunité. On ne faisait pas, à l'époque, la guerre. On rétablissait l'ordre et les troupes qui en étaient chargées devaient respecter les dispositions prévues dans le cadre du temps de paix, pour éviter, par exemple, le développement d'une grève ou d'une agitation paysanne, mesures inadaptées au cadre d'une révolte armée organisée. « On verra, disait le général Cherrière, alors commandant en Algérie, des troupes reprendre, les armes à la main, un rebelle que la justice a relâché faute de preuves. On verra un juge d'instruction faire réquisitionner deux bataillons pour reconstituer sur le terrain un combat au cours duquel des rebelles ont été abattus les armes à la main, ou encore des juges d'instruction immobiliser, auprès des rebelles tués, les fractions de troupes ayant mené le combat. » J.-R. Tournoux a recueilli d'un membre d'une commisssion parlementaire, M. de Chévigné, le témoignage suivant :

« J'ai inspecté le cantonnement d'une compagnie du 51e R.I. Avant de partir, le capitaine m'a dit : " Monsieur le ministre, j'ai ici un jeune soldat qui s'est très bien conduit au feu et a tué deux fellaghas.Je vous demande de bien vouloir le féliciter et aussi le rassurer, car les gendarmes vont l'interroger et il n'y comprend plus rien ". »

M. Tournoux ajoutait : « Il reste bien vrai néanmoins que les procédures en vigueur sont ridicules et aboutissent à des brimades injurieuses pour l'armée. Mais combien de fellaghas ont eu la vie sauve grâce au formalisme juridique de Paris ! » Le général Massu, comme on pouvait le penser, ou peut-être comme on l'espérait, ne se laissera pas arrêter par le formalisme administratif, d'autant plus que le gouvernement socialiste de l'époque, Guy Mollet étant président du Conseil, avait fait voter par le Parlement, le 11 mars 1956, les « pouvoirs spéciaux ». Ces pouvoirs facilitaient la répression de la rébellion en complétant en particulier l'action judiciaire par l'internement administratif, en réglementant la circulation des personnes, en permettant d'expulser les indésirables, en autorisant les regroupements de population...

La mission confiée au général Massu et à ses adjoints Bigeard, Meyer, Godard, Jeanpierre... impliquait tout d'abord la neutralisation des chefs terroristes à Alger, ce qui ne pouvait réussir que par le renseignement. L'état-major de Massu ne dispose alors que de listes de suspects. Une sélection de ces derniers est effectuée. Dans la nuit, les paras, sans tenir compte des heures légales, arrêtent des suspects, les interrogent et, sur renseignement obtenu, peuvent appréhender sur-le-champ un autre suspect. De fil en aiguille, l'organisation du F.L.N. à Alger pourra être établie et démantelée.

Obtenir un renseignement ? Nous venons de nous pencher sur les deux méthodes. Le colonel Godard opérera en noyautant les filières par des agents musulmans, volontaires ou à sa solde. C'était un as du renseignement. Ainsi, par exemple, il avait réussi, en liaison étroite avec le capitaine Léger, à faire vivre dans la Casbah des ralliés vêtus de bleus de chauffe, qui, se mêlant à ses anciens camarades terroristes, fournissaient des renseignements précieux. C'était la « bleuite ». Ainsi Mourad et Kamel furent neutralisés sur renseignements, tout comme Yacef Saadi, principal responsable du terrorisme urbain[1].

A quelques jours de là, je me trouvais, avec « mon » ministre de l'Air, M. Christiaens, dans la salle d'opérations du colonel Godard, qui faisait un exposé sur la lutte qu'il avait engagée. A son tableau de chasse manquait l'ancien proxénète Ali la Pointe. « Je l'aurai avant quinze jours », dit Godard, qui, nous l'ignorions, correspondait par agent interposé avec le rebelle. Effectivement, le 8 octobre, dix jours après le « briefing », Ali la Pointe était cerné dans son repaire et tué au cours de l'engagement pour le capturer. Godard venait une fois de plus de manifester sa maîtrise dans l'art du renseignement et de son exploitation. Le colonel Godard précise, par ailleurs, que, une fois arrêtés et remis à la justice, les responsables du terrorisme, Yacef Saadi, Drif Zora, Ouzegane, Benhamida Abderrahmane, Danielle Mine, la doctoresse Nefissa Hamoud n'osèrent prétendre avoir été même maltraités.

Cependant, manifestement, des excès furent commis. Avait-on le droit de contraindre aux aveux par la force ? Question morale très controversée, selon l'importance des responsabilités. Choix angois-

1. Cet épisode de la guerre d'Algérie est évoqué dans les souvenirs de P.-A. Léger, *Aux carrefours de la guerre* (Albin Michel).

sant entre le respect de l'adversaire, sa dignité d'homme et la protection de vies dangereusemnt menacées par ce même adversaire.

Encore ne faut-il pas confondre le passage à tabac, qui n'a pas été inventé par les parachutistes, et la torture. L'avis d'un aumônier, le père Delarue, paraît devoir être mentionné. Face au terrorisme, quelle était sa position ? « Qu'exige de vous votre conscience de chrétien, d'homme civilisé ? Ce qu'elle exige ? C'est que, d'une part, vous protégiez efficacement les innocents et que d'autre part, vous évitiez tout arbitraire... Il serait également indigne des chrétiens, des civilisés que nous sommes, de tirer " dans le tas ", sous prétexte que nous n'arrivons pas à déceler les coupables et qu'il faut faire un exemple... Puisqu'il est légalement permis, dans l'intérêt de tous, de supprimer un meurtrier, pourquoi vouloir qualifier de monstrueux le fait de soumettre un criminel, reconnu comme tel par ailleurs, et déjà passible de mort, à un interrogatoire pénible ? Entre deux maux : faire souffrir passagèrement un bandit pris sur le fait, et qui du reste mérite la mort, en venant à bout de son obstination criminelle par le moyen d'un interrogatoire obstiné, harassant, et d'autre part, laisser massacrer des innocents que l'on sauverait si, de par les révélations de ce criminel, on parvenait à anéantir le gang, il faut sans hésiter choisir le moindre : un interrogatoire sans sadisme mais efficace. »

Le père Delarue était aumônier du 1er R.E.P. Il avait assisté à la bataille d'Alger, aux attentats meurtriers. Il avait relevé des morts, des blessés ; il avait vu des corps mutilés, des jambes arrachées, des ruisseaux de sang. Son opinion était celle d'un homme en plein cœur de l'action.

Il y eut cependant des cas de « torture » que je ne saurais justifier ; je me suis moi-même élevé avec force contre les tortures infligées à des Français d'Algérie, pour permettre l'arrestation des chefs de notre Résistance contre l'abandon. Car, dans l'O.A.S., on se battait pour rester français. On ne saurait admettre les graves sévices d'un côté et les condamner de l'autre bord.

La « torture » a été toutefois beaucoup moins fréquente que certains l'ont prétendu. Il est vrai qu'il est des hommes pour lesquels l'armée doit être discréditée par tous les moyens et l'adversaire, pour peu qu'il s'appuie sur des théories subversives, doit être approuvé, sinon loué[1]. Il fallait exagérer pour influencer l'opinion publique.

1. Avoir été « Algérie française », et ne pas le renier comme certains, vous marque à jamais du sceau de l'infamie. Ainsi, aux élections sénatoriales du 25 septembre 1983, Claude Régent notait une tentative de « manipulation » du parti

Torture ! Où commence-t-elle ? Où finit-elle ? Les officiers de police qui bousculent sans ménagement un suspect, pour le faire parler, pratiquent-ils la torture ? Cependant, et c'est le général Massu, avec sa grande franchise, qui le déclare, il y a eu parfois « torture ». Etait-ce admissible ? Certains l'ont admis. Ainsi, rappelle Alistair Horne [1], un haut fonctionnaire, sans aucun rapport avec la police, M. Wuillaume, « exprimait l'opinion que, comme la légalisation du marché noir, la torture pourrait être institutionnalisée, parce qu'elle était devenue très courante et parce qu'elle avait donné des preuves d'efficacité, afin de neutraliser beaucoup de dangereux terroristes ». Point de vue non partagé par ceux qui risquaient de la voir pratiquée sur eux-mêmes [2].

Pourtant, les militaires qui en arrivaient à des pressions physiques, parfois intolérables, n'étaient pas des sadiques. Ils agissaient ainsi par souci d'efficacité, pour obtenir des renseignements pouvant épargner la vie d'innocents dans les heures qui suivaient. Par souci d'efficacité, ils employaient des méthodes qu'ils réprouvaient dans leur for intérieur. Dans une note, Bigeard précisait à ses hommes : « Vous agirez comme en janvier, avec cœur et conscience. Proprement. Vous interrogerez *durement* les vrais coupables avec les moyens bien connus *qui nous répugnent*... Certes, ce travail n'est pas le nôtre... Nous préférons tous le combat régulier contre une bande bien armée. Si nous estimons le rebelle du djebel, surtout lorsqu'il se bat bien, nous méprisons le terrorisme. »

Si l'armée fut certes très critiquée, encore devrait-on, pour porter un jugement sur son action, se pencher sur ce problème d'efficacité, non en raisonnant dans l'absolu, en moraliste dont la conscience est offensée, en homme loin des responsabilités qui pèsent sur ceux qui ont la charge de sauver des vies menacées par le terrorisme, mais en s'efforçant de se mettre à sa place. Le terrorisme n'était

---

communiste pour s'opposer au succès de Michel Durafour. Le député communiste, M. Paul Chomat, niait toute tentative de « manipulation » et ajoutait : « Il est vrai que, pour certains électeurs, M. Durafour représente non pas le radicalisme, mais la droite radicale. Et puis, même si cela s'estompe, *il était pour l'Algérie française* » (*Le Monde*, 27 septembre 1983).

1. *Op. cit.*

2. Je me souviens que lorsque, le 3 février 1944, nous avons accosté à Plogoff, en catastrophe, après notre naufrage, j'eus un bref entretien avec Pierre Brossolette. Nous nous demandions si, en cas d'arrestation, nous résisterions à la torture, non sans une certaine angoisse. (J'ai relaté ce naufrage dans *La vie est un combat*, Fayard.)

pas épisodique. Tous les jours, des hommes, des femmes, des enfants étaient frappés inexorablement. Ceux qui se trouvaient devoir choisir, avec angoisse, entre le respect de l'adversaire, sa dignité d'homme, et la protection de vies dangereusement menacées par ce même adversaire ont pu hésiter. Avaient-ils le droit de contraindre aux aveux par la force ? Pour en juger, encore faudrait-il avoir vécu l'horreur d'attentats. Je fais appel à un souvenir personnel.

Je me trouvais à Oran en 1957. Sur la grande artère de la ville, le boulevard Clemenceau, un terroriste venait de lancer une grenade dans un grand magasin. De très nombreux morts et blessés. Cris de douleur de ces derniers, d'angoisse des parents qui se précipitaient vers leurs enfants atteints par l'explosion ; du sang sur la chaussée, hurlement des sirènes des ambulances, indignation de la foule laissent dans l'esprit des images que l'on ne peut oublier et qui, sur l'instant, vous marquent profondément.

Le terroriste est arrêté et interrogé. Peut-on connaître le nom des rebelles qui font partie de son réseau et risquent de commettre un nouvel attentat dans les jours qui suivent ? Le rebelle est arrogant. Il insulte le préfet, M. Lambert, un socialiste, qui lui pose des questions : « Aujourd'hui, lui déclare, sur un ton de provocation, le terroriste, ce n'est rien, mais demain ce sera un feu d'artifice dont Oran se souviendra. » Le préfet me confiera par la suite : « J'avais deux solutions : lui offrir une tasse de thé ou le faire parler. »

Quel parti prendre en pareil cas ? Se doit-on d'accepter la mort de femmes, d'enfants non responsables, victimes innocentes du terrorisme, ou arracher des aveux à un homme ? Plus facilement qu'on ne le supposerait, le fellagha donna des renseignements sur les réseaux qui, dans la nuit, furent démantelés. Quatre attentats aveugles devaient être commis dès le lendemain. Ils furent déjoués à temps. On peut s'indigner du procédé employé pour obtenir un renseignement, mais celui qui a la lourde responsabilité de la sécurité raisonne autrement que le philosophe attablé à la terrasse des « Deux-Magots ».

Ce problème d'efficacité est angoissant. Albert Camus, que chaque Français d'Algérie respecte et admire, a écrit : « Et quelle est cette efficacité qui parvient à justifier ce qu'il y a de plus injustifiable chez l'adversaire ? A cet égard on doit aborder de front l'argument majeur de ceux qui ont pris leur parti de la torture : celle-ci a peut-être permis de retrouver trente bombes, au prix d'un certain honneur, mais elle a suscité du même coup cinquante terroristes nouveaux qui, opérant autrement et ailleurs, feront mourir plus d'innocents encore... » Il est vrai que, dans une guerre révolutionnaire, les motivations des hommes l'emportent sur le danger auquel ils s'exposent et que la foi qui les inspire dans l'action est la source de sacrifices. Dans ces conditions, devait-on se résigner à ne pas arracher tout renseignement pouvant sauver des vies humaines ?

Y a-t-il eu « torture » ou pression physique ? La distinction entre les deux est difficile à établir. L'acte de torture certes est condamnable, plus par la dégradation morale du bourreau que par les souffrances du supplicié. Un homme dont l'équilibre est normal peut ainsi devenir un sadique. Ce qui l'avilit est d'en arriver, peu à peu, à devenir insensible aux cris de l'individu qu'il interroge. Car là se pose un grave problème : si celui qui torture ne voyait pas souffrir, ne serait-il pas en paix avec sa conscience ?

Tâchons d'être francs avec nous-mêmes et pensons un instant aux drames qui résultent de la guerre. Celle-ci est devenue inhumaine depuis qu'ont pris fin les combats entre chevaliers et gens d'armes. « Les gens de guerre, nous dit le père Lelong, ont pu jeter les hauts cris quand, à Crécy, la guerre s'était déshonorée à leurs yeux en lançant la mort par des bombardes, au lieu de l'apporter à la pointe de la lance ou au fil de l'épée [1]... Il ne serait pas moins absurde de mettre hors la loi la bombe atomique ou les procédés de torture et d'admettre la moralité du tir d'artillerie ou le bombardement par avion. On ne réglemente pas la guerre et c'est une aberration de vouloir l'humaniser... La consigne d'Alain ne souffre pas de tergiversation : " Il ne faut jamais entendre, ni permettre de croire que la guerre soit compatible, en un sens quelconque, avec la justice et l'humanité " [2]. »

Les hommes ont toujours connu, en faisant la guerre, des problèmes de conscience. Pour en venir à une époque relativement récente, rappelons la réponse de Bugeaud à ceux qui lui reprochaient l'enfumage des grottes où s'étaient réfugiés des insurgés. En 1845, le Maréchal écrivait au maréchal Soult, ministre de la Guerre, ému par le compte rendu qui venait de lui parvenir :

« La guerre et la politique veulent que l'on emploie tous les moyens quelque énergiques qu'ils soient (j'en excepte l'empoisonnement,

1. Rappelons à ce sujet que l'arbalète, dont l'invention remonterait à Diodore de Sicile, et dont Guillaume de Poitou fit usage à la bataille d'Hastings, en 1066, couramment employée au temps de Louis le Gros, fut interdite en 1138, au second concile de Latran aux princes chrétiens « comme trop meurtrière ». Louis le Jeune se conforma à la défense du Vatican, mais les Anglais, ayant continué à se servir de l'arbalète, les Français ne tardèrent pas à en reprendre l'usage. On a, depuis, fait mieux au point de vue meurtrier...

2. *Célébration de l'art militaire,* Maurice Lelong (Editions Robert Morel).

l'assassinat des chefs, la perfidie ; je ne parle que des moyens de force ouverte), pour arriver le plus promptement possible au but. C'est servir aussi les moyens de l'humanité pour les vainqueurs comme pour les vaincus, car les guerres prolongées, par suite des moyens peu vigoureux que l'on emploie, sont celles qui ruinent les nations et multiplient les victimes. Ces principes incontestables étant posés, je demande si le siège des grottes fait par M. le colonel Pélissier est plus cruel que le bombardement et la famine dont nous accablons la population tout entière des villes dans les guerres en Europe ? Et en mer, ne canonne-t-on pas un vaisseau à le faire couler ou sauter jusqu'à ce qu'il amène son pavillon, est-ce donc plus humain ? Toutes ces choses-là sont identiques ; c'est la guerre avec ses conséquences inévitables. Si les philanthropes ne veulent pas les voir, qu'ils aient le talent de donner aux peuples et aux gouvernements des sentiments de paix éternelle. »

Combien de nos jours, les souffrances imposées par un conflit sont-elles encore plus inhumaines... Le bombardement d'une ville se traduit par tant de victimes parmi la population civile ! L'artilleur en a-t-il conscience ? L'aviateur se rend-il compte des drames qu'il provoque ? Jules Roy, qui a servi dans la Brigade française de bombardement basée en Angleterre[1] écrit : « Nous devenons les forçats et les déménageurs de la mort. Nos escadres surgissent en pleines ténèbres, transformant les villes en lacs de feu et massacrant des centaines de milliers d'hommes et de femmes. Si, à l'époque, on m'avait ordonné d'aller à Dresde où eut lieu un massacre historique, je serais allé à Dresde comme les camarades. Il fallait anéantir l'Allemagne et je ne vois pas comment on pouvait agir autrement... »

Modifiez la phrase : « Il fallait anéantir le terrorisme et je ne vois pas comment on pouvait agir autrement que par le renseignement obtenu par des moyens estimés discutables. » L'aviateur qui a déversé des tonnes de tolite et de phosphore ne voit pas les enfants qui hurlent dans les flammes. Il a reçu un ordre, il l'exécute, car la haute mission de défendre la liberté justifie l'excès des moyens employés.

L'aviateur, l'artilleur ne sont que des exécutants. Mais nous mesurons le drame de conscience d'un président de la République, ne pouvant faire autrement que d'ordonner la riposte atomique. S'il avait en face de lui un écran de télévision, lui montrant le massacre qu'il

1. *Etranger pour mes frères,* Jules Roy (Stock).

vient d'ordonner et s'il entendait les cris des victimes, poursuivrait-il l'escalade de la terreur ? Oui, car il se refuserait à l'asservissement de son pays ; il ne pourrait trahir la mission que le peuple lui a confiée : préserver l'indépendance du territoire. Aussi la majorité des Français, soucieux de sauvegarder les fondements d'une civilisation qui ignore la terreur politique, les goulags, les méthodes fascistes, accepte la stratégie nucléaire qui est celle de notre pays, seule à même de nous protéger de l'impérialisme rouge.

Les Français adhèrent à cette politique nucléaire, même si, adversaires de la torture, ils n'ignorent pas les ravages causés par les explosions thermonucléaires. Quelques bons esprits déclarent que l'arme de dissuasion ne servira jamais, car personne n'osera attaquer son adversaire par crainte de la riposte. Qu'en savent-ils ? Serait-on certain d'avoir des armes pour ne pas s'en servir ? Ils oublient que, de par le monde, il existe des chefs d'Etat plus ou moins paranoïaques, des Hitler en puissance, qui n'hésiteraient pas à provoquer le drame atomique, s'ils possédaient un jour cette arme de terreur.

A lire une certaine presse, il semblerait que les appelés aient été marqués, traumatisés par la guerre d'Algérie, sa violence, le manque d'humanité, les « tortures ». C'est loin d'être l'impression que j'ai conservée de la mentalité des jeunes soldats, tout au moins dans l'armée de l'air. J'ajoute que la lecture des sondages de correspondance, même dans l'armée de terre, ne m'a jamais alerté sur des réactions d'hommes de troupe, qui auraient pu donner des inquiétudes au commandement.

Jean-Pierre Vittori, dont les sentiments favorables à l'indépendance ne sont pas contestables, s'est penché sur ce problème [1]. Il a interrogé de nombreux jeunes soldats au sujet de la torture : « Pas facile d'aborder ce chapitre avec les appelés. D'un côté, il y a ceux qui n'ont rien vu et concluent à la non-existence de la torture, de l'autre ceux qui noircissent délibérément le tableau. » Les « actes de torture » auraient donc été moins généralisés qu'on ne le déclare.

Les réactions de l'opinion française ont été exploitées par les rebelles. Un document émanant de la Fédération française du F.L.N., cité par *Le Monde* du 18 septembre 1959, en témoigne :

« Consignes :

1. *Op. cit.*

« ... Après les articles de presse dans lesquels nos avocats et nos frères ont pu attirer l'attention mondiale sur les tortures subies par les patriotes algériens, nous savons que la répression policière sera moins vive. La lassitude s'empare de nos ennemis.

« Il faut exploiter cette situation. Pour cela, quelle que soit la façon dont le patriote algérien sera traité par la police, il devra, en toutes circonstances, quand il sera présenté au juge d'instruction, dire qu'il a été battu et torturé. Il devra mentionner qu'on a fait passer du courant électrique dans son corps. Pour cela, il observera avec attention le bureau où on l'interrogera pour indiquer au juge les endroits où se trouvent les prises de courant. S'il n'y a pas de prise, il dira qu'on a pris le courant en branchant un fil à la place de l'ampoule. Il devra dire qu'il a été brûlé avec des cigarettes et battu avec un nerf de bœuf. Sans trop donner de détails qui risqueraient de le faire se tromper, il devra inlassablement répéter la même chose.

« Pour donner de l'importance à son récit, le patriote algérien arrêté ne devra pas hésiter à se brûler lui-même quand il sera seul et à se donner des coups contre un mur, une table ou un bat-flanc, de façon à montrer au juge des traces. Il ne devra jamais se confier à un avocat qui lui aura été désigné d'office, mais il pourra parler à l'avocat que le Front lui aura envoyé... »

Y a-t-il donc eu autant de « tortures » qu'une presse mal intentionnée a pu l'affirmer ? Le document ci-dessus laisse planer un doute sur la généralisation de la torture, cependant qu'il met en lumière l'habileté du F.L.N. pour abuser l'opinion française et discréditer l'armée et la police.

Cette opinion française était effectivement alertée sur la « scandaleuse » attitude de l'armée en Algérie. Déjà, fin 1956, un psychiatre sympathisant du F.L.N. écrivait :

« ... Les Parisiens ne se souciaient que de leurs sorties, que de leurs théâtres, que de leurs vacances préparées trois mois à l'avance. Je me pris à les détester, à mépriser en bloc tous ces Français qui envoyaient leurs fils torturer en Algérie et qui ne se préoccupaient que de leur petite boutique [1]. »

Ce psychiatre aurait pu ajouter que les Parisiens n'avaient aucune pensée pour les Français d'Algérie victimes du terrorisme, mais ses opinions pro-F.L.N. ne le lui permettaient probablement pas.

La campagne contre la torture fut admirablement orchestrée.

1. Alistair Horne, *op. cit.*

François Mauriac fut bien entendu un des premiers à prendre la tête de cette croisade. *Témoignage chrétien* ne restait pas muet, comme il fallait s'y attendre, tout comme l'abbé Pierre. L'écrivain catholique Pierre-Henri Simon publiait un livre, *Contre la torture,* qui fit une profonde impression. Jean-Jacques Servan-Schreiber faisait paraître : *Lieutenant en Algérie,* suivi bientôt de l'ouvrage d'Alleg, *La Question,* qui dénonçait les méthodes utilisées en Algérie pour obtenir un renseignement. Combien « d'authentiques intellectuels » se joignirent à ces protestataires ? Ils furent très nombreux. Se penchaient-ils avec la même attention sur le véritable problème : comment empêcher le F.L.N. de poursuivre sa campagne d'attentats terroristes et protéger la population civile [1] ?

On ne se penchait guère, dans les cercles progressistes parisiens, sur le sort des Français d'Algérie et sur celui des Musulmans fidèles, en butte au plus sanglant terrorisme. La mansuétude de ces hommes se portait sur les bons rebelles. Se rendaient-ils compte de la réalité de la situation ? M. Alleg, qui monopolisait l'attention sur la « torture », tout comme sur lui-même, avait paru au général Massu, qui le rencontrait à l'occasion d'un procès, « d'un dynamisme rassurant ». « Les tourments qu'il a subis, a-t-il écrit, comptent-ils beaucoup à côté du découpage du nez et des lèvres, quand ce n'est pas de la verge, devenu le cadeau rituel des fellaghas à leurs " frères ", récalcitrants ? Chacun sait que ces appendices corporels ne repoussent pas après ablation ! » Et au général Billotte qui affirmait : « Un chef ne doit pas hésiter à faire courir un plus grand danger... à la population qu'il protège », Massu répondait : « S'il ne s'agissait que de la troupe il n'y

1. Il est intéressant de donner le témoignage, paru dans *L'Express,* d'un jeune soldat du contingent, Richard Viau :

« Appelé du contingent, je tiens à vous faire part de mon indignation devant la présentation tendancieuse des faits concernant la torture. Des tortures, il y en a eu bien sûr, j'en témoigne. Mais pourquoi et à cause de quoi ? C'est toute la question. Avant que je ne devienne un homme qui puisse admettre et supporter cela, j'ai vu exécuter par des fellaghas des familles entières de colons, hommes, femmes, enfants, gorges, nez et oreilles tranchés. J'ai vu un prêtre crucifié sur le bord de la route avec sa croix enfoncée dans la poitrine, et les jeunes femmes algériennes, membres de la Croix-Rouge, qui l'accompagnaient, violées, mortes ou vivantes... Quand nous prenions un fellagha ou présumé tel dans une zone interdite, ce n'est pas avec une tasse de thé à la menthe et des petits gâteaux qu'on l'aurait fait avouer. Les durs, les vrais fellaghas, ne parlaient que par la force et quand, grâce aux indications fournies, nous aboutissions à une cache d'armes ou de fellaghas, combien de vies alors, grâce à ce procédé, avions-nous réussi à sauver ? Combien de douleurs et de souffrances avions-nous pu éviter ? »

aurait rien à redire ! Mais la population qu'il protège ? Périssent des centaines de gens (nous disons bien des centaines) plutôt que de se salir les mains ! Si les futures victimes sont d'accord, alors, nous sommes d'accord aussi. »

Les futures victimes, les Français d'Algérie de toutes confessions, étaient loin d'être d'accord. Aussi approuvaient-elles entièrement l'action des parachutistes de Massu, Bigeard, Godard... et préféraient-elles que chaque bombe désarmorcée sauve de nombreux innocents. Massu deviendra du reste, pendant quelques années, l'idole d'Alger.

Quelques plumes, moins sectaires et qui méprisaient les attaques antimilitaristes sournoises, plaçaient le débat sur un plan plus élevé. Ainsi, un grand résistant, Rémy Roure, exprimait sa pensée dans un article intitulé « La France est-elle en état de péché ? », que publiait *Le Figaro :*

« Il n'est pas possible de rester indifférent devant cette campagne de dénigrement contre les méthodes de pacification en Algérie, devant ces accusations de cruauté, de barbarie même, qui risquent d'atteindre, qu'on le veuille ou non, l'armée elle-même, engagée dans le plus dur, le plus douloureux des combats. Nous ne songeons pas à tels récits de " choses vues ", à la condition qu'ils soient exacts, et dont les effets peuvent être salutaires, surtout s'ils mettent en lumière de belles, intelligentes et généreuses initiatives, à côté de déplorables erreurs, certainement inévitables dans une mêlée où l'on distingue mal l'ami de l'ennemi, où rôdent la défiance et la peur qu'il s'agit précisément de vaincre. Mais comme il est facile de généraliser les erreurs et d'oublier les actes de générosité ! Les ennemis de la France s'en chargent. Alors brochures, commentaires violents ou doucereux, sincères parfois, se multiplient. Ils trouvent à l'étranger des oreilles complaisantes. Nous devons en outre remarquer que ces flambées d'indignation sont vraiment bien opportunes. Elles surgissent tantôt en période électorale, comme il y a un an, tantôt au moment d'un débat parlementaire où l'on espérait avoir la tête du ministre résident, M. Robert Lacoste. Il y a là un affreux relent de basse politique.

« La torture ? Ce n'est certes pas dans ce journal où demeure vivant le souvenir de Pierre Scize et de ses courageuses protestations contre d'inadmissibles procédés de police que l'on trouvera des complaisances pour des excès, des sévices, des tortures même, parfois trop réels. Les autorités responsables se doivent de tout faire pour y mettre fin, aussi bien en Algérie que dans la métropole. Des instructions, des ordres sont donnés. Il faut qu'ils soient entendus et obéis. Sinon que des sanctions soient prises, le cas échéant. Nul n'y contredira et le prestige de la France ne peut qu'y gagner. Mais nous savons aussi que pour certains des accusateurs c'est la France, quoi qu'on fasse, qui aura toujours tort. On a raillé les conclusions d'une commission d'enquête parlementaire dans laquelle tous les groupes politiques, sauf les communistes, et pour cause, étaient représentés. Mais on n'a guère insisté sur les cyniques propos d'une accusée qui, pour justifier le dépôt d'une bombe dont l'explosion avait provoqué la mort de femmes et d'enfants et fait de nombreux blessés parmi lesquels de pauvres gosses dont plusieurs durent être amputés. " C'est la guerre ", dit-elle... Mais, en même temps, elle s'élevait contre des sévices qui l'avaient, elle, en tout cas, laissée intacte. »

Rémy Roure poursuivait :

« L'erreur, dit-on, est de confier à l'armée des missions de police. Elle n'est pas faite pour ça. C'est vrai, et sans doute l'armée n'y tient-elle pas particulièrement. Mais dans sa mission propre qui est à la fois le combat et la pacification, c'est-à-dire le rétablissement d'un climat de confiance — et c'est ici que les initiatives généreuses trouvent leur place —, le renseignement est indispensable. Parlons net. Le reproche ne serait-il pas provoqué par l'efficacité que certains estimeraient trop réelle de l'action menée par les parachutistes à Alger ? Des scrupules juridiques sont soulevés. Mais de quoi s'agissait-il, sinon de mettre hors d'état de nuire des tueurs et leurs complices et inspirateurs, de rétablir à tout prix la sécurité aussi bien pour les Français et les Européens que pour les Français musulmans dans une grande agglomération terrorisée par d'incessants attentats ?

« Quand vous demandez alors à ces soldats de respecter strictement la légalité, de ne pas perquisitionner par exemple avant le lever du soleil, n'ont-ils pas le droit de vous rire au nez ? Ce serait la guerre pour les lanceurs, les fabricants et les receleurs de bombes, mais pas pour eux ? A situation exceptionnelle, mesures exceptionnelles, ont dit avec raison les enquêteurs. Bien sûr, il convient de revenir à l'état normal aussitôt que possible. Que Messieurs les assassins commencent !

« M. Pierre-Henri Simon s'efforce, dans son livre *Contre la torture*, à plus d'impartialité. Il élève le débat et montre comment le totalitarisme a dégradé la guerre. Il dénonce " la rechute dans la férocité originelle ", la disparition inquiétante de " la conception classique dans la forme où des siècles de civilisation chrétienne et de droit rationalisé par l'humanisme l'avaient imposée à l'Occident ". Sans doute, mais à qui la faute, et où se trouvent le fanatisme et la plus impitoyable cruauté ? " On arrive, n'en conclut-il pas moins, à cette monstruosité : la pratique de la torture par les militaires. " A ce propos, il cite la réponse que lui fit un aumônier militaire en Indochine, à qui il avait demandé ce qu'il y avait de vrai dans ces histoires de tortures. " Oui, dit le père, et c'est inévitable. Cela tient au genre de guerre que nos petits gars font là-bas. Ils ne peuvent agir autrement. "

« Mais le dilemme ne se pose pas en ces termes. La vérité est que le combat difficile auquel nous sommes contraints — ou alors il faudrait tout abandonner — soulève des cas de conscience individuels que l'on peut réduire par un plus grand effort de compréhension, par une généralisation des méthodes d'intelligence et d'humanité.

« Sommes-nous d'ailleurs responsables de cette dégradation que dénonce Pierre-Henri Simon ? Que l'on songe à ce que serait la guerre telle que la préparent, professionnellement, les armées des grandes puissances. C'est bien la torture la plus effroyable et même la torture à retardement qui serait, outre les hécatombes immédiates, implantée dans la chair, injectée dans les veines de millions d'hommes, de femmes et d'enfants. L'aviateur de Hiroshima, par horreur pour lui-même, s'est, dit-on, retiré dans un couvent. Oserait-on prétendre que les officiers de ces grandes armées, par horreur pour les tortures thermonucléaires, devraient abandonner leur mission ? Même dans les guerres les plus infernales, l'armée, avec ses servitudes, garde sa grandeur, et plus les servitudes sont lourdes, plus la grandeur est exaltante.

« Notre pays n'a pas à rougir de ses soldats dans un combat qui, on l'oublie trop, déchaîné par le fanatisme étranger, a commencé par des massacres et continué par d'atroces tueries, concluait Rémy Roure. Il se défend et défend, quoi que l'on puisse dire, de hautes valeurs civilisatrices contre une flambée de barbarie. Combien d'admirables sacrifices et de magnifiques actes d'humanité auprès de quelques faits trop complaisamment mis en évidence ! Non, la France n'est pas " en état d'accusation et de péché ". L'humanité, oui. »

Des hommes, sans responsabilités il est vrai, se sont élevés contre les méthodes utilisées en Algérie pour réprimer le terrorisme. Si leurs réactions n'étaient pas orientées par des motifs politiques, on ne saurait leur reprocher leurs prises de position. Toutefois, dans ce domaine, devant les tortures infligées, après avril 1961, à des Français de souche, leur indifférence et leur silence surprennent, sinon indignent. Peut-être les Français d'Algérie s'étaient-ils, comme le disait de Gaulle à Raymond Tournoux, non des Français à part entière, mais des Pieds-noirs. N'est-ce pas faire preuve de racisme que de raisonner de la sorte ? Ainsi des Français d'Algérie ont subi des supplices[1], sans que la majeure partie de l'opinion métropolitaine s'en émeuve. C'est ce qui me conduit à rappeler quelques exemples :

Lorsque M. Rebot, ancien conseiller général, détenu après les événements d'avril 1961, mais non inculpé, est transféré de l'hôpital d'Oran dans un pavillon spécialisé tenu par les C.R.S., comment le docteur Cougniot le retrouve-t-il le lendemain ? « Il avait le visage en sang, il présentait une fracture des côtes et des traces d'étranglement. » Qui donc avait pu le battre ? Qui s'en est préoccupé ?

Quant à M. Ziano, le professeur qui l'avait examiné en prison disait à son procès : « D'après ce que nous a dit M. Ziano, de la façon dont il a été suspendu, de la façon dont il avait subi un traitement électrique, des brûlures électriques, de la façon dont il aurait été empalé, il est certain qu'il y a correspondance entre les constatations cliniques, les constatations radiologiques et les dires de M. Ziano. » Quel comité d'action contre la torture a protesté ?

Lorsque Mme Salasc, arrêtée pour avoir hébergé le colonel Godard, fut transférée à la caserne des Tagarins, puis dans une villa, quels sévices subit-elle ? Mise à nu, bras et jambes ligotés, étendue à terre, elle fut bâillonnée et des tractions violentes furent opérées sur sa nuque. On pourrait en douter si M. Pierre Voizard, chargé d'effectuer

1. S'il y a eu des tortures physiques, on ne saurait considérer comme négligeables les tortures morales. Ainsi n'est-ce pas une torture morale que de laisser durant huit mois, dans un cachot immonde, un condamné à mort qui ignore, le soir en se couchant, s'il verra, le lendemain, l'aube se lever ? Et, de surcroît, lui faire connaître un jour, comme cela m'est arrivé, que le lendemain il sera fusillé ? Ce qui ne se produira du reste pas, un concours de circonstances en décidant autrement.

L'opinion de gauche, si sensible ces temps derniers à la peine de mort qu'elle a réprouvée avec vigueur, était à l'époque, dans sa majorité, favorable aux exécutions des condamnés pour avoir défendu la cause de l'Algérie française. Les communistes, certains syndicats, adressaient même des pétitions pour que les sentences soient exécutées. Il n'est que de se pencher sur *L'Humanité* de l'époque pour s'en rendre compte. Certains « libéraux » profitaient de ces condamnations pour laisser libre cours à leur esprit de finesse. Ainsi, le 1er avril 1962, avant mon procès, Robert Escarpit, dans son billet paraissant dans *Le Monde,* faisait état de ce qui intriguait la presse, grave sujet il est vrai : la barbe que je portais lors de mon arrestation était-elle postiche ou naturelle ? Evoquant les barbes de Charlemagne, Barberousse, Richelieu, Escarpit concluait : « Quelle serait alors notre confiance dans l'histoire et dans la politique ? En ces temps de carnaval et de 1er avril, nous pourrions croire que bien d'autres portent, qui un faux nez, qui une fausse tête et... être tentés de les en débarrasser. »

Par la suite, Escarpit avouera que sa conclusion était « une incitation à la guillotine ». Je suppose que ma famille, mes amis ont dû, sur le moment, apprécier la délicatesse de ce journaliste. Pour terminer, je dirai que de Gaulle, après avoir pris la décision de m'envoyer au poteau, s'est lourdement trompé s'il a cru attenter par la suite à mon équilibre, en ne me graciant que 229 jours après ma condamnation.

une enquête par le président Patin, n'avait pas indiqué que si le supplice de l'électricité était contestable, en revanche, plaies et ecchymoses avaient été constatées par le professeur Goinard, de la faculté de médecine d'Alger. Il y avait eu enquête, Mme Salasc étant l'épouse d'un médecin connu et, de plus, petite-fille du docteur Gasser, ancien sénateur et maire de la ville d'Oran. Ce dernier avait même été candidat à la présidence de la République, avant la guerre, et présenté par la gauche radicale. Qui s'indigna en France de ce traitement, de ces tortures ?

Charles Daudet, jeune Oranais, fut arrêté à Constantine. Trois jours après, on le trouvait mort dans sa cellule, la version policière prétendant qu'il s'était pendu avec une serviette à l'espagnolette d'une fenêtre. Le permis d'inhumer fut toutefois refusé et une enquête, ouverte à la demande de la famille, révéla des brûlures dues aux électrodes et un traumatisme crânien. Il aurait succombé aux interrogatoires et aux tortures de la police spéciale. Ce cas n'était-il pas comparable à celui de Ben M'Hidi, qui, officiellement, s'était aussi suicidé dans les mêmes conditions ? La presse française, si prolixe sur le cas de Ben M'hidi, resta étrangement silencieuse sur celui de Charles Daudet.

Citons aussi le cas d'un homme disparu dans des conditions mystérieuses. Il s'agit d'un ingénieur, Camille Petitjean, cadre aux usines Berliet à Alger, ancien commandant d'artillerie, chevalier de la Légion d'honneur. Soupçonné d'appartenir à l'O.A.S., il aurait été interrogé brutalement et n'aurait pas récupéré des effets d'un verre de *lakmi,* vin de palmier qui avait pour résultat de causer un désordre cérébral. Les barbouzes, n'ayant aucune preuve de son action extralégale, mais ne sachant plus que faire de cet homme qui délirait, l'auraient tué aux environs d'Orléansville pour s'en débarrasser. Le mystère de sa disparition subsiste et on ne peut s'empêcher de faire un rapprochement avec le cas analogue de Maurice Audin, dont on ne retrouva pas le corps, ce qui créa une vive émotion en France[1].

René Capitant, professeur de droit public à l'université de Paris, suspendait ses cours. Deux enseignants communistes, Michel Crouzet et Luc Montagnier, lançaient une pétition, bientôt connue sous le nom de « Pétition des assistants ». Nombreux furent les universitaires qui s'associèrent à cette protestation. Mais combien ces derniers furent,

1. Dans quelle mesure Maurice Audin a-t-il apporté son concours au F.L.N. ? Nous n'avons aucun élément pour l'apprécier. Notons simplement que les dirigeants du F.L.N. ont honoré sa mémoire en donnant son nom, à Alger, à une place importante. La place Maurice-Audin est devenue le centre actif de la ville.

tout comme la presse, d'une rare discrétion dans le cas de Camille Petitjean ! Les sentiments humanitaires des métropolitains, leur conscience révoltée devant des tortures ou des morts suspectes ne se révélaient donc pas lorsqu'il s'agissait de Pieds-noirs ?

Français de métropole, les Français d'Algérie sont meurtris de votre indifférence à leur égard, car vous vous êtes refusés dans votre grande majorité, à vous pencher sur eux avec les sentiments fraternels que l'on doit à des compatriotes dans la détresse.

15.

L'exil

Les Français d'Algérie, encore traumatisés par les événements sanglants qu'ils venaient de vivre, arrivaient en France les mains vides et le vide dans le cœur. Ils ne furent pas accueillis avec une chaleur fraternelle, mais trop souvent, comme nous l'avons dit, avec animosité. De cet inadmissible état d'esprit, le pouvoir d'une part, une majeure partie de la presse d'autre part, portent une large responsabilité.

Combien nombreux furent les articles ou entrefilets malveillants qui influèrent sur la métropole avant l'exode des Pieds-noirs ! Certains de mes compatriotes étaient, selon les rédacteurs, animés de dangereux sentiments racistes, voire fascistes, comme on pouvait le lire dans *Ouest-Matin* du 4 juin 1962. Ce journal ajoutait : « Dans les grandes corporations comme l'E.D.F. ou la S.N.C.F., les syndicats C.G.T. ont adopté des dispositions pratiques pour isoler et neutraliser les agents de l'O.A.S., mutés d'Algérie. Cette vigilance doit être le fait de toutes les organisations républicaines. » Mesures d'autant plus indispensables que les propos des Français d'Algérie étaient « pleins de ressentiment et de menaces à l'égard du peuple français qu'ils accusent d'avoir refusé de faire la guerre pour le maintien du colonialisme ».

Quel accueil réserver à ces Rapatriés qui « se disent et se veulent français », selon Jean Teitgen[1] ? Il ne faudrait pas oublier qu'ils étaient les responsables de cet exode qui, selon L. Speech, n'est qu'un « maillon d'une longue chaîne faite d'injustices, d'exactions, de

1. Paul Teitgen, son frère, déclarait en effet : « Sur 1 200 000 Européens, il n'y avait pas 500 000 Français, le reste était composé d'étrangers » *(La Guerre d'Algérie ou le temps des méprises)*. Le général de Gaulle lui-même disait à J.-R. Tournoux que je n'étais pas un Français comme les autres. J'étais un Pied-noir.

meurtres, de mauvaises actions. Le mal engendre le mal »[1]. Pourtant, bien que certains métropolitains soient « portés à assimiler trop d'entre eux [les Rapatriés] aux déchets de la colonisation constituant la lie d'Alger ou d'Oran[2] », il faudra « montrer avec eux autant de patience que de fermeté, tout en évitant de laisser notre jeunesse se contaminer au contact de garçons qui ont pris l'habitude de la violence poussée jusqu'au meurtre[3] ».

De surcroît, ne pouvait-on appréhender que ces riches possédants ne profitent de leurs capitaux pour « encourager, comme cela se passe présentement dans certaines régions de France, la spéculation sur l'achat des terres et des maisons, que les petites gens de chez nous ne peuvent plus acquérir devant la surenchère venue d'Afrique du Nord...[4] » ? Réflexion aussi malveillante que grotesque, lorsque l'on sait que certains métropolitains ont profité des Rapatriés pour spéculer sur leur détresse en élevant, du jour au lendemain, le prix des terrains à vendre, des fonds de commerce.

Par ailleurs, encore faut-il, pour proférer de telles accusations, être totalement ignorant de la composition sociologique de l'Algérie[5]. Des voix, peu nombreuses il est vrai, s'élevaient pour se pencher sur l'injuste réputation faite aux Rapatriés. Ainsi J. Meunier, dans *La Nouvelle République de Tours,* pouvait écrire : « On a fait aux Français d'Afrique du Nord et notamment aux Pieds-noirs, une réputation qui prépare mal leur intégration dans la vie métropolitaine. » Ce sont des « gros colons », des « fascistes », mais plus graves encore sont « les railleries ressassées à propos des noms à consonance espagnole, italienne, maltaise et reprises par l'euphémisme " français de souche "[6] ». André Bidet, dans *Le Populaire de Paris* du 23 mai 1962, se montrait plus compréhensif et plus humain : « Voici le pays face à une obligation d'humanité. La solidarité nationale ordonne à chaque métropolitain d'ouvrir ses bras et son cœur aux Rapatriés. Ceux-ci sont des blessés de l'âme... Ils ont besoin

1. *Le Nouveau Rhin français,* 31 mai 1962.
2. *La Croix,* 13 mars 1962.
3. *La Croix,* 24 février 1962.
4. *Libération* du 30 mai 1962.
5. Les Français d'Algérie étaient pour les métropolitains des gens riches. Un sondage de l'I.F.O.P., en 1962, demandant aux métropolitains s'ils acceptaient de venir en aide aux Rapatriés, donna le résultat suivant : 69 % refusèrent, sous le prétexte que l'on n'aide pas les riches. Or, le gouvernement Mauroy ayant décidé d'accorder une indemnité de 10 000 F (réparation de la perte de meubles meublants) aux Rapatriés dont le revenu en 1980 était égal ou inférieur au S.M.I.C., 200 000 demandes étaient enregistrées au 30 juin 1983.
6. Quelques citations ont été relevées dans la revue *Itinéraires* de juin 1972.

d'un surcroît d'affection... La fraternité apaisera les colères, pansera et guérira les plaies, rendra l'espoir des lendemains. »

Si le pouvoir de l'époque restait insensible au malheur des Français d'Algérie, quelques maires s'efforcèrent d'accueillir ces derniers avec compréhension et surtout affection. En revanche, ce n'est pas ce sentiment de fraternité qui animera trop de ministres, d'hommes politiques [1], de fonctionnaires d'autorité, tout comme certains prélats — leurs dispositions à notre égard n'ont du reste pas varié.

Les Rapatriés étaient classés, par une majorité de métropolitains, dans la catégorie des gens possédant une grosse fortune. Pour eux, ignorant totalement la composition sociologique de l'Algérie, le pays était peuplé de riches « colons », terme, souligne Germaine Tillion, qui est devenu péjoratif. Albert Camus s'élevait contre cette ignorance, car l'Algérie, selon ce grand écrivain, n'était pas « peuplée d'un million de colons à cravache et à cigare, montés sur Cadillac ». En fait, il n'y avait que 19000 colons, soit 7 % de la population active ; on en comptait 300 qui étaient riches, dont seulement une dizaine de très riches. Quant au restant de la population, nous dit encore Germaine Tillion [2], il était composé d'ouvriers spécialisés, de fonctionnaires, d'employés, de manœuvres, d'ingénieurs, de commerçants, d'enseignants, de chefs d'entreprise... Nombreux de ces derniers étaient de condition modeste, et l'on ignore généralement que le standing de vie en Algérie était de 20 % inférieur à celui de la métropole [3].

Les Rapatriés, selon une rumeur bien établie, étaient donc des gens riches. Aussi est-ce sans scrupules que le prix des terres, des fonds de commerce, augmenta du jour au lendemain, dès que les Rapatriés débarquèrent en France. Certains d'entre eux, environ 5500 agriculteurs et 14 à 15000 petits commerçants ou des hommes exerçant des professions libérales, furent placés dans l'obligation de se réinstaller.

1. Rappelons, à ce sujet, alors que l'on n'arrivait, en 1962, que difficilement à loger Les Rapatriés, même sommairement, l'indignation du parti communiste, par la voix de Fernand Grenier, faisant état de la réquisition d'une colonie de vacances pour les « saisonniers ». On est confondu par cette mauvaise foi outrancière.

2. *L'Algérie bascule vers l'avenir,* Germaine Tillion (Les Editions de Minuit).

3. Albert Camus soulignait que « le salaire interprofessionnel garanti en Algérie est fixé à un taux nettement plus bas que celui des zones les plus défavorisées de la métropole. De plus, en matière d'avantages sociaux, un père de famille de trois enfants perçoit à peu près 7200 francs contre 19000 en France. » Il concluait : « Voilà les profiteurs de la colonisation. » (*Chroniques algériennes : La bonne conscience,* 21 octobre 1955.)

A cette fin, ils durent contracter des emprunts. Ils pensaient pouvoir facilement rembourser leurs dettes grâce aux mesures d'indemnisation qu'ils espéraient. Mesures d'indemnisation qu'espéraient également les 200 000 familles ayant déposé un dossier et qui, souvent, avaient dû contracter des emprunts[1]. Tous pensaient, grâce à ces mesures, pouvoir s'insérer dans la communauté nationale sans difficultés majeures.

Cette indemnisation leur avait été annoncée officiellement. Une loi du 26 décembre 1961 stipulait en effet, dans son article 4, qu'une loi distincte fixerait, en fonction des circonstances, le montant et les modalités d'une indemnisation en cas de spoliation et de pertes définitivement établies des biens appartenant aux Français ayant dû ou estimé devoir quitter un territoire où ils étaient établis et qui était antérieurement placé sous la souveraineté, le protectorat ou la tutelle de la France. Le gouvernement s'engageait donc à indemniser nos compatriotes, comme cela s'était fait après les guerres, ou se fait en cas d'expropriation pour cause d'utilité publique. Les Français d'Algérie pouvaient à juste titre se considérer comme victimes d'une politique douteuse, décidée et approuvée par la métropole, qui se traduira par une capitulation, sans défaite.

Cette sollicitude d'un pouvoir, qui considérait comme une éventualité probable le maintien des Français d'Algérie sur leur terre natale, est étonnante. Cette loi, bien prématurée, il faut en convenir, n'avait-elle pas pour but de rassurer les Pieds-noirs : si nous concluons des accords avec le G.P.R.A., votre vie en Algérie pourra continuer comme par le passé ; dans le cas contraire, votre avenir en France sera assuré. En conclusion, le gouvernement n'avait-il pas pour but de les inciter à faire plus confiance au pouvoir officiel qu'à l'O.A.S. ? Cessez un combat sans issue, disait-on de la sorte aux Français d'Algérie, puisqu'on vous promet, dans la pire des circonstances, un accueil fraternel en métropole. Les Français d'Algérie ne furent pas des naïfs devant cette mirifique perspective. Ils n'avaient pas entièrement tort puisque cette loi est restée trop longtemps lettre morte. En effet, le général de Gaulle, dans sa rancune contre les Français d'Algérie qui l'avaient si mal reçu dans le temps et qui avaient eu l'audace de s'opposer à sa politique, s'est, selon Michel Jobert, « toujours refusé à envisager l'indemnisation — même partielle ou certainement dérisoire — des biens perdus. Jusqu'en 1969, encouragé du reste par le ministre

1. Parmi les indemnisables, en plus des catégories sociales indiquées plus haut, se trouvaient aussi des familles ayant perdu leurs biens, leur logement, leur atelier, leur échoppe, leur cabinet de travail...

des Finances, il n'a cessé de récuser toute étude en ce sens[1] ». Le temps jouait pour le gouvernement. Un homme politique, dont je n'aurai pas la cruauté de citer le nom, faisait remarquer que les Rapatriés, exigeant en 1962 une indemnisation à 100 %, se seraient satisfaits, dix ans après, d'un dédommagement à 20 %.

Il fallut attendre l'arrivée à l'Elysée de Georges Pompidou pour que la question fasse enfin l'objet d'une étude qui donna lieu, du reste, à d'interminables discussions, n'ayant pour but, remarque Me Ribs, que « d'amuser la galerie dans une atmosphère de pseudo-concertation ». Des présidents d'associations de Rapatriés ne furent pas dupes. M. Burgat, ancien sénateur, président de la Maison des agriculteurs français d'Algérie, écrivait au Premier ministre, M. Chaban-Delmas, en tant « qu'acteur ridiculisé de la concertation » : « J'ai souffert de la façon inadmissible dont nous avons été traités et bafoués aux yeux de nos mandants... » Et dans un éditorial, ce parfait honnête homme se disait « déçu, vexé, outré, par tant de cynisme ». Cynisme d'un gouvernement qui avait tenu en haleine des représentants des Rapatriés, quatre mois durant, pour discuter avec eux de points secondaires, l'essentiel étant décidé à Matignon, sans aucune concertation.

La loi relative à « l'indemnisation des Français dépossédés de biens situés antérieurement sous la souveraineté, le protectorat ou la tutelle de la France », fut promulguée le 15 juillet 1970. Il s'agissait, en définitive, comme le soulignait le rapporteur Mario Bénard, d'une avance sur le montant, auquel chaque Rapatrié aurait droit. Car, même en 1970, certains croyaient encore en la vertu des accords d'Evian. A l'affirmation de 1918 : « L'Allemagne paiera », succédait celle de « L'Algérie paiera ». Beaucoup d'hommes politiques en 1970 voulaient encore croire aux accords d'Evian ou faisaient semblant d'y avoir cru. L'Algérie paiera !

Ainsi Mario Bénard estimait que « les créances demeurent intégralement exigibles tant que la réparation totale du préjudice subi n'aura pas été assurée par les auteurs des dépossessions... Il restait à définir les conditions dans lesquelles notre pays pourrait contribuer à pallier la carence des débiteurs étrangers... ».

La loi votée fut très restrictive[2] et son règlement s'est étalé sur plus

1. *Op. cit.*

2. Dans un discours prononcé à Nice, le 22 avril 1974, à l'occasion de l'élection présidentielle, M. Chaban-Delmas déclarait que les effets de la loi du 15 juillet 1970 n'avaient pas suffi à résoudre tous les problèmes. Il ajoutait : « ... Je dois le dire, non sans tristesse, les décrets d'application de cette loi, après une véritable guerre d'usure entre les services compétents et le ministère des Finances, ont été rédigés dans des termes restrictifs qui ont réduit de beaucoup la portée de la loi... » Précisons que le

de dix ans. On ne pouvait, paraît-il, faire mieux, compte tenu de la situation financière. Or, en 1965, lors de la campagne présidentielle, le général de Gaulle déclarait : « Les caisses sont pleines. » Sait-on, par ailleurs, que la France avait investi 50 milliards depuis 1962 pour moderniser en particulier la base navale antiatomique de Mers el-Kébir ? Qui utiliserait cette base en cas de conflit généralisé [1] ? De surcroît, la France établissait une nouvelle base aérienne à Bou-Sfer [2].

Toutes ces dépenses découlaient de la tenace illusion que les accords d'Evian seraient respectés. Que précisaient-ils ? Que l'Algérie concédait à bail à la France l'utilisation de la base de Mers el-Kébir *pour une période de quinze ans,* renouvelable, et concédait de même l'utilisation des aérodromes nécessaires à ses liaisons avec l'Afrique, sans limitation de durée, avait ajouté Michel Debré à l'Assemblée nationale, le 20 mars 1962. Chacun sait que ces dispositions n'ont pas été respectées. Ainsi, en modernisant ou en établissant des bases en Algérie, on dépensait en pure perte les deniers de l'Etat, tandis qu'on se refusait à indemniser les Rapatriés, pour de très discutables raisons financières [3].

La loi n'avait satisfait aucun Rapatrié. Le gouvernement n'allait pas hésiter à abuser de leur impatience en leur faisant des promesses, comportant des contreparties politiques. Lors du référendum sur l'Europe d'avril 1972, le bruit courut que les Rapatriés déposeraient des bulletins nuls. Aussi M. Philippe Mestre, directeur adjoint du cabinet de M. Chaban-Delmas, convoquait-il certains présidents d'associations pour leur exposer les mesures que le gouvernement s'engageait à tenir concernant les retraites, l'amnistie, l'indemnisa-

---

ministre des Finances concerné était M. Giscard d'Estaing, candidat direct de M. Chaban-Delmas. On est féroce dans le monde politique !

1. Il est intéressant de noter qu'en 1977, il y avait à Oran 17 médecins français seulement pour 51 médecins soviétiques, preuve de l'intérêt que les Russes portent à la région oranaise.

2. Oran forme un complexe stratégique remarquable avec la base navale de Mers el-Kébir et les trois aérodromes de classe internationale, La Sénia, Valmy, Bou-Sfer.

3. Ce chiffre de 50 milliards a été donné, devant le bureau politique de l'U.D.R., par M. de Chambrun. Somme gaspillée « sans espoirs sérieux de débouchés commerciaux ».

tion. « La contrepartie de cette négociation ou de ce marchandage, déclarait le colonel Battesti, au cours d'une conférence de presse, devait se traduire par un " oui " à l'Europe, sans le " mais " de nos communiqués, et d'une autre exigence que Lauriol, Vaysse-Tempé et moi-même refusions dans une réaction bien compréhensible : notre présence au comité apolitique du " oui ". »

M. Giscard d'Estaing élu à la présidence de la République, le problème de l'indemnisation fut de nouveau évoqué. Des aménagements à la loi de 1970 furent apportés par lettre rectificative au cours de la discussion du Budget en 1974. Par la suite, une nouvelle loi, le 2 janvier 1978, fut votée par le Parlement. Cette loi, contrairement à la précédente, admettait que les charges d'indemnisation devaient être supportées par l'Etat français. Elle comportait d'importantes modifications à ce qui avait été promulgué antérieurement et, en particulier, portait *le maximum* de l'indemnisation à un million de francs par ménage, les versements étant échelonnés selon l'âge des bénéficiaires entre 1979 et 1991. C'était une nette amélioration que l'on doit plus à M. Giscard d'Estaing et à M. Dominati qu'au Premier ministre de l'époque, M. Barre, dont les contacts avec les Rapatriés ne furent jamais particulièrement chaleureux. Cependant des points importants devaient encore faire l'objet d'une étude. Ils furent portés à la connaissance des candidats à l'élection présidentielle de 1981.

M. François Mitterrand fut élu. Au cours de sa campagne électorale il avait fait des promesses précises. Il s'engageait à ce que la valeur d'indemnisation fût établie selon les normes applicables en matière d'expropriation et fixait *en principe* le maximum du plafond d'indemnisation à deux millions par ménage, c'est-à-dire au double de ce qu'avait fixé Giscard d'Estaing[1]. D'autres dispositions intéressantes figuraient également dans sa lettre fixant sa politique à l'égard des Rapatriés.

Les déclarations du candidat élu devaient se traduire de façon pratique. En ce qui concerne l'indemnisation, une commission, présidée par M. Viard, ancien doyen de la faculté de droit d'Alger, et par M. Gérard Faivre, président de la M.A.F.A., a remis en juin 1983 au secrétaire d'Etat aux Rapatriés, sur sa demande, une proposition de loi qui devrait régler définitivement le problème de l'indemnisation. De très nombreux Rapatriés — car tous ne sont pas indemnisa-

1. Plafond de deux millions qui, notons-le, pourrait être modifié en fonction de la situation économique du pays.

bles, comme moi-même du reste — attendent les décisions du gouvernement avec une légitime impatience. Si la patience, selon Vauvenargues, est l'art d'espérer, on ne peut reprocher aux Rapatriés de n'avoir pas de patience, pour continuer à espérer, depuis vingt et un ans, que la France se fera une obligation morale de se pencher sur leurs problèmes.

Vingt et un ans ont passé depuis les accords d'Evian. Les Rapatriés espèrent toujours que les nuages qui obscurcissent le ciel vont se dissiper pour faire place à un ciel serein. On ne peut leur faire grief d'exigences excessives. Ils toucheraient en principe, dans un avenir non défini, une somme correspondant à une partie seulement de la valeur des biens dont ils ont été spoliés en 1962. Entre-temps, de plus, n'aura-t-on pas enregistré une sérieuse érosion de la monnaie, due à différentes causes, dont quelques dévaluations passées et à venir ? Ce problème de l'indemnisation n'a que trop duré. Il est de toute justice de le régler définitivement une fois pour toutes.

L'arrivée massive des Français d'Algérie, « un nouveau Dunkerque » selon les termes employés par Robert Buron, qui le pressentait, se déroula dans l'anarchie la plus totale, par suite de la carence voulue de certains services officiels. Elle posa de graves problèmes matériels et psychologiques. Ce sont ces derniers qui ont été analysés avec une grande compétence par Maurice Porot, professeur de neuropsychiatrie à Alger, qui considère tout d'abord que le terme de « repliés » ou de « réfugiés » dont on qualifia à l'époque les Pieds-noirs, convient moins bien que celui de « transplantés », terme terrien qui correspond mieux à la réalité.

Toute transplantation est un déracinement, un déchirement qui s'accompagne de la modification de la sensibilité, qui prend sa source dans l'insécurité où se trouve la victime d'un changement brutal. Insécurité matérielle et morale par suite de l'incertitude du lendemain. Le choc s'accompagne pour certains d'une hypoesthésie, diminution de la sensibilité qui se transforme rapidement en hyperesthésie, exagération de la sensibilité, qui fait du transplanté un écorché vif. Le moindre mot, la moindre phrase maladroite le blessent profondément. En revanche, le moindre geste qui part réellement du cœur peut le bouleverser.

Les Français d'Algérie sont des hommes jeunes et vigoureux qui ont des peuples neufs le dynamisme généreux. « Cette mentalité de pionniers, écrivait en 1963 Maurice Porot, n'est pas encore éteinte et sera peut-être le plus beau joyau que les Pieds-noirs apporteront en dot à la métropole si elle sait les accueillir tels qu'ils sont. » Ce ne sont pas forcément des saints ; ils sont, remarque-t-il, facilement ombrageux, ne tolérant pas la moindre ironie sur les sujets qui leur paraissent sacrés. « Les critiques des Pieds-noirs à l'égard des métropolitains ont l'accent de l'amour déçu. »

Ce sentiment d'incompréhension, de solitude, les a conduits à se regrouper avec un magnifique esprit de solidarité qui, même s'il s'est tant soit peu estompé aujourd'hui, permit aux classes les plus éloignées de mieux se connaître, de s'entraider. On aurait pu craindre que cette solidarité ne les conduisît à une mentalité d'opprimés. Il n'en est rien, fort heureusement, mais tout concourt à les conduire à ressasser leur malheur et à maudire un sort funeste. De regrettables incidents récents, la presse, les médias, la télévision, l'enseignement dans les lycées et collèges s'en chargent.

Incidents trop regrettables pour que notre sensibilité exacerbée les admette. Certains dénotaient une haine qui se manifestait en vandalisme. Ils sont assez récents pour que l'on n'insiste pas. Plasticage de la stèle élevée à Toulon à la mémoire des « Martyrs de l'Algérie française » et inauguration des ruines qui donna lieu à une intervention déplacée de M. Messmer, applaudi comme il se doit sur les bancs gaullistes et communistes. M. Dominati, qui avait en charge les Rapatriés et avait assisté à la cérémonie, fut accusé du délit de lèse-gaullisme. Les communistes s'élevèrent contre le déroulement de cette manifestation dans laquelle ils virent une apologie du « fascisme », tandis que le quotidien du F.L.N., *El Moudjahid,* écrivait qu' « une cause injuste n'a pas besoin de martyrs ».

Acte de vandalisme de nouveau : une statue représentant la Vierge transférée du cap Falcon, à proximité d'Oran, à Toulon fut décapitée ! Une stèle à la mémoire des « 250 officiers et 4900 sous-officiers, caporaux et tirailleurs » du 3e régiment de tirailleurs algériens, tombés au champ d'honneur de 1832 à 1962, fut profanée et souillée ! Tous actes de vandalisme à l'égard d'une communauté fidèle au souvenir, mais qui devait aussi se révolter devant d'autres provocations.

Etait-il utile, en particulier, de vouloir donner un éclat à une date qui est considérée par les Rapatriés comme marquant leur détresse, celle du 19 mars ? On sait généralement qu'une association d'anciens combattants d'Algérie, la F.N.A.C.A., dont la direction se refuse à être considérée comme une « courroie de transmission du parti communiste », a décidé de commémorer chaque année la date du 19 mars. « La France, écrivait le président de cette association, Wladyslas Marek, voyait avec soulagement la fin d'un drame qui n'avait que trop duré... la guerre d'Algérie se terminait enfin. » Pensait-il en écrivant ces lignes que les heures sombres que vivaient les Français d'Algérie allaient devenir plus douloureuses, et que cent cinquante mille Musulmans allaient payer de leur vie la fidélité à notre patrie ?

Les municipalités étaient, de surcroît, invitées à baptiser du nom de « rue du 19-mars-1962, fin de la guerre d'Algérie », des artères de leur ville [1]. C'était pour les Français d'Algérie comme une insulte à leur malheur et une humiliation supplémentaire à la France. Célèbre-t-on la défaite de Sedan, qui pourtant permit à la IIIe République de voir le jour ? Passons, pour rappeler qu'il y a deux ans cette F.N.A.C.A. émit la prétention de faire du 19 mars une « date nationale ». Elle recevait l'accord du ministre des Anciens Combattants, Jean Laurain, qui, dans les *Dernières Nouvelles d'Alsace,* déclarait qu'il ne s'agissait pas « de commémorer la perte de l'Algérie, mais de se souvenir autant des victimes civiles que militaires et de célébrer simplement la fin d'une guerre ». Cette intention gouvernementale donna lieu à de véhémentes protestations indignées. Le doyen Paul-Emile Viard écrivait : « Quand je constate que, dans certaines villes de France, les Algériens immigrés ont fêté le 1er novembre, date anniversaire de la rébellion, on peut conclure : le F.L.N. et ses partisans fêtent la Toussaint sanglante de 1954 ; ses amis politiques fêtent la victoire du 19 mars, c'est-à-dire l'abandon de l'Algérie. »

Jean Laurain dut revenir sur son projet. Le président de la République ayant déclaré que le souvenir des victimes de la guerre d'Algérie ne saurait donner lieu à des cérémonies le 19 mars, « parce qu'il y aurait confusion dans la mémoire de notre peuple », Jean Laurain, après concertation, décida que chaque groupe d'associations resterait libre de son choix. La date du 19 mars fut décidée par une minorité d'associations, tandis que celle du 16 octobre fut choisie par la grande majorité des associations d'anciens combattants et de

1. Il y aurait, selon la F.N.A.C.A., 1 200 rues recensées portant la date du 19 mars. J'ajoute ma surprise et mon indignation en lisant, dans un dépliant du syndicat d'initiative de la charmante cité de Saint-Rémy-de-Provence, que, parmi les dates officiellement commémorées par la municipalité, figure celle du « 19 mars 1962, cessez-le-feu en Algérie ». Avec quel serrement de cœur j'apprendrai aussi que, dans le Béarn, sur la tombe d'un jeune soldat tombé en Algérie, avait été apposée une plaque portant ces mots : « Tué en Algérie maudite, le 28 mai 1958. »

Rapatriés [1]. Jean Laurain avait précisé, par ailleurs, que le ministre des Anciens Combattants serait représenté à chacune de ces cérémonies. La participation du gouvernement aux côtés de la F.N.A.C.A., pour ranimer la flamme à l'Arc de triomphe, le 19 mars, est considérée par les Rapatriés comme une insulte à l'histoire de la France. Leurs sentiments sont loin d'être tendres à l'égard de ceux qui s'associent à cette scandaleuse manifestation.

Cette vive controverse au sujet d'une date, dont le souvenir est toujours ressenti douloureusement par les Rapatriés, marque l'incompréhension d'une partie de l'opinion métropolitaine à leur égard. D'autres sujets brûlants heurteront leur sensibilité.

Les Français d'Algérie pouvaient-ils admettre que, sous prétexte d'accéder à une demande instante des autorités algériennes, les archives d'Algérie fussent transférées à Alger ? Passe pour les archives dites de gestion ; il était normal de laisser à l'Algérie une base administrative lui permettant d'assurer la transition dans de bonnes conditions. Quant aux archives dites de « gouvernement » ou de « souveraineté », il ne pouvait être question de les livrer à l'Algérie. C'est ce qu'avait prescrit, dans une lettre rendue publique le 25 juin 1980, M. Giscard d'Estaing au ministre de la Culture, M. Lecat : « Ces archives, écrivait le Président, ne sauraient être en aucun cas et dans quelque intention que ce soit, transférées à l'étranger ou remises à un gouvernement étranger... » En 1981, la question du transfert fut de nouveau posée par le gouvernement algérien et il apparut que certains responsables français auraient accédé aux demandes algériennes. Il était impensable de livrer à un gouvernement étranger ce qui constituait un des éléments de notre patrimoine national, celui de la France tout entière, et pas seulement celui des Rapatriés, transfert qui aurait eu pour effet d'effacer plus d'un siècle de souveraineté française en Algérie.

Le pouvoir fut surpris par la vivacité et l'unanimité des réactions que soulevait dans les milieux de Rapatriés cette question. Unanimité qui s'établissait, non pas sur des revendications matérielles, mais sur un problème moral. Une mère de famille pied-noir, Mme Roque, entama même une grève de la faim. Au Parlement, François Léotard, s'adressant au secrétaire d'Etat aux Rapatriés, soulignait que cette blessure nouvelle infligée aux Rapatriés venait de les toucher « là où

1. 16 octobre : date anniversaire de l'inhumation du soldat inconnu d'Algérie à Notre-Dame-de-Lorette.

plus personne ne pouvait le faire. Au creux de leur mémoire, au fond même de leur identité et de leur culture... »

Au fond de leur mémoire ! Les Français d'Algérie avaient connu bien des meurtrissures morales, dont certaines peuvent se résumer dans ce tract distribué par *La Taupe rouge* à Béziers : « Nous n'avons nul besoin de ces Pieds-noirs, français de fraîche date... Après avoir pris le pain et aggravé le chômage des véritables travailleurs de Béziers, ils voudraient s'emparer de la mairie... Votez massivement pour la liste Balmigère » (communiste).

La politique faisait des Rapatriés, selon les vicissitudes électorales, des hommes estimables ou des indésirables. C'est malgré tout, avec surprise, car l'incident date de 1980, que j'apprenais la contre-manifestation organisée par la section départementale du parti socialiste de Longjumeau à l'occasion de l'inauguration d'une stèle, érigée dans cette ville par les Rapatriés, à la mémoire des leurs reposant en Algérie. Invité, je n'avais pu y assister, mais ma présence avait été déclarée « intolérable et interdite » et stigmatisée sur des banderoles par les socialistes locaux. Je pensais que cette initiative, d'un goût douteux, était le fait de dirigeants à la psychologie politique sommaire, désavoués vraisemblablement par les hautes instances du parti socialiste. Quelle était mon erreur ! La discussion de la loi d'amnistie, dont nous avons déjà dit un mot, devait m'en convaincre. Le parti socialiste n'aurait pu désapprouver les dirigeants de Longjumeau.

Le projet de la loi d'amnistie avait été présenté par son rapporteur, le socialiste Gérard Gouzes, avec habileté, même si certains de ses jugements pouvaient nous déplaire. Il rappelait que le Président de la République, alors qu'il était candidat, avait promis une amnistie totale, qu'il ne fallait pas confondre « avec une réhabilitation ». Cette amnistie réintégrait les officiers généraux dans le cadre de la deuxième réserve, qu'il estimait devoir n'être « ni une revanche, ni une réhabilitation, ni une justification, ni un pardon ». Nous n'avions aucunement besoin d'une réhabilitation et de pardon, car ce n'était qu'une mesure d'apaisement ; c'est ainsi que le comprenait le secrétaire d'Etat aux Rapatriés, Raymond Courrière, qui insistait sur le désir exprimé par le chef de l'Etat de favoriser la réconciliation et l'unité nationale.

La discussion fut vive et passionnée. Le groupe communiste qui, déclarait Roland Renard, son porte-parole, n'avait « cessé de manifester sa solidarité avec la juste lutte du peuple algérien », se penchait avec compassion sur le sort de ceux qui avaient « lutté dès l'origine pour la paix et l'indépendance de l'Algérie et qui ont eu raison », et s'élevait contre « ceux qui avaient failli à leur devoir de soldat et pris les armes contre la France, contre la République ». Langage laissant rêveur, de la part d'hommes qui s'honorent d'avoir eu dans leurs rangs des mutins et des déserteurs.

Quant au groupe R.P.R., il laissa à MM. Foyer et Debré le soin de s'insurger contre l'action de l'O.A.S. qui « a saboté l'exécution des accords d'Evian... et persévéré dans les tentatives réitérées d'assassiner le président de la République[1] ». Le parti socialiste, qui avait été relativement discret au cours du débat, proposait toutefois un amendement, tendant à exclure des mesures d'amnistie les officiers généraux. Le président du groupe parlementaire, Pierre Joxe, en était l'auteur. Ce groupe se réunissait et, après un débat serré, par 39 voix contre 37, repoussait l'amendement de son président. Cependant, le bureau exécutif du parti socialiste se prononçait pour l'adoption de l'amendement. Le groupe parlementaire devait s'incliner. A quoi servent donc les députés? L'amendement Joxe-Jospin[2] fut adopté. Finalement la loi proposée par le gouvernement sera votée, François Mitterrand, fidèle aux promesses électorales, imposant sa volonté.

Ne peut-on pas reprocher aux différents moyens d'information un manque total d'objectivité lorsque sont abordés les événements d'Algérie ou la présence française dans ce pays ? L'audiovisuel semble tenir le premier rang, tant par les films que par les débats qui les suivent. Les films paraissent orientés et, à de très rares exceptions, se complaisent à ne présenter que des images d'Epinal, dont le but est d'alimenter le fonds des critiques adressées aux Français d'Algérie,

1. Il est inutile d'épiloguer sur cette réaction. Il est préférable de ne pas évoquer cet attentat, si l'on veut éviter de rappeler celui qui a été perpétré contre le général Salan, de même que celui qui a coûté la vie à l'amiral Darlan, justifié par la suite par la cour d'appel d'Alger, déclarant que l'acte avait « bien été accompli dans l'intérêt de la libération de la France ». Sur la tombe de Bonnier de La Chapelle est gravée l'inscription « Mort pour la France ». Les crimes politiques sont diversement commentés selon l'humeur du pouvoir.

2. Analyse du scrutin :

— Pour l'adoption de l'amendement Jospin, excluant les officiers généraux du bénéfice de la loi : 286 socialistes, 44 communistes, 1 U.D.F. (R. Barre).

— Contre l'adoption : 17 socialistes, 13 R.P.R., 55 U.D.F.

— Abstentions : 76 R.P.R. sur 90 (dont un excusé).

Il faut ajouter que le groupe socialiste au Sénat refusa de voter l'amendement Joxe, qui fut repoussé par 231 voix contre 24 voix communistes, le groupe R.P.R. jugeant prudent de s'abstenir.

sous le prétexte de liberté d'information et du souci d'exposer toutes les faces d'un problème, alors qu'un seul aspect attire leur attention, l'autre étant estompé et parfois négligé. Il est vrai qu'une passion excessive animait trop de journalistes, hier engagés, qui se rendaient en Algérie, comme l'a écrit J.-J. Susini, rencontrant « habituellement leurs propres images, reflétées par les miroirs de la rébellion. Interviewant un " petit Blanc " de Bab-el-Oued, ils enregistraient un cri du cœur spontané et maladroit, mais qui valait par lui-même. Interrogeant un responsable de la rébellion, ils appréciaient des trésors inépuisables de sagesse, de maturité politique, de délicatesse et de nuances ». Leur état d'esprit n'avait guère changé avec le temps, pas plus que le nôtre du reste, avec la différence essentielle toutefois que les victimes peuvent exiger un minimum de respect.

L'audiovisuel est un moyen d'information redoutable, car il possède l'avantage sur la presse de ne pas imposer un effort de lecture et il est d'autant plus dangereux que, comme l'a remarqué Jean Lacouture, ces émissions s'entourent « d'un flou artistique, propice à l'évasion des responsabilités » et, pourrions-nous ajouter, d'une ombre de réalité historique donnant l'illusion d'une certaine objectivité[1]. Le choix des interlocuteurs dans ces débats, généralement confus, n'est-il pas douteux ? Est-il admissible d'accorder la priorité de présence aux rares Pieds-noirs favorables à l'indépendance accordée au F.L.N., tandis que la majorité des autres qui militaient pour le maintien du drapeau français en Algérie, est rarement entendue ?

La parole est de même donnée généreusement aux « porteurs de valises », aux « barbouzes », aux « paléo-gaullistes » ou aux anciens chefs rebelles. On fait appel volontiers à Ferhat Abbas, Ben Bella, Aït-Ahmed ou Azzedine et l'on a même entendu, à l'occasion d'une présentation de livres, un auteur glorifier les crimes du F.L.N. et justifier d'une façon outrancière l'assassinat de ce grand Français que fut le bâtonnier Ali Chekkal. La France est certes un pays de liberté, mais un minimum de dignité devrait s'imposer en certaines circonstances.

1. L'endoctrinement des esprits grâce aux moyens d'information audiovisuels est une arme redoutable aux mains du Pouvoir. Au cours d'une séance d'information politique à Saintes, fin mars 1974, M. Soissons, un leader des Républicains indépendants se déclara hostile à toute nouvelle mesure d'amnistie. Il jugea, en outre, la loi d'indemnisation, pourtant restrictive appliquée à l'époque, largement suffisante : « Vous avez un petit chouïa [sic], il faut vous en contenter. Du reste, vous n'avez pas l'opinion publique de votre côté. » Un ami, avocat rapatrié, lui rétorqua : « Donnez-nous radio et télévision et dans six mois nous vous ferons tous pendre. »

Trop de ces films ou de ces débats ont un thème commun : dénigrer les Français d'Algérie, leur œuvre dans ce pays, et critiquer sans nuances l'armée.

Les Français débarquèrent comme on le sait, en 1830, dans la Régence d'Alger, que l'on n'appelait pas encore Algérie. L'occupation du pays fut certes menée avec vigueur. Il en est de même dans toutes les guerres, malheureusement. Mais que d'actes glorieux, tels la prise de la Smala, la bataille d'Isly, Sidi-Brahim sont passés sous silence aux téléspectateurs ! Au fur et à mesure des succès de l'armée, les colons s'établirent dans le pays. On les voit dans certains films, installés dès le début dans de confortables fermes, alors que la vie fut pour eux, durant de longues années, très sévère par suite du travail écrasant qu'ils avaient à fournir pour défricher des terres incultes, fertiliser les marais, tandis qu'ils vivaient dans des demeures plus que sommaires. Ils avaient réussi malgré l'insécurité, les maladies qui avaient fait des cimetières « les seules colonies prospères de l'Algérie ». Ils auraient spolié les indigènes, accaparant sans scrupule « les meilleures terres ».

Avant de prononcer de telles accusations, encore faudrait-il avoir une notion, même très élémentaire, du régime foncier sous les Turcs, avoir jeté un coup d'œil sur le code musulman de Khalil, connaître la différence entre le domaine du beylik, les terres *ârch* et les propriétés *melk*.

Les Français d'Algérie n'auraient eu, par ailleurs, que mépris pour les indigènes, au point de les tutoyer. Avant de s'engager dans cette voie encore faudrait-il savoir que le « vous » n'existe pas en arabe. Cependant, la culture française se développant, le vouvoiement s'imposa petit à petit. Les Français d'Algérie étaient aussi racistes ; ils se refusaient à des mariages mixtes. Nous avons vu précédemment ce qu'il en était.

C'est toutefois la période récente qui est surtout prise à partie. On ne peut parler du rôle de l'armée, sans que le mot torture vienne à la bouche. Il y eut certes des tortures, très rares paraît-il, mais surtout des pressions physiques pour obtenir un renseignement. Nous en avons parlé précédemment. Mais, bien entendu, on évite de mettre en lumière autant l'action des S.A.S., des S.A.U. que celle de l'armée ouvrant écoles, dispensaires... Ce serait trop honnête. Armée qui, selon le maréchal Lyautey, faisait « de l'urbanisme jusque dans le cœur des hommes », construisant des maisons, amenant l'eau dans les champs, multipliant les jardins.

Mais quel fut le comportement des Pieds-noirs ? On les présente, d'une façon générale, comme des égoïstes, incapables d'accepter toute réforme. Ils avaient une mentalité de fascistes qui se manifesta le 13 mai. Ils refusaient les indigènes dans les écoles, grossière accusation qui s'apparente à de la calomnie. Ils avaient sous le sigle de l'O.A.S. commis des crimes, alors que le F.L.N. donnait l'exemple du sang-froid en s'abstenant de toute action terroriste. N'avaient-ils pas en outre saboté les bons et loyaux accords d'Evian ? Nous avons analysé, sinon réfuté, toutes ces imputations.

Le Français est intoxiqué par les moyens d'information, d'autant plus nocifs que les insinuations tendancieuses se transforment en un mensonge, qui devient vérité lorsque tout le monde le reprend. Peut-on, par ailleurs, admettre la partialité de trop nombreux enseignants ? On ne saurait généraliser et prétendre que tous présentent de façon spécieuse l'histoire de l'Algérie. Pourtant, il en est ainsi pour certains.

Mme Francine Dessaigne a pu relever dans un ouvrage scolaire [1], sous le titre « L'originalité de l'industrie algérienne », le commentaire suivant : « L'Algérie a récupéré ses propres richesses, possédées jusqu'alors par des sociétés étrangères, surtout françaises. Elle les a remplacées par des sociétés nationales. »

Le Petit Robert donne du mot récupérer la définition suivante : « Rentrer en possession de ce qu'on avait perdu. » Les Algériens ont donc récupéré les richesses du sol, gisements de fer et de phosphate, dont personne ne soupçonnait, en 1830, l'existence, tout comme celle du pétrole, or noir, et du gaz naturel, découverts et exploités après la Seconde Guerre mondiale. Les élèves ignoreront vraisemblablement la réussite exceptionnelle des Français dans ce pays. Il est vrai que, si cette magnifique histoire est passée sous silence, c'est que, comme l'a écrit Ernest Psichari, « la France est si riche en gloire qu'elle néglige cette monnaie ».

C'est aussi avec étonnement que l'on prend connaissance du livre *Histoire et Géographie* de la classe de troisième publié chez Nathan, par quatre universitaires. Abordant le chapitre « Victoire des Alliés » on y lit que les troupes alliées brisèrent le front allemand, puis, aidées par la résistance intérieure et les unités débarquées en Provence, libérèrent le reste du territoire français. De l'héroïsme, des victoires éclatantes en Tunisie, en Italie, en France, des soldats venus d'Afrique du Nord, les élèves n'entendront pas parler. Ils ignoreront de même les noms des maréchaux Juin, de Lattre, Leclerc, que l'on

1. *Histoire et Géographie* de la collection J. Goell pour la classe de cinquième.

estime ne pas avoir à mentionner. En revanche, une page entière est consacrée à Stalingrad.

L'Indochine et l'Algérie figurent dans le chapitre « Guerres de libération nationales ». Celle d'Indochine comporte en tout et pour tout deux entrefilets de Giap, qui ont rapport à la guérilla et à la chute de Diên Biên Phu. La guerre d'Algérie est illustrée par deux longues citations de Jules Roy et par quelques entrefilets sans importance. Cependant, une chronologie des événements rappelle les manifestations des soldats du contingent refusant de partir pour l'Algérie, l'envoi de 900 000 hommes (!) en Algérie, le coup de force du 13 mai, la formation du G.P.R.A., l'échec des premières négociations, la chasse aux Musulmans organisée par l'O.A.S. On cherchera en vain une ligne sur le terrorisme du F.L.N., sur la fraternisation du 13 mai, sur les promesses non tenues, sur les massacres de la rue d'Isly et d'Oran. On se contente de parler de chasse aux Musulmans.

Cependant, si les jeunes élèves de troisième veulent en savoir davantage, on leur conseille la lecture des ouvrages d'Alleg (*La Question*), du général Buis (*La Grotte*), de Jules Roy (*Les Chevaux du soleil*). Et si, comme cela doit être le cas, ils n'ont pas le temps de se plonger dans ces livres, on leur conseille des films : *Chronique des années de braise, La Bataille d'Alger, Avoir vingt ans dans les Aurès, R.A.S.*[1]. Je ne discute pas la valeur de ces films sur le plan de la réalisation, mais ne peut-on remarquer qu'ils sont manifestement orientés politiquement, ce qui illustre la liberté d'expression actuellement en France, mais qui se traduit généralement à sens unique.

Sans doute peut-on reprocher à la colonisation certains abus. Dans les pays où cette critique est formulée, n'y en a-t-il pas ? Ne pourraient-ils pas, ces pays, faire leur autocritique ?

Cependant la colonisation n'avait pas que des défauts. L'Algérie française n'est-elle pas regrettée par les Algériens, aujourd'hui ? S'ils n'expriment pas ouvertement leurs sentiments, c'est avec juste raison

1. Les élèves de troisième liront aussi que l'illusion d'une guerre courte (en 1914) s'effondra après l'échec de l'offensive allemande sur la Marne. Est-ce le regret qu'un succès allemand n'ait pas mis fin au conflit ? Verdun ne semble pas constituer une victoire, de même que l'armistice n'est dû qu'à des causes extérieures et non aux décisives offensives de Foch. Ne sont cités pour cette période ni les noms de Clemenceau, Foch, Lyautey, pas plus que ceux de Joffre et Poincaré. On ne retrouve pas non plus ces noms parmi les 48 qui figurent dans le « Dictionnaire des personnages » ayant marqué leur époque depuis 1914. On découvre cependant ceux de Giap, Guevara, Allende, Simone de Beauvoir, Rosa Luxemburg, Hô Chi Minh, Lénine, Mao Tsé-toung, Thorez, Tillon, Castro, Dubček, Nasser, Trotsky...

par prudence. Toutefois certains témoignages mettent en évidence la dégradation qui s'est opérée. Dans la revue : *Autrement. Algérie 20 ans,* un Oranais, ancien militant du parti communiste algérien, revoit sa ville avec tristesse. Il fait la tournée des plages « qui paraissaient des champs de bataille pas nettoyés ». Manque de propreté et d'hygiène confirmée par *El Moudjahid* qui, dans son numéro du 11 août 1982, rappelle de nombreuses doléances, ayant trait à la salubrité, l'incurie de l'administration ; à Oran, une cité transformée en lieu de dépôt d'ordures... odeurs pestilentielles à Belcourt... poteau téléphonique non réparé, privant La Chiffa de téléphone depuis deux mois... villages privés d'eau... vide-ordures engorgés jusqu'au 3e étage d'où essaims de mouches, cafards et colonies de rats... autocars neufs livrés à la daïra de Sfisel et non utilisés deux ans après sans raison apparente... à Tlemcen, le magnifique hôtel " Villa Rivaud " était fermé depuis sept ans pour travaux... »

L'administration française était critiquée, mais elle gérait mieux le pays qu'il ne l'est aujourd'hui.

Devant les campagnes de dénigrement qui présentent des images caricaturales de la guerre d'Algérie, celle de « tout un peuple contre l'occupant », devant ces mensonges qui s'efforcent de salir l'œuvre française en Algérie, peut-on s'étonner de constater des effets pernicieux sur l'opinion publique ? Des commentaires d'un sondage effectué par Louis Harris [1], il ressort que les métropolitains sont sévères pour la France qui a mené la guerre d'Algérie. On n'avait pas compris que le système colonial était condamné. Le seul intérêt du combat mené par la France était « la préservation de sa puissance, de son pétrole, des biens des colons ». Par ailleurs, sous l'influence indéniable des informations, une majorité de personnes interrogées estiment justifiée la révolte algérienne, comprennent les « porteurs de valises », même si 43 % sont d'un avis contraire. Les jeunes métropolitains condamnent ou approuvent l'action de l'O.A.S. en proportions égales. Ils donnent le F.L.N. vainqueur sur le plan politique et militaire et semblent souvent ignorer les accords d'Evian. Telles sont les opinions des métropolitains au sujet du drame algérien et nous pensons qu'elles reflètent la nocivité de la propagande officielle de l'époque.

1. *L'Express,* 27 octobre au 3 novembre 1979.

Evoquant la disparition de Ouari Boumediene, un journaliste, très favorable aux thèses du F.L.N., évoquant les conditions dans lesquelles le Président s'était emparé du pouvoir, commentait son action politique et le régime dictatorial qu'il avait instauré. Le journaliste, rappelant les griefs formulés contre l'administration française, justifiait sa position ainsi que celle des libéraux en faveur de l'indépendance, par l'espoir qu'avait fait naître une meilleure justice. A l'expérience, il avouait avec franchise : « Nous nous sommes trompés, je me suis trompé et j'ai trompé... Après coup, les Européens d'Algérie avaient raison, les militaires français, et à la limite même l'O.A.S., avaient une idée plus valable de la personnalité humaine et de ses droits que M. Boumediene. »

Ces remords tardifs émanent d'un correspondant à Paris du journal suisse *Morges-Hebdo.* Ils n'en ont pas pour autant une valeur négligeable, car la presse internationale n'a guère épargné les Français d'Algérie durant la guerre. Comme on apprécierait que certains libéraux métropolitains qui, j'en ai la conviction, avec le recul du temps, ont jugé avec moins de passion les événements passés, fassent un jour preuve d'autant d'honnêteté intellectuelle que ce journaliste suisse ! Peut-on espérer que ceux qui continuent à alimenter des querelles partisanes gardent le silence, laissant aux historiens de demain le soin de juger. Car ces querelles déchirent les Pieds-noirs qui ne peuvent oublier leur passé et qui sont meurtris lorsqu'on le déforme. Dans un de ses romans, William Faulkner rappelle que, voyant apparaître le général Scherman à l'écran, les femmes du Sud des Etats-Unis se levèrent indignées. C'était pourtant soixante-quinze ans après la fin de la guerre de Sécession, alors que vingt et un ans seulement nous séparent de l'exode. Notre sensibilité est toujours vive. On devrait le comprendre. Nous ne demandons pas d'être plaints, nous sommes trop fiers pour cela. Nous exigeons tout simplement le respect et ne pouvons supporter que fleurissent articles, films tendancieux, sinon médisants. Nous pensons qu'il ne saurait y avoir de réconciliation nationale si certains s'efforcent de ranimer les passions pour jeter l'opprobre sur ceux qu'ils ont pourtant conduits au malheur.

Nous comprenons votre amertume, nous dira-t-on, mais y avait-il une autre solution ? Si l'indépendance accordée dans les conditions que l'on connaît était inéluctable, que peu de jugement et de sens politique pouvaient avoir nos dirigeants, de Mendès France à de Gaulle, qui tous s'étaient un jour, engagés à maintenir notre souveraineté en Algérie ! Alors, un peu de réserve s'impose.

J'ai écrit ce livre avec passion peut-être, mais avec une grande sincérité. Il est indispensable que les métropolitains prennent conscience du drame que nous avons vécu, et qui ne doit pas échapper non plus aux jeunes de « chez nous ». Certes, les enfants oublieront avec le temps, le déracinement, car le sens de la vie ne repose pas uniquement sur le passé, même si l'on en est fier, mais sur l'espérance. Cependant ils doivent savoir que leurs parents ont été odieusement trompés et que, là où il n'y avait le choix qu'entre lâcheté et violence, ils ont dû, bien malgré eux, choisir cette dernière voie.

Mon souhait est que l'on cesse de s'entre-déchirer. Evitons de parler de pardon, car qui aurait à pardonner ? Que nous soit accordé le repos de l'esprit, même si nos pensées ne peuvent se détacher de ce qui fut notre joie de vivre sur notre terre de lumière. Que soit laissé aux Déracinés le privilège de pouvoir, un jour, après une vie qui ne leur avait guère épargné de tourments, fermer les yeux en se sachant entourés de compréhension, et, qui sait, d'affection.

16.

Après la visite du président Chadli

Ce livre était achevé avant que ne soit reçu, avec des égards particuliers, le président de la République algérienne, Chadli Bendjedid.

La presse, dans sa quasi-unanimité, salua cette réception, d'un caractère grandiose, comme le signe de la réconciliation entre les deux peuples. Les deux chefs d'Etat, dans leurs discours, après avoir mis l'accent sur l'oubli des déchirements du passé, lequel n'appartient plus qu'à l'Histoire, s'engageaient à se tourner résolument vers l'avenir. Puisque la réconciliation paraît définitive, est-il opportun de rappeler dans cet ouvrage un passé toujours douloureux ? Je pense que ce n'est pas inutile, car les problèmes qui sont évoqués sont toujours de circonstance.

Les rapports entre la France et l'Algérie, depuis l'Indépendance, ont été longtemps empreints de méfiance, due aux divergences profondes apparaissant tant sur le plan économique que sur celui de la politique étrangère. Il n'en est plus de même aujourd'hui et tout le monde s'en réjouira. On a pourtant constaté, dans l'allégresse générale, une réserve certaine des Français d'Algérie lors du voyage triomphal de M. Chadli. Il faut comprendre mes compatriotes. Même si l'on admet la nécessité de pavoiser Paris aux couleurs du F.L.N., qui sont devenues celles de l'Algérie, il leur fut pénible de voir flotter les drapeaux vert et blanc. Ce n'est pas sans émotion qu'ils entendirent l'hymne algérien, la *Kassaman,* qui évoque le serment de chasser les Français d'Algérie ou de mourir. Ils furent d'autant plus surpris par le caractère si ostentatoire de la réception que le président Chadli lui-même, si j'en crois *Le Monde* du 11 novembre, aurait demandé plus de simplicité et un style plus mesuré. Mais au-delà de ce sentimentalisme, peut-être pensaient-ils que leur contentieux serait abordé et réglé. C'était une erreur.

Contentieux à l'égard du gouvernement français : problèmes matériels, dont certains attendent toujours d'être réglés, en particulier celui de l'indemnisation qui fera certainement, les élections législatives de 1986 approchant, l'objet d'une loi, les implications financières étant laissées à la charge de la nouvelle Assemblée, quelle que soit son orientation politique. Contentieux à l'égard de l'Algérie concernant la libre circulation des personnes, les archives françaises d'Algérie, l'entretien des cimetières et la douloureuse question des disparus.

Or, aucun de ces problèmes ne semble avoir été abordé. Qui mieux est, au cours de cette visite, les Français d'Algérie ont été ignorés. Si M. Chadli a lancé un appel aux Pieds-noirs, leur demandant, « avec leur sensibilité et leur générosité, d'apporter leur contribution au développement de la coopération franco-algérienne », avec quelle délégation de Rapatriés s'est-il entretenu ? Une telle rencontre n'eût-elle pas été plus symbolique que l'audience accordée à Georges Marchais ? Une réconciliation a pour but de réunir des anciens adversaires et non les alliés d'un même combat. Or, tant à l'Elysée qu'au musée Jacquemart-André étaient présents, selon la presse, de très nombreux « anciens militants des réseaux d'aide au F.L.N. ». Des Français d'Algérie, même s'ils risquaient de refuser, auraient dû par simple convenance recevoir une invitation. Ils furent oubliés, tout comme les Français de confession musulmane qui ont de nombreux problèmes en suspens avec leur ancienne patrie, qui reste toujours la leur dans leur cœur, de même que dans celui des Pieds-noirs.

S'il n'y a plus de problèmes entre la France et l'Algérie, il en subsiste entre leurs gouvernements et les Français d'Algérie. Ce sont ces problèmes que j'évoque dans mon ouvrage et qui, je l'ai dit, restent malheureusement d'actualité.

ANNEXES

Annexe 1

L'amnistie

On peut être surpris qu'un chapitre annexe soit consacré à l'amnistie. Toutes les séquelles des condamnations antérieurement prononcées ayant été effacées par les dispositions de la récente loi d'amnistie du 3 décembre 1982, pourquoi se pencher de nouveau sur ce problème ?

Il m'est apparu indispensable de le faire, car, si mon analyse est correcte, le pouvoir de l'époque aurait contrevenu aux dispositions prévues par les accords d'Evian, ce qui est d'une exceptionnelle gravité. La Justice entrait dans le domaine réservé, et ce n'est pas la création des Tribunaux spéciaux qui a pu donner de la sérénité aux jugements prononcés. Un juriste éminent a pu m'écrire qu'à l'époque : « La loi n'était plus l'expression de la volonté nationale, mais le moyen [pour le pouvoir élyséen] d'assumer ses rancunes et sa vengeance. » Si, de par la loi, l'amnistie devait s'appliquer aux Français d'Algérie, quel déni de justice d'avoir envoyé des hommes au poteau et d'en avoir condamné d'autres à de très lourdes peines de prison !

Des notions de droit, non sommaires, sont indispensables pour aborder le problème de l'amnistie, promulguée en 1962 et accordée aux seuls Français de confession musulmane, alors qu'elle était refusée aux Français de souche. Je ne suis pas un juriste. Aussi, doutant des conclusions auxquelles j'aboutissais à la lecture approfondie des accords d'Evian, ai-je pris la précaution de soumettre ce texte à un ancien doyen de la faculté de droit d'Alger, à un avocat spécialisé en la matière, à deux anciens conseillers d'Etat, ainsi qu'à un arabisant distingué, diplômé de droit musulman, auxquels s'adressent tout d'abord mes remerciements pour avoir bien voulu se pencher sur cette question, hier encore d'actualité.

Aucune observation n'ayant été présentée, aucune erreur relevée, j'en déduis que cette analyse ne saurait être contestée, sans éléments juridiques. Dès lors, si ce que j'avance est exact, le gouvernement français de l'époque n'a-t-il pas commis un déni de justice dans l'application des « accords d'Evian », qui ne serait devenue qu'un moyen d'assouvir rancune et vengeance ? Ce serait grave, car des hommes auraient ainsi perdu la vie, ou passé de longues heures dans des prisons d'Etat.

La première mesure d'amnistie, relative aux événements d'Algérie, est incluse dans les accords d'Evian. Avant d'étudier les articles relatifs à cette question, un point essentiel est à préciser :

— en mars 1962 et jusqu'au 3 juillet de cette même année, il n'y avait en Algérie que des *Français à part entière.* Quelle que soit leur confession, les natifs d'Algérie étaient tous français, avec les mêmes droits et les mêmes devoirs.

Généralement, pour le métropolitain moyen qui a approuvé les accords, sans les avoir lus très souvent, il n'y avait aucun doute : en Algérie, légalement, se trouvaient des Français de souche et des Algériens, qui n'avaient pas la nationalité, et encore moins la citoyenneté française. En était-il ainsi ? Un rapide aperçu de cette question semble nécessaire.

Il convient, tout d'abord, de rappeler que la Constitution du 4 novembre 1848 précisait dans son article 109 : « Le territoire de l'Algérie est déclaré territoire français. » C'est, ensuite, par le sénatus-consulte de 1865, sous Napoléon III, que la nationalité française fut accordée aux indigènes, juifs ou musulmans. Cependant ils ne pouvaient accéder à la citoyenneté française (qu'il ne faut pas confondre avec la nationalité), qu'en abandonnant leur statut islamique ou mosaïque. La procédure d'accès a été reprise par une loi de 1919 et simplifiée par une ordonnance du 6 août 1943. Enfin, et surtout, la loi du 7 mai 1946, dans un article unique, précise littéralement ce qui suit :

« A partir du 1er juin 1946, tous les ressortissants des territoires d'outre-mer, *(Algérie comprise),* ont la qualité de citoyens au même titre que les nationaux français de métropole ou des territoires d'outre-mer. Des lois particulières établiront les conditions dans lesquelles ils exerceront leurs droits de citoyens. »

De même, le code de nationalité, dans son article 6, rappelle que tous les habitants de l'Algérie, Français de souche, Musulmans, Israélites, etc., sont français et à ce titre libres et égaux en droit.

Voilà donc le principe fondamental qui reste la règle, sous réserve de « lois particulières », précisent les textes ci-dessus. Pourquoi des lois particulières ? Voilà la véritable question.

Tout d'abord, la République, qui avait consacré au début du siècle la séparation de l'Eglise et de l'Etat, n'avait pu appliquer pleinement cette règle à l'Algérie, en raison des engagements pris antérieurement, dès 1831, par lesquels la France entendait respecter la religion musulmane, engagements qui furent confirmés par Napoléon III en 1860.

Or, le Coran, qui constitue la base même de la religion musulmane, présente la caractéristique d'être à la fois religion au sens spirituel du terme, comme le sont les religions chrétienne ou juive, mais également lois civiles au sens strict du terme, c'est-à-dire réglant les rapports entre Musulmans, la vie en société, etc.

La France n'ayant pas été aussi catégorique que Kemal Atatürk, l'administration française en Algérie eut l'obligation de composer, et c'est ainsi qu'il s'était créé en Algérie une véritable législation algérienne, dont le plus grand souci fut toujours d'adapter les textes métropolitains au particularisme algérien d'origine coranique, voire de légiférer de manière spécifique, notamment à l'époque de l'Assemblée algérienne.

Cependant, sous peine de violer les principes fondamentaux posés par les Constitutions qui se sont succédé depuis 1848, l'égalité des citoyens devant la loi fut maintenue. Seules furent conservées aux Musulmans (sauf pour ceux qui, sur simple demande, pouvaient renoncer à leur statut) les règles coraniques du droit des personnes, relatives notamment au mariage, au divorce, à la répudiation et aux successions réglées sous l'autorité du juge musulman, le cadi, devant le tribunal coranique, la *mahkma*.

La transcription de ces mariages et divorces devait être faite en mairie, sur les registres de l'état civil.

Par contre, toute la partie du code civil concernant la propriété (sauf les biens habous et les biens de propriété collective), les droits et obligations, le code de commerce, le code du travail, le code criminel, etc. ont toujours été appliqués, par les tribunaux français, aux Français musulmans sans aucune discrimination, sous la seule obligation de la présence d'un interprète devant les tribunaux, comme devant les notaires et autres officiers ministériels.

La France s'est trouvée placée dans des conditions presque identiques (différence de législation) après le retour de l'Alsace-Lorraine à la France en 1918, ce qui n'implique pas que les Alsaciens n'étaient pas des Français à part entière.

Sur le plan politique, la loi française a dû, de même, composer avec une démographie excessive, d'où la création de deux collèges électoraux, pour permettre à la minorité une représentation équitable. Disposition qui ne sera pas retenue par le général de Gaulle qui, en 1958, institua, non seulement un collège unique, mais par décret du 3 juillet 1958, décida que les femmes participeraient dorénavant aux élections.

C'est donc toute la population d'Algérie qui prit part au référendum de 1958, dont la portée avait été définie par le chef de l'Etat : « Pour chacun, répondre OUI, dans les circonstances présentes, cela veut dire se comporter comme un Français " à part entière ". » Ce référendum, ayant pour but l'approbation de la nouvelle Constitution, fut voté en Algérie, dans la liberté et l'enthousiasme, à une majorité de 96,5 % (3 357 763 OUI sur 3 476 394 suffrages exprimés). La participation électorale était de 79,7 % (3 515 210 votants sur 4 412 171 inscrits). Aux élections législatives, l'Algérie élisait 66 députés, dont 45 de confession musulmane.

Pouvait-on refuser la qualité de Français à ces élus, et qui l'a contestée à Ferhat Abbas, député, qui deviendra chef de la rébellion et bénéficiera, compte tenu de sa religion islamique, des mesures d'amnistie ? Ces députés musulmans votaient les lois, accordaient ou non la confiance aux gouvernements. N'étaient-ils pas des citoyens français ? Des officiers musulmans n'ont-ils pas été promus généraux, des avocats musulmans n'ont-ils pas plaidé devant les tribunaux, des notaires musulmans n'ont-ils pas exercé leurs fonctions ?

On doit en déduire, en toute logique, que le terme de « Français à part entière », employé par le général de Gaulle, reflétait exactement la situation légale des Musulmans en Algérie. Qui oserait, dans les milieux gaullistes, mettre en doute l'affirmation du chef de l'Etat ?

Les accords d'Evian, qui avaient pour but de préparer l'avenir, avaient prévu une amnistie totale pour tous ceux qui s'étaient dressés contre l'Etat :

— Français de confession musulmane en rébellion depuis 1954,

— Français de confession musulmane ou de souche européenne depuis 1960.

Dans la déclaration des garanties, on lit :

« Nul ne peut être inquiété, recherché, poursuivi, condamné, ni faire l'objet de décision pénale, de sanction disciplinaire ou de *discrimination quelconque,* en raison d'actes commis en relation avec les événements politiques survenus en Algérie avant le jour de la proclamation du cessez-le-feu. »

Il est spécifié, par ailleurs, que :

« Les personnes internées tant en France qu'en Algérie seront libérées dans un délai maximum de vingt jours à compter du cessez-le-feu. »

« L'amnistie sera immédiatement proclamée. Les personnes détenues seront libérées. »

Tous ces articles semblent indiquer que, dès le 19 mars 1962, l'amnistie totale entrait en vigueur. Or, dès le lendemain de la signature des accords, ne bénéficiaient des mesures de libération que les seuls fellaghas, en fait *des citoyens français de religion musulmane.* Les accords prévoyaient-ils une telle discrimination contrairement à l'article 2 de la Constitution française, qui assure l'égalité de tous les citoyens devant la loi, sans distinction de *race* ou de *religion ?* Il fallait donc en déduire que, dès le 19 mars 1962, le gouvernement français ne considérait plus comme citoyens français les Français d'Algérie de confession musulmane. Cette décision exorbitante, prise par de Gaulle, enlevait d'un trait de plume la nationalité française à des électeurs, à des fonctionnaires et même à d'anciens parlementaires musulmans. Des accords, qui n'avaient pas subi la consécration du Parlement, même s'ils n'étaient pas conformes à la Constitution, la leur enlevaient[1] !

Ce caractère restrictif de l'application des accords trouvait sa source dans les dispositions d'un décret, en date du 22 mars 1962. Il était spécifié que seuls bénéficiaient des mesures d'amnistie les individus ayant commis des infractions « *en vue de participer ou d'apporter une aide directe ou indirecte à l'insurrection algérienne* ».

Cependant, disposition essentielle, les Français « de souche », qui avaient combattu contre l'abandon de leur terre natale, étaient exclus de toute mesure d'amnistie. Cette interprétation des accords était tellement choquante que, lors du procès de Piegts et Dovecar[2], la question fut posée de savoir si on pouvait libérer des Français musulmans tandis que l'on maintenait en prison et condamnait des

1. Simple hypothèse : si le référendum du 1er juillet 1962 avait rejeté le principe de l'indépendance de l'Algérie, comment aurait-il pu être admis que des Français aient été libérés, parce qu'ils étaient simplement de confession musulmane ? Ils redevenaient français, donc de nouveau passibles des sanctions.

2. Piegts et Dovecar ont été condamnés à mort pour leur action dans l'O.A.S.

Français de souche. En réponse aux conclusions formulées par la défense, le tribunal militaire reconnaissait leur légitimité, puisqu'il déclarait, pour les rejeter, que les stipulations des accords d'Evian devaient faire l'objet d'un texte législatif et, dans un deuxième attendu, précisait que les déclarations incluses dans les accords ne pourraient entrer en vigueur qu'après le résultat du scrutin d'autodétermination.

Cette amnistie accordée aux seuls Musulmans, qui avaient pris les armes contre la France, avait donc une portée essentiellement discriminatoire. Si discriminatoire que, le 4 avril 1962, le général de Bénouville, compagnon de la Libération et M. Lefèvre d'Ormesson déposaient un projet de loi tendant à étendre les mesures d'amnistie décidées à Evian, aux seuls Musulmans.

L'exposé des motifs doit être rappelé :

« La justification morale de l'amnistie, c'est de s'appliquer à tous ceux qui ont commis les mêmes infractions pénales. Les délits et les crimes se définissent par des actes matériels et par une intention coupable. Les motifs échappent à la qualification pénale proprement dite et font seulement l'objet de l'appréciation souveraine des juges pour tout ce qui est notamment des circonstances atténuantes et du quantum de peine.

« Force est de constater que, depuis le 1er novembre 1954, qu'ils soient commis par des membres du F.L.N., par ceux de l'O.A.S. ou par ceux des forces de l'ordre, les crimes et délits perpétrés en Algérie ou en métropole ressortissent à la même qualification pénale, encore que leurs mobiles soient directement opposés...

« Contrairement à l'article 2 de la Constitution, à l'égalité des citoyens devant la loi, à la Déclaration des droits de l'homme elle-même, un traitement discriminatoire entre les Musulmans, d'une part, les juifs et les chrétiens de l'autre, qu'il s'agisse d'instaurer un délit ou de l'amnistier, révolte les consciences et constitue un dangereux précédent...

« La constitution des poursuites, l'exécution des sentences de mort pour ceux d'un camp, alors que, dès avant les négociations d'Evian, les exécutions capitales avaient été suspendues au bénéfice de l'autre, tendraient à créer dans l'esprit de certains une mentalité de " despera dos ", dont il faut craindre qu'elle ne trouve aliment dans l'injustice et l'inégalité qui les frappent.

« Certains ne seraient-ils pas fondés à dire qu'ils sont poursuivis pour la seule raison qu'ils veulent rester français, puisque ceux qui ont commis les mêmes crimes dans le but de ne pas le demeurer bénéficient du pardon de la loi française... ? De tels paradoxes dans l'application des lois ne sauraient longtemps se soutenir.

« Amnistier, au contraire, tous les crimes et tous les délits commis par tous à l'occasion de l'affrontement des idées et des armes, ne peut tendre qu'à l'apaisement en faisant se retirer de la criminalité ceux à qui on promet le pardon pour le passé.

« Des exécutions spectaculaires intervenant en même temps que la libération d'hommes, dont les crimes ont révolté les consciences du monde entier, susciteraient des prises de position irréversibles, des actes de vengeance et de désespoir dont on ne sait où, ni quand, ils pourraient s'arrêter. En l'état actuel des esprits et des forces en présence, il est certain qu'il faut choisir entre l'amnistie et la guerre civile. »

Cette amnistie générale n'était-elle pas dans l'esprit de Michel Debré qui, le 20 mars 1962, déclarait :

« L'apaisement : la France entend en créer les conditions par des mesures progressives de libération, de grâce et d'amnistie. Il a été, en même temps, solennellement proclamé que nul ne pourrait souffrir des actes accomplis ou des positions adoptées au cours des années écoulées. Au-delà des ruines, des deuils, au-delà des ressentiments, chacun reprend sa place, chacun a droit à la liberté d'avenir. »

Liberté d'avenir ! sauf pour Piegts, Dovecar et Degueldre.

L'interprétation du gouvernement français était abusive. Lorsque Abderrahmane Farès et Jean-Jacques Susini se rencontreront pour signer les accords F.L.N.-O.A.S., il est question de l'amnistie. Que déclare Farès, président de l'exécutif provisoire ? « Ces accords, qu'on le veuille ou non, ont été adoptés par la presque unanimité du peuple français. Ils vous sont applicables, puisque vous êtes encore citoyens français... Ils [les accords] seront ratifiés par le référendum, y compris l'amnistie, puisqu'elle y est incluse [1]. »

M. Farès ne faisait que confirmer ce qui est inscrit dans les accords. Ses entretiens avec Susini étaient bien connus de M. Fouchet, qui non seulement les a approuvés, mais s'est encore efforcé de les faire aboutir. Par ailleurs, pour enlever toute ambiguïté sur la volonté de l'exécutif provisoire d'effacer toutes les séquelles de la guerre en

1. *La Cruelle Vérité*, Abderrahmane Farès, (Plon).

Algérie, le 11 juillet 1962, M. Farès prenait une ordonnance portant amnistie de toutes les infractions commises avant le 3 juillet 1962, date de la proclamation de l'indépendance.

Couverts par les accords d'Evian, les Français de toute confession, qui s'étaient révoltés contre l'Etat, auraient dû être relachés dès le 19 mars 1962.

Couverts par les accords d'Evian, les Français de toute confession qui s'étaient révoltés contre l'Etat auraient dû être relachés dès le droits civiques algériens auraient dû être relâchés dès le 11 juillet 1962.

Si tous ont été maintenus en prison, n'est-ce pas par un acte abusif et illégal du gouvernement français ? Et ceux qui ont été fusillés !

Annexe 2

Memorandum remis à Alger par René Legros, émissaire de Matignon, au général Jouhaud [1]

— La certitude que le général de Gaulle ira jusqu'au bout de sa politique algérienne ;

— la certitude que la métropole, dans sa majorité, suivra le chef de l'Etat dans cette voie ;

— la probabilité que l'installation d'un exécutif algérien par Paris sera suivie de la création par les Européens d'un deuxième exécutif en opposition au premier ;

— les divergences certaines d'opinions au sein de l'armée, comme dans les autres éléments du corps social français, l'état de désespérance des Français d'Algérie, éléments pouvant entraîner un mouvement insurrectionnel à conséquences incontrôlables ;

— la notion très précise que toute action de force entraînera une rupture entre l'Algérie et la France dont les conséquences à terme seraient une vacance du pouvoir et l'instauration d'une démocratie populaire ;

— la certitude d'autre part que, sans la participation des éléments européens, rien de positif et de stable ne peut être construit en Algérie et qu'une République algérienne établie dans ces conditions ferait le lit du F.L.N. et de l'anarchie ;

— tous ces éléments nous ont entraînés à la recherche d'une solution qui permette, tout en respectant les impératifs nationaux, *de construire une République d'Algérie* à laquelle Européens et Musulmans seraient intimement liés :

1. Mémorandum exposé le 16 novembre, puis remis par René Legros le 28 novembre 1960.

• *dans l'esprit du 16 mai* (fraternisation) ;

• *dans l'esprit et le respect des principaux engagements pris par l'Armée au lendemain du 13 Mai* (coexistence des deux communautés, égalité des droits, égalité sociale) ;

• *dans le cadre de la politique d'autodétermination fixée par le général de Gaulle le 16 septembre 1959.*

Le but est donc bien la création d'une République d'Algérie avec la participation la plus large :

— des Français d'Algérie ;

— des Musulmans ;

sans rupture *définitive* avec la métropole, mais entraînant bien au contraire l'assentiment de celle-ci, et surtout permettant à l'armée de retrouver son unité et en conséquence d'apporter un appui sans réserve aux promoteurs de cette action.

En fait, il s'agit de déterminer l'élément européen jusqu'ici divisé, opposé, désespéré, à retrouver la notion de son unité et de son efficacité pour le faire participer à fond avec tous ses moyens à la construction de son propre avenir.

Mais encore est-il nécessaire de trouver le *moyen* de cette action, c'est-à-dire dans le contexte actuel de l'Algérie, *l'homme* susceptible de réaliser la cohésion des Européens et des Musulmans et dont la personnalité donnera à l'Armée toute garantie de succès.

Cette homme doit être à la fois :

— patriote éclairé, conscient des risques que comporte pour l'Algérie et pour la France la situation présente ;

— algérien d'origine française ;

— chef militaire ayant participé au 13 Mai ;

— libre de tout engagement politique antérieur ;

— possédant suffisamment de courage et d'autorité pour, l'action étant engagée, la poursuivre en évitant qu'elle se détourne de son but initial et ne se transforme :

• soit en un conflit définitif avec la métropole ;

• soit, n'étant pas suffisamment étoffée, qu'elle crée un chaos faisant le lit du F.L.N. ; solutions toutes deux contraires au but poursuivi.

Au cours de premiers sondages effectués auprès de personnalités diverses, il est apparu qu'en raison des contextes algérien et métropolitain, une telle solution recevrait l'agrément même de ceux qui étaient partisans de l'Algérie française.

Fort de cette première approbation, il nous est apparu qu'en raison de l'urgence et de l'imminence des décisions du général de Gaulle pouvant entraîner une réaction sanglante en Algérie, il était urgent de faire part de ce projet, *d'une part à de hautes personnalités;* d'autre part, *à l'homme qui semblait correspondre aux qualités recherchées.*

Un premier contact fut pris le vendredi 12 novembre à l'Elysée auquel participèrent :

M. D.

J. F.

P. L.

P. J.

Le principe fut reconnu valable, la solution souhaitable, l'urgence moins certaine.

Le choix de la personnalité reçut une approbation générale, un doute subsistant quant à son acceptation[1].

J. F. exprima l'opinion que R. F. devait prendre cette affaire « à bras le corps et essayer de la mener à bien ».

M. D., moins convaincu de l'urgence, estimait que son déclenchement pouvait attendre les précisions que le Général devait apporter à sa politique algérienne.

Un deuxième contact fut pris le dimanche 13 novembre chez R. F., le problème à nouveau débattu et exposé, il fut décidé que deux personnes iraient à Alger rencontrer l'homme — ce qui fut réalisé par R. L. et C. G. les mardi et mercredi 15 et 16 novembre…

1. Le choix de la personnalité se porta sur moi.

D'autre part, Legros et Jérome me confirmeront que les initiales correspondent aux noms suivants : M. D. (Michel Debré) — J. F. (Jacques Foccart) — P. L. (Pierre Lefranc) — P. J. (Paul Jérome) — R. F. (Roger Frey) — R. L. (René Legros) — C. G. (Claude Gérard).

Annexe 3.

LES PROMESSES...

D.G.A. N° 3

FRANÇAIS D'ALGERIE

SI APRÈS UN DELAI DE RÉFLEXION DE 3 ANS VOUS NE CHOISISSEZ PAS LA NATIONALITÉ ALGÉRIENNE

VOUS BÉNÉFICIEREZ D'UN STATUT PARTICULIER

- VOUS POURREZ A TOUT MOMENT ENTRER ET SORTIR D'ALGÉRIE LIBREMENT.

- DANS LA VIE PUBLIQUE :
  VOUS JOUIREZ DES DROITS CIVILS ET DES LIBERTÉS ESSENTIELLES.
  VOUS POURREZ UTILISER PARTOUT LA LANGUE FRANÇAISE.
  VOUS POURREZ CHOISIR L'ECOLE DE VOS ENFANTS

- DANS LA VIE ECONOMIQUE ET SOCIALE :
  VOUS POURREZ ACHETER, GÉRER ET CÉDER LIBREMENT TOUS LES BIENS.
  VOS BIENS FONCIERS NE POURRONT ÊTRE EXPROPRIÉS QU'APRÈS UNE INDEMNISATION PRÉALABLE GARANTIE PAR L'AIDE DE LA FRANCE.
  SI VOUS DESIREZ RENTRER EN FRANCE VOUS POURREZ Y EMPORTER VOS BIENS, MEUBLES ET CAPITAUX.

TOUT EN CONSERVANT LA NATIONALITÉ FRANÇAISE VOUS AUREZ LA GARANTIE D'UN TRAITEMENT PRIVILÉGIÉ

Fac-similé du tract distribué en Algérie sur instructions de M. Christian Fouchet, délégué général du gouvernement à la veille de l'indépendance.

Annexe 4

Cette note n'a pas eu pour but d'être diffusée. Elle n'a donc aucun caractère officiel. C'est l'argumentation personnelle de la plus haute autorité militaire en contact permanent avec de Gaulle, destinée à éclairer quelques intimes. Mais les fonctions de son auteur, chef de l'état-major particulier du chef de l'Etat, lui donnent une valeur toute particulière, d'autant plus que cet officier général s'est toujours distingué par sa très haute valeur morale.

Quelles considérations générales peut-on retirer de cette note qui, soulignons-le, date du 20 novembre 1960 ?

Il est d'abord rappelé la thèse officielle affirmant que l'avenir de l'Algérie serait fixé par une autodétermination, les populations se déterminant librement, sans contraite du G.P.R.A., avec lequel ne serait engagée aucune négociation, et que les institutions de l'Algérie ne seraient déterminées qu'après le scrutin d'autodétermination.

Or, comme on le sait, c'est l'inverse qui eut lieu. Il y eut négociations avec le seul G.P.R.A., les institutions furent fixées avant le scrutin d'autodétermination, odieuse caricature d'un choix librement consenti.

Ainsi, un officier général, dont la sincérité des propos, la parfaite loyauté étaient unanimement reconnues, et dont la position le conduisait à se trouver en contact journalier avec le chef de l'Etat, pouvait se méprendre sur les intentions profondes de ce dernier.

La solution apportée d'autorité au problème algérien fut une cruelle duperie. L'armée, devant les volte-face du pouvoir, ne saisissant pas le but de la guerre qu'elle faisait, se révolta. Peut-on lui imputer de n'avoir pas compris que l'autodétermination devait se traduire par l'indépendance de l'Algérie, et que, la francisation ou l'intégration étant virtuellement écartées, l'armée devait se fixer comme objectif « *la victoire de l'autodétermination* » ? Mais une autodétermination devant conduire, dans l'esprit de certains, à une Algérie indépendante, entièrement liée à la France. Il leur semblait que ce fût là le but poursuivi par de Gaulle. C'était du domaine du possible, à condition d'adopter une politique diamétralement opposée à celle qui fut suivie. Cette dernière politique se traduisit en effet par des négociations secrètes avec les rebelles ; elle redora leur blason et leur accorda un crédit refusé aux Musulmans fidèles à la France, que l'on abandonna en définitive aux mains de bourreaux.

Comment s'étonner qu'une fronde ait pu éclater ?

PRÉSIDENCE
DE LA
RÉPUBLIQUE

PARIS, le 20 Novembre 1960

Le General
Chef de l Etat-Major Particulier

ARGUMENTATION PERSONNELLE
a/s L'ALGERIE ALGERIENNE

I. - L'Union et la Cohésion Nationales ont la primauté absolue.

1°) - Diverses tendances s'opposent à la politique que le Général de GAULLE a définie pour la France surtout au sujet de l'ALGERIE qui est le problème majeur aujourd'hui. Ces tendances s'opposent également entre elles. Aucune ne peut prétendré représente un sentiment unanime de la Nation. Donc si l'une de ces tendances d'opposition tentait de s'imposer, ce serait au détriment de la cohésion nationale.

2°) - Au-dessus des divergences d'opinion, l'unanimité existe sur le but général à atteindre : dans l'évolution actuelle du monde (conflit EST-OUEST, décolonisation, fait atomique, changement du rapport des forces, etc...), maintenir et développer la grandeur de la France tout en ramenant la paix en Algérie.

Qui peut prétendre que ce n'est pas là le but recherché par le Général de GAULLE et une des raisons capitales pour lesquelles le Pays a appelé le Général ?

Quelle est, par ailleurs, la tendance d'opposition qui peut affirmer, si elle venait au pouvoir, que ce qu'elle propose atteindrait ce but sans négliger l'un de ces deux aspects ?

Quel est l'homme qui peut prétendre être meilleur garant de l'Honneur de la FRANCE et meilleur gardien de ses intérêts supérieurs que le Général de GAULLE ?

../...

3°) - Sous l'autorité du Chef de l'Etat, le Gouvernement a, seul, la responsabilité de définir et de conduire la politique française.

A moins - ce qui n'est absolument pas le cas - que ne se manifeste une majorité, non seulement pour s'opposer à cette politique mais aussi pour en proposer une autre, une fraction de l'opinion ne peut rechercher un changement de politique que par une épreuve de force.

Les seuls résultats certains d'une telle aventure qui, partant d'une conjonction des "Centres" irait du néo-fascisme au "Frente Popular seraient la division du Pays, avec un immense danger de guerre civile, la perte sans rémission de l'ALGERIE avec le risque d'un conflit internationalisé, et le déclin de la FRANCE mise au ban de l'OUEST et de l'EST comme du TIERS MONDE.

II. - Les buts poursuivis par la France en Algérie doivent et peuvent être compris par tous, notamment par les cadres de l'Armée.

Une politique se définit par un but poursuivi, que les procédés d'exécution ne sauraient infirmer.

Le but poursuivi a été défini clairement par le Général de GAULLE. Il n'a jamais varié et ne variera pas. Il s'exprime par les constantes suivantes :

1. - Interdire au G. P. R. A. toute possibilité d'action par la contrainte et refuser toute négociation politique avec l'organisation extérieure de la rébellion.

2. - Remettre aux populations d'ALGERIE la décision de leur avenir, par l'autodétermination. Aucune des mesures que le Général de GAULLE à prises ou prendra - singulièrement en matière d'aménagements administratifs - pour réaliser une promotion humaine et politique nécessaire dans tous les cas, ne peut donc être de nature à "prédéterminer" la décision ni à limiter le libre choix des Algériens.

3. - Dans le cas, très probable, où la majorité des Algériens déciderait de faire leur avenir avec la FRANCE, déterminer, à ce moment seulement, et en accord avec eux, les institutions qui fixeront le statut futur du Pays. Si le choix se portait sur une forme de République liée à la FRANCE, ce n'est qu'à ce moment et en accord avec eux que pourrait être déterminée la forme du lien - association, fédération, confédération, etc...

../...

3. -

4. - Dans le cas, improbable, où la majorité des Algériens déciderait librement de faire leur avenir contre la FRANCE, assurer aux Européens et aux Musulmans qui le désireront l'exercice de leur droit légitime à rester Français et à vivre sur la terre algérienne

Toute exégèse des paroles ou des actes du Général de GAULLE est

fausse si elle conclut à infirmer l'un quelconque des points précités,

inutile car elle s'oppose aux besoins de l'action et engendre le doute dans la pensée.

III. - Le Gouvernement est seul responsable des procédés pour atteindre ce but.

Seul en effet, dans le contexte mondial dont nous ne pouvons faire f le Gouvernement du Général de GAULLE a une vue complète de tous les facteurs influant sur le problème algérien :

- maintien de la cohésion du Pays, aspiration profonde du Peuple français vers la paix et l'ordre,

- conséquences des impératifs de vie ou de mort qui résultent des exigences de l'évolution internationale, sur la mesure des possibilité françaises, en termes d'ampleur et de temps,

- désirs légitimes des diverses Communautés d'Algérie et, au premier chef, des autochtones.

Les procédés d'exécution doivent tenir compte de tous ces éléments et aussi de leur évolution.

En aucune façon ces mesures ne permettent de mettre en doute la volonté absolue de la politique française en Algérie qui repose sur le constantes rappelées précédemment et qui vise à sauvegarder ou à sauver ce qui peut être sauvé en assurant des liens durables entre l'ALGER et la FRANCE.

../...

IV. - La Mission de l'Armée doit être intégralement et intelligemment assumée.

1°) - En ALGERIE elle consiste toujours, et avec la même intensité :

- à protéger les personnes et les biens en mettant les rebelles hors d'état d'employer la force, aussi longtemps que subsistera cette possibilité d'emploi ;

- à aider, par son comportement et son action même, au développement de l'amour de la France et à la compréhension de la politique française ;

- à participer, dans la mesure de ses moyens, à la promotion musulmane, humaine, sociale, économique et politique,

l'objectif à atteindre étant la victoire de l'autodétermination.

2°) - La bataille de l'autodétermination serait perdue avant d'avoir été livrée si une crise de confiance naissait au sein des cadres militaires.

Ce pessimisme, fiévreux ou désespéré, provoquerait l'auto-destruction de l'Armée : son Unité serait irrémédiablement cassée avec les conséquences les plus tragiques pour la Nation.

3°) L'ALGERIE n'est pas la chose de l'Armée. L'ARMEE a d'autres missions que l'ALGERIE.

Or, la menace multiforme venant de l'EST peut se concrétiser soudainement sous une forme militaire dans le proche avenir. L'Armée Française doit donc être préparée moralement, intellectuellement et matériellement à affronter un conflit moderne.

4°) - La vocation d'Officier la plus pure, la plus exaltante la plus efficace est celle du Centurion de l'Evangile :

"Vade et vadit, fac et facit".

car :

"Vous êtes l'Armée de la FRANCE. Vous n'existez que par elle, pour elle, à cause d'elle et à son service. "

Annexe 5

ORGANISATION ARMEE SECRETE

ZONE III

APPEL AUX PARENTS

L'ALGERIE FRANCAISE ne se fera, ne pourra se faire qu'avec l'étroite coopération des Musulmans et des Européens, et c'est pour cela que l'O.A.S. interdit et reprouve absolument toutes les actions susceptibles de dissocier davantage les communautés.

Or, ces jours-ci de jeunes Européens inconcients, de 12 à 15 ans se livrent à des actes de vandalisme, de pillage, et de destruction créant au milieu des rues des foyers d'incendie alimentés par le mobilier de logement désertés par leurs habitants Musulmans.

Ces exactions ne peuvent être tolérés. Si certains de ces appartements abritaient des gens du F.L.N. d'autres par contre étaient occupés par des Musulmans Francophiles.

De toutes manières, nos commandos d'action ont seuls, toute l'attitude en la matière, le cas échéant.

Dorénavant, des équipes seront chargées spécialement de corriger sévèrement ces jeunes exaltés, et l'identité de leurs parents ayant été établie, ces derniers ne pourront se soustraire à notre juste colère. Il appartient encore à ces parents de nous signaler les meneurs communistes qui encouragent ces gamins à se livrer à de tels actes.

L'O.A.S. vous demande donc avec insistance de ne pas détourner plus lomgtemps nos Combattants de leur objectif principal, à savoir l'élimination des chefs et des tueurs F.L.N. et des bradeurs de notre Province qui sera et restera FRANCAISE, car

L'O.A.S. VAINCRA

Annexe 6

AMICALE DES ALGERIENS EN EUROPE
(F. L. N.)
32, RUE LOUIS LEGRAND
75002 PARIS

RÉPONSE A L'ASTI DE CREIL

TRADUCTION D'UN TRACT ECRIT EN ARABE ET DISTRIBUE A CREIL

Frères émigrés,

En ce qui concerne la vie de notre communauté en France, nous venons de construire une mosquée à ST ETIENNE et nous en construirons d'autres où nous prierons ALLAH. Plutôt resserrer les liens entre nous et vivre en musulmans dans cette France que nous avons vaincue que fraterniser avec ces Français qui valent moins cher que les Pieds-Noirs.

En effet, l'assassinat d'un million de nos Moudjahidines (combattants de la Foi), l'existence de milliers de Fils de chouhadas (Fils de martyrs) témoignent de la cruauté des Français qui ont accepté sept ans durant de nous faire une guerre sanglante.

Frères émigrés, n'ayez jamais confiance dans l'ouvrier Français d'un naturel raciste, cet individu ne veut pas de notre société, surtout dans certaines usines employant des ouvriers anciens paras, de plus l'ouvrier des usines lit " Minute " à plus de 80 %, ce qui est scandaleux quand on sait les campagnes anti-algériennes de ce torchon.

On nous reproche certains viols, mais cela ne compensera pas la guerre d'Algérie et ne justifiera jamais le racisme imbécile de la classe ouvrière.

Après tout, nous avons gagné la guerre et nous avons le droit de prendre des Françaises, si nous sommes malades, la Sécurité Sociale doit nous servir.

Frères Algériens, nous qui avons conquis la France jusqu'à Dunkerque, regroupons-nous et construisons notre évolution arabe en nous conduisant en Algériens Musulmans.

Notre jeune Algérie est puissamment armée (il n'y aura pas de nouveau Charles MARTEL) ; nous pouvons à présent résister victorieusement aux mehés impérialistes du Maroc et de la Tunisie grâce à notre A.N.P.

Avec le Président Boumédienne, nous vaincrons.

Vive le 1er Novembre 1966, anniversaire de notre Révolution.

A Paris, l'Amicale des Algériens en Europe (F.L.N.).

Annexe 7

Extraits des déclarations publiées par *L'Humanité* dans les jours qui ont suivi les accords d'Evian

19 mars 1962 :

1. *Déclaration du bureau politique du P.C.F.* (éditorial) : « La victoire du peuple algérien est aussi la victoire de la classe ouvrière et du peuple de France qui ont combattu pour la paix négociée en Algérie... Cesser le feu n'est pas encore la paix. Salan et les fascistes de l'O.A.S. s'agitent pour tenter d'empêcher l'application des accords d'Evian. »
2. *Page 4 :* « Dès 1955, des jeunes du contingent manifestent... des dizaines de jeunes communistes ont été emprisonnés pour leur action tout au long de la guerre. »
3. *Page 6 :* « Nous défendrons notre victoire, ont dit hier soir à Nanterre ouvriers français et algériens. »
4. *Page 7 :* Maurice Thorez au banquet des conscrits d'Ivry : « Vous savez bien, conscrits d'Ivry, quelle a été la part de vos aînés dans la bataille pour la paix en Algérie : beaucoup d'entre vous participent déjà à ce combat depuis des années. »

21 mars 1962 :

Déclaration des groupes parlementaires communistes (éditorial) : « Le cessez-le-feu est le fruit du juste et dur combat du peuple algérien pour son indépendance et de la lutte des forces démocratiques françaises pour une solution négociée du problème algérien. »

22 mars 1962 :

Page 3 : Henri Alleg : « La paix est donc bien la victoire du peuple algérien. La paix, c'est aussi la victoire de la classe ouvrière française, de son avant-garde, le P.C.F., et de ces démocrates qui, malgré les insultes et la répression toujours plus féroces, ont affirmé, depuis sept ans, leur solidarité à l'Algérie et aux combats pour sa liberté et mené l'action pour imposer au pouvoir gaulliste la fin de la " sale guerre ". »

Page 4 : L'Union des jeunes communistes lance un appel aux soldats du contingent : « Vous veillerez, notamment, en Algérie au respect par le pouvoir gaulliste des accords d'Evian.

« Exigez la libération et l'amnistie de tous les jeunes condamnés pour avoir exprimé leur opposition à la guerre d'Algérie. »

Page 7 : Sous le titre « Si les communistes avaient été entendus » : « Plus de sept années de guerre qu'on pouvait éviter... Le P.C.F. ne s'est pas contenté de voir clair et d'indiquer la route dès le début... il a su organiser la lutte, entraînant au bon combat des Français de plus en plus nombreux d'année en année, conduisant d'autres groupements politiques et sociaux à lutter à ses côtés pour l'indépendance du peuple algérien. »

Annexe 8

Lettre à M. le Préfet d'Oran en février 1962

Monsieur le Préfet,

Permettez-moi de vous rappeler, dès l'abord, les contacts amicaux et empreints d'une vive sympathie que nous avons eus dans le temps à Bône chez le général Vanuxem, auquel vous accordiez une légitime confiance, et où votre efficace action avait pour effet de faciliter la tâche de cet officier général dans la lutte contre le F.L.N.

Vous voici, aujourd'hui, en Oranie, chargé d'appliquer contre votre gré, j'en suis persuadé, une politique d'abandon et de porter vos efforts contre vos compatriotes.

Je comprends vos hésitations, vos scrupules, vos cas de conscience. Vous êtes un haut fonctionnaire et vous ne sauriez discuter les ordres du gouvernement. Il est néanmoins, j'ose vous le remémorer, de hauts fonctionnaires (dont M. Jacomet) qui ont su librement exprimer leur opposition à la politique que le gouvernement tenait à faire couvrir de leur nom. Je sais que vous pouvez considérer que c'est votre devoir, bien que personnellement je n'aie pas hésité à prendre, pour être d'accord avec ma conscience, une position différente.

Car, si je me suis insurgé, c'est parce que la politique du général de Gaulle m'est apparue criminelle. Je ne vous demanderai pas, tout en le regrettant, de rejoindre nos rangs, mais je tiens à vous préciser que vous avez un autre devoir à remplir : celui d'informer le gouvernement de la gravité de la situation qu'il désire manifestement créer.

Le général de Gaulle a décidé d'abandonner l'Algérie. Personne ne peut le contester. Cela ressort de nombreux discours et en particulier de celui du 29 décembre 1961. Il a décidé de passer le pouvoir au G.P.R.A. Vous le savez aussi. Il s'est donc résolu à abandonner à leur triste sort les Musulmans fidèles à la France (et qui, pour beaucoup, ont accepté des fonctions d'autorité par naïveté), et les Européens.

Permettez-moi de vous demander de croire à ma sincérité. Je suis, au premier chef, inquiet pour les Musulmans. Nous avons tous, vous et moi, fait aux Musulmans des promesses. On les a assurés que la France ne les abandonnerait pas. On les a incités à accepter dés postes d'autorité ; on a nommé des Musulmans préfets, sous-préfets, chefs de service. On a élevé au grade de général ou de colonel des Musulmans. Que deviendront-ils dans le nouvel Etat algérien qui sera, personne n'en doute, une République populaire ? J'ai commandé en Indochine. J'ai assisté à l'exode du Tonkin. Je sais le sort qui fut réservé à nos amis d'Hanoï. Nos Musulmans, trompés, bernés, trahis, seront les victimes de notre lâcheté et ils nous maudiront.

Quant aux Européens, que peuvent-ils faire selon vous, sinon partir ? Si, entre-temps, ils ne sont massacrés (ce qui s'est passé dans certains Etats totalitaires ne peut les conduire à tenter l'aventure de vivre sous un régime à tendance communiste) pourront-ils continuer à vivre sur leur terre natale ? Mais, me direz-vous, les accords à conclure avec le G.P.R.A. devront garantir le sort des Européens (et déjà on oublie les Musulmans !) Est-ce sérieux ? Au moment où, dans le monde entier, tous les accords sont violés, où l'anarchie s'instaure dans les pays trop rapidement livrés à eux-mêmes, où la loi de la jungle est érigée en règle internationale, pouvez-vous donner le critère de la garantie, sinon celui de la garantie des garanties : la présence de l'armée française en Algérie ? En outre, avez-vous songé à ces Européens et à ces Musulmans plus nombreux encore de nos campagnes ? Leurs moyens de défense étaient déjà précaires. Déjà, dans certaines régions, un régime de terreur sanglante s'est installé.

Vous qui couvrez de votre nom et de votre autorité cinq de nos départements algériens, n'aurez-vous pas un seul pincement de cœur à l'idée de ces tueries sans nom qui vont être le lot journalier de ce petit peuple ? N'allez-vous pas un seul instant vous élever devant l'abandon prémédité dont il est maintenant l'objet ?

Aussi, monsieur le Préfet, votre devoir est d'avertir le gouvernement des conséquences tragiques de sa politique. Car, cette politique, personne ici ne l'acceptera. A Dieu ne plaise. Le sang risque de couler demain entre Français ! Je plains les nuits de ceux qui entendront les cris de leurs victimes. Triste fatalité d'accepter des honneurs, les mains rougies de sang français.

Non, monsieur le Préfet, vous ne pouvez accepter de cautionner ce bain de sang. Il suffit d'un Budapest ! Déjà les Musulmans s'interrogent et commencent à comprendre qu'ils ont été trahis. Les Européens sont décidés à lutter. La France et son gouvernement semblent accepter l'aventure du Congo.

Bien sûr, me direz-vous, mais quelle solution entrevoyez-vous ? Vous le savez fort bien, par les contacts journaliers que vous avez avec vos administrés. Cette paix que chacun réclame ne peut l'être effectivement qu'après l'affirmation solennelle que l'Algérie, même avec un statut d'autonomie, restera sous la protection de la France, et que son armée, maintenant sa présence, assurera l'ordre, la paix française.

C'est cette déclaration que nous attendons de vous ou du gouvernement. Faute de quoi, je le crains fort, monsieur le Préfet, le désespoir gagnera tous les cœurs et la violence restera l'espoir suprême de ceux qui se refusent à être des déracinés ou des victimes du F.L.N.

E. Jouhaud.

Annexe 9

Documents soulignant la rudesse du service d'ordre à Oran

Oran, le 27 mars 1962

Le Président de la Commission médicale
consultative du Centre hospitalier
régional d'Oran

à

M. le Président de la Croix-Rouge
Genève

Monsieur le Président,

Nous croyons de notre devoir de porter à votre connaissance les faits suivants :

Dimanche dernier, 25 mars, la fusillade faisant rage dans les rues d'Oran, les blessés dont de nombreuses femmes et enfants gravement atteints par les projectiles tirés dans les maisons par les chars de la gendarmerie mobile, affluaient à l'hôpital et dans les cliniques de la ville.

A 18 heures au moment de la relève du personnel, ces mêmes gendarmes mobiles ont arrêté nos infirmiers et servants de salle qui avaient terminé leur travail et ceux qui venaient les remplacer. L'un d'eux, M. Buades, fut tué par un projectile lourd. Les autres furent amenés le long du mur, les mains en l'air et ne furent relâchés qu'à minuit, après avoir été roués de coups. Ceux qui portaient des noms espagnols ont été plus particulièrement l'objet de ces affreuses brutalités.

L'hôpital a été ainsi démuni du personnel soignant dans un moment particulièrement tragique.

Des scènes analogues se sont passées au cœur de la ville, où des médecins appelés d'urgence dans des cliniques privées, furent brutalement repoussés et insultés par d'autres éléments de gendarmes mobiles.

Nos interventions auprès des autorités locales pour que de pareilles scènes ne se reproduisent plus étant inutiles, nous nous adressons à vous, monsieur le Président, pour vous prier d'intervenir par les moyens les plus rapides auprès du gouvernement français.

Veuillez agréer, je vous prie, monsieur le Président, l'expression de ma considération distinguée.

*
* *

Oran, le 29 mars 1962

Monsieur le Général Cantarel,
Commandant le Corps d'armée d'Oran

Mon Général,

Je me permets de vous faire parvenir la photo ci-jointe, qui représente, soignées à ma clinique, Mme Amoignon née Dubiton, sa fillette, Frédérique âgée de 3 ans et demi et sa sœur Sophie de 13 ans.

Leur père a été tué par le F.L.N. il y a quatre ans.

Dimanche dernier, 25 mars, dans leur appartement aux fenêtres fermées, elles ont été grièvement blessées par un avion placé sous vos ordres et qui mitraillait Oran.

L'une d'elles, la fillette Sophie a eu le nerf sciatique gauche et l'artère fémorale arrachés par un projectile de gros calibre, il est à peu près probable qu'elle subira l'amputation d'une partie de sa jambe gauche.

Vous avez dû lire, monsieur le Général, dans *Grandeur et Servitudes Militaires :* « Laure ou le cachet Rouge » et « Canne de jonc » les héros de ces deux contes sont morts sans avoir pu se laver du remords qui les torturait d'avoir provoqué des meurtres d'innocents.

Peut-être avez-vous lu aussi, dans la presse, Mon Général, que le « Squadron Leader Sandall » s'est rendu en pèlerinage sur le lieu des bombardements qu'il effectua en 1944 à Trappes, près de Paris.

« Depuis 17 ans », a déclaré noblement cet officier, « je me sens coupable des Français tués au cours de ces raids, et j'ai tenu à aller demander leur pardon aux parents de ces malheureux. »

Je pense que l'officier qui a mitraillé ces pauvres orphelines et dont les assassins du père ne peuvent s'installer dans notre ville que grâce à votre appui, s'honorerait d'un geste analogue à celui du commandant Sandall.

N'imitez pas, je vous en supplie, l'effroyable dédain du chef de l'Etat à notre égard, les ouvriers récemment matraqués à Paris par la police ont été des victimes pieusement saluées par les autorités et enterrées solennellement.

Ne laissez pas croire que vous puissiez penser que les victimes innocentes de vos troupes sont « des Français indignes » des « fascistes » qui n'ont subi qu'un juste sort.

Veuillez m'excuser, Mon Général, de cette lettre, mais les moments que nous vivons la justifient.

Recevez, je vous prie, Mon Général, l'expression de mes salutations distinguées.

Dr COUNIOT
Chirurgien chef de l'Hôpital civil
Conseiller général.

Annexe 10

PAS DE MONTEE RACISTE

A LONGJUMEAU

JOUHAUD animateur de l'OAS, l'un des quatre généraux putschistesd'ALGER est INDESIRABLE à LONGJUMEAU.

Sa PRESENCE à la cérémonie d'inauguration d'une stèle à la mémoire des "morts laissés en terre étrangère" est INTOLERABLE et DOIT ETRE INTERDITE.

NOUS APPELONS TOUTE LA POPULATION à un RASSEMBLEMENT de PROTESTATION le :

DIMANCHE 9 NOVEMBRE 1980

A 11 HEURES

AU CIMETIERE DE LONGJUMEAU

Les Sections PS de LONGJUMEAU et
CHILLY MAZARIN.

IMP.SPE.PS.91

Index

TABLE

La composition de ce livre
a été effectuée par Bussière à Saint-Amand,
l'impression et le brochage ont été effectués
sur presse CAMERON
dans les ateliers de la S.E.P.C. à Saint-Amand-Montrond (Cher)
pour les éditions Albin Michel

AM

Achevé d'imprimer en décembre 1983
N° d'édition 8199. N° d'impression 2650-1864
Dépôt légal : décembre 1983

Imprimé en France